Bernhard Adamski

Einführung der integrierten Zeitwirtschaft

Ein Leitfaden zur Vorgehensweise

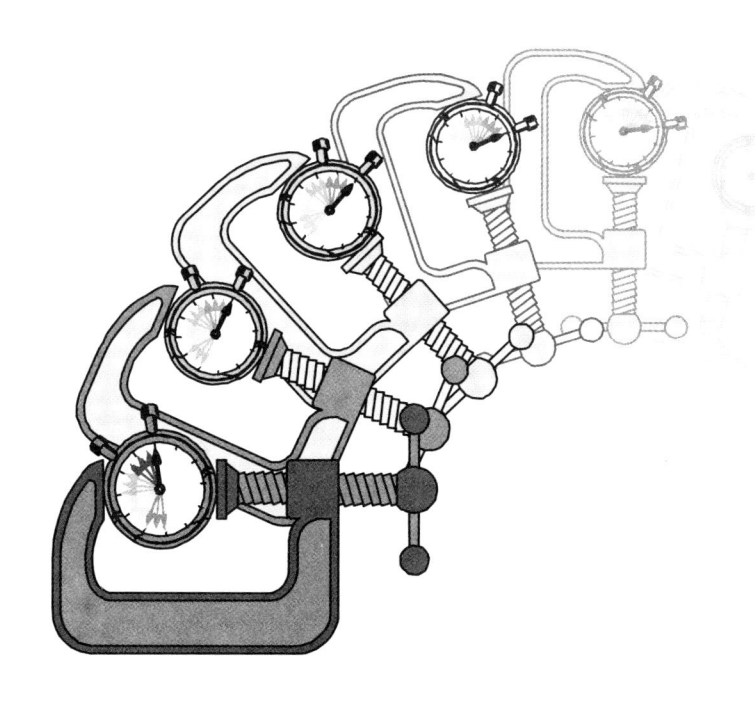

Die Deutsche Bibliothek – CIP-Einheitsaufnahme

Adamski, Bernhard:

Leitfaden zur Vorgehensweise bei der Einführung der integrierten Zeitwirtschaft / Bernhard Adamski. – Köln: Datakontext, 1996
   ISBN 3-89577-044-2

ISBN 3-89577-044-2
1996, Alle Rechte vorbehalten

© Copyright by by DATAKONTEXT-FACHVERLAG GmbH
   Aachener Straße 1052 · D-50858 Köln

Ohne ausdrückliche Genehmigung des Verlages ist es nicht gestattet, das Buch oder Teile daraus in irgendeiner Weise zu vervielfältigen. Lizenzausgaben sind nach Vereinbarung möglich.

Druck: Druckerei Raimund Roth, Solingen

Vorwort

Flexible Arbeitszeitmodelle, Mobilzeit und Jahresarbeitszeitkonten werden momentan nicht nur verstärkt diskutiert, sondern auch zunehmend eingesetzt. Die organisatorische Umsetzung kann nur sinnvoll mit einem computergesteuerten integrierten Zeitwirtschaftssystem erfolgen. Dabei werden leider häufig die Probleme, die sich aus der Sensibilität und der Komplexität dieses Themas ergeben, verkannt bzw. unterschätzt. Die Folge einer fehlerhaften Vorbereitung und Einführung ist eine uneffektive Zeitwirtschaft, sind unzufriedene Mitarbeiter und Vorgesetzte und die Meinung, daß es vorher viel einfacher und besser war.

Bereits in meinem Buch „Die Organisation der computergesteuerten Zeitwirtschaft" habe ich ausführlich über die erforderlichen Grundlagen, die benötigten Leistungsmerkmale und den zu erwartenden Nutzen geschrieben, wobei die betriebliche Mitbestimmung eine gewichtige Rolle einnimmt. Obwohl dieses Buch aus meiner weit mehr als 20jährigen Praxis entstand und viele Tips für die Einführungsphase enthält, ist es jedoch mehr als grundlegendes Nachschlagewerk und nicht als Leitfaden mit Darstellung der zeitlichen Projektfolge gedacht. Die vorliegende Broschüre stellt eine Ergänzung dar und orientiert sich an der praktischen Vorgehensweise bei der Einführung von integrierter Arbeitszeitwirtschaft.

Die dargestellte Vorgehensweise ist ein Idealfall und stellt eine Obermenge dar, genau wie eine gute Standardsoftware alle erforderlichen Parameter enthalten sollte. Der Projektablauf in dem spezifischen Anwendungsfall kann und wird sicherlich in einigen Punkten variieren, ohne die generelle Linie zu verlassen. Wie der Name sagt, handelt es sich um einen Leitfaden, mit dem die Projektgruppe arbeiten kann, um das Projekt Zeitwirtschaft erfolgreich zu gestalten. In der Praxis hat sich immer wieder herausgestellt, daß die Summe von vergessenen „Kleinigkeiten" ein Projekt zu Fall brachte und nicht die große Linie. Deshalb wird im Kapitel über die Klärung der Anforderungen an die Software nicht auf die generellen Leistungsmerkmale eingegangen (vergl. dazu „Die Organisation der computergesteuerten Zeitwirtschaft"), sondern auf diese ganz spezifischen Verrechnungsarten. Das „Aha-Erlebnis" war immer groß, wenn ich bei Seminaren oder zu Anfang eines Beratungsprojektes die Fragen nach dem Vorhandensein und dem geklärten Ablauf solcher betriebsindividuellen Abrechnungen stellte. Jeder kennt sie - doch nur die wenigsten denken daran, sie detailliert zu beschreiben und in das Pflichtenheft aufzunehmen.

Zukünftig werden diese Verfahrensregeln wohl noch komplexer werden, wenn die Vorstellungen der Gewerkschaften realisiert werden. Im Januar 1996 forderte der DGB-Vorsitzende Schulte, daß Beschäftigte Mehrarbeit auf Arbeitszeitkonten ansparen können und dafür vom Arbeitgeber auch Zeitzinsen bekommen. Wörtlich: „Arbeitszeitkonten sind bares Geld, das die Arbeitnehmer ihrem Unternehmen stunden. Das muß ähnlich wie ein Sparguthaben bei der Bank auch verzinst werden. Ein Beispiel: Ich habe 100 Stunden Mehrarbeit geleistet. Hinzu kommen 17 Stunden als Mehrarbeitszuschlag und nochmals 9 Stunden Zinsen. Insgesamt werden also 126 Stunden gutgeschrieben." Ich glaube, jeder kann sich vorstellen, wie schwierig die Berechnung dieser Zeitzinsen sein dürfte, wenn die Dauer der Stundung noch berücksichtigt werden müßte. Die wirklich genaue Definition der Verfahrensregeln ist dann noch wichtiger als gegenwärtig.

Letztlich kann ein Projekt nur gelingen, wenn alle Beteiligten aufgrund vorhandener Informationen und Qualifikationen die richtigen Entscheidungen treffen. Dieser Leitfaden soll dazu beitragen, die Basis für die Entscheidungsfindung zu bilden oder zu erweitern und die Sensibilität im Umgang mit der Zeit der Mitmenschen zu stärken. Gefragt sind Fingerspitzengefühl und praxisnahe Orientierung. Napoleon hat einmal gesagt: Die schlimmsten Diebe werden nicht bestraft, daß sind die, die den Menschen die Zeit stehlen.

Landau, im Februar 1996   Bernhard Adamski

Inhaltsverzeichnis

		Seite
Vorwort		3
1.	**Definition der Begriffe**	7
2.	**Bildung der Projektgruppe**	9
2.1	Projektüberwachung	11
2.2	Einbeziehung des Betriebs-/Personalrats	11
3.	**Aufgabenstellung und Zieldefinition**	12
3.1	Änderung oder Anpassung der Arbeitszeiten	14
3.2	Mehr Zeitsouveränität der Mitarbeiter	15
3.3	Erfassungsart	17
3.4	Verarbeitungsart	19
3.5	Komplettsystem oder Vorrechnerlösung	20
3.6	Zentrale oder dezentrale Bearbeitung	22
3.7	Ausbau zur integrierten Zeitwirtschaft und Schnittstellen	24
3.8	DV-technische Grundlagen	27
3.9	Kosten und Nutzen	27
4.	**Planung des Projektablaufs**	31
4.1	Stufenplan	31
4.2	Zeitfolgeplanung	33
4.3	Personalbedarf und Qualifikation	33
4.4	Projektablauf Mitbestimmung	34
5.	**Klärung der Anforderungen an die Software**	37
5.1	Schwachstellenanalyse des Istablaufs	37
5.2	Mengengerüst	37
5.3	Anforderungen aus unterschiedlichen Betriebsbereichen	39
5.4	Tarifgerechte Aufbereitung der Lohnarten	41
5.5	Berücksichtigung der vorhandenen Betriebsvereinbarung	41
5.6	Betriebliche Verfahrensregelungen und Verrechnungen	43
5.6.1	Beispiel Arztbesuch	45
5.6.2	Beispiel Fehlzeitregelung und -verrechnung	46
5.6.3	Beispiel Fehlzeitkartei	47
5.6.4	Beispiel Verrechnung von Sondertagen	48
5.6.5	Beispiel Überstunden- und Zuschlagsverrechnung	48
5.6.5.1	Verrechnung Überstunden und Gleitzeit	49
5.6.6	Pausenverrechnung	51
5.7	Auswertungen und Statistiken	52
5.8	Korrekturablauf	57
5.9	Buchungsarten und Terminalfunktionen	59
5.10	Mitarbeiterinformation	60
5.10.1	Kontenabruf	60
5.10.2	Monatsjournal	62

6.	**Klärung der Anforderungen an die Hardware**	64
6.1	Standorte der Erfassungsterminals	64
6.2	Gehäusearten	66
6.3	Lesearten	66
6.4	Funktionen und Anforderungen an Zeiterfassungsterminals	67
6.5	Terminalanschlußmöglichkeiten	70
6.6	Ausfall- und Datensicherheit	71
6.7	Ausweissystem und -handhabung	73
7.	**Aufbau und Inhalt des Pflichtenheftes**	75
8.	**Durchführung der Ausschreibung oder Angebotsanforderung**	79
8.1	Angebotsaufbau	79
8.2	Firmenporträt des Anbieters	80
8.3	Die Auswahl der Anbieter	81
9.	**Bewertung der Angebote**	83
9.1	Aufbau, Darstellung und Inhalt	83
9.2	Bewertungstabelle zur Nutzwertanalyse	84
10.	**Präsentation und Systemvorführung**	86
11.	**Vorgehensweise bei der Auftragsvergabe**	88
12.	**Betriebs- oder Dienstvereinbarung**	90
12.1	Betriebsvereinbarungen aus der Sicht der Gewerkschaften	90
12.2	Vorschlag zur Betriebsvereinbarung	93
13.	**Das organisatorische Umfeld**	95
13.1	Festlegen von Verantwortlichkeiten	95
13.2	Ausdruck und Verteilung von Auswertungen und Listen	96
13.3	Korrekturbelege und Genehmigungsverfahren	96
14.	**Projektmanagement**	99
14.1	Systeminstallation	99
14.2	Inbetriebnahme	101
15.	**Systemschulung**	102
16.	**Genereller Projektablauf für Teilbereiche**	104
17.	**Testphase und Echtbetrieb**	106
18.	**Die wichtigen Informationen für die Mitarbeiter**	108
19.	**Kosten- und Nutzenermittlung**	148
	Verzeichnis der Abbildungen	153
	Verzeichnis der Tabellen	155
	Literaturverzeichnis	156
	Anhang: Marktübersicht Zeitwirtschaft	157

1. Definition der Begriffe

Nachfolgend werden wesentliche in der Zeitwirtschaft gebräuchlichen Begriffe erläutert, weil sie zum Teil je nach Systemanbieter unterschiedlich verwendet werden.

Zeitwirtschaft

Zeitwirtschaft umfaßt das Planen, Erfassen, Bewerten, Auswerten und Kontrollieren von betrieblichen Zeiten.

Integrierte Zeitwirtschaft

Integration aller betrieblichen Zeitwirtschaftskomponenten, wie Personalzeitwirtschaft, Personaleinsatzplanung, Betriebsdatenerfassung oder Kantinendatenerfassung über Schnittstellen zu Abrechnungssystemen.

Zeitmanagement

Bedarfs- und interessenorientierte Gestaltung von betrieblichen Zeitsystemen mit Anpassung an sich verändernde Gegebenheiten.

Arbeitszeitmodell

Arbeitszeit eines Mitarbeiters oder einer Mitarbeitergruppe über eine gesamte betriebliche Periode, z. B. Schichtplan. Statt Arbeitszeitmodell wird auch häufig Wochenprogramm oder Zeitgruppe verwendet.

Tagesprogramm

Tägliche Arbeitszeit eines Mitarbeiters oder einer Mitarbeitergruppe mit Beginn, Ende, Pausen und Dauer,

Fehlgrund

Definition einer Abwesenheitsart eines Mitarbeiters zur Berechnung der Fehlzeit (Ausfallzeit) und der erforderlichen Lohnart.

Konto

Beinhaltet die kumulierte Zeit pro Zeiteinheit, meistens Monat, eines Mitarbeiters. Es gibt verschiedene Kontenarten für Normalzeiten, Mehrarbeitszeiten und Fehlzeiten.

Buchungsart

Unterschiedliche vom Mitarbeiter durchgeführte Buchungen am Erfassungsterminal, also Kommt, Geht, Dienstgang, Arztbesuch oder sonstige Fehlgrundbuchungen.

Monatsjournal

Zusammenstellung aller Buchungen, Korrekturen, Verrechnungen und Konten eines Mitarbeiters über einen Monat mit Monatssummen. Ersetzt die frühere Stempelkarte als Arbeitszeitnachweis.

Buchungsintervall

Kommt-/Geht-Pärchen

Stammsatz

Der Stammsatz enthält die definierenden Merkmale eines Mitarbeiters, wie z.B. Ausweis-Nummer, Name, Vorname, Personal-Nummer, Arbeitszeitmodell und Kennzeichen für Berechtigungen. Je nach Software sind im Stammsatz auch die Zeitkonten pro Mitarbeiter vorhanden.

Zeitsteuerung

Mit der Zeitsteuerung werden die benötigten Arbeitszeitmodelle und Tagesprogramme aufgerufen und mit den Buchungen des Mitarbeiters verrechnet.

Parametrierung

Parameter sind Eckwerte und Kennzahlen, mit denen die Standardsoftware unternehmensspezifisch angepaßt wird. Die Parametrierung erfolgt über Menüführung mit Unterstützung von Hilfefunktionen am Bildschirm und wird im Regelfalle vom Anwender selbst vorgenommen.

Abrechnungsfunktionen

Mit einer oftmals auf BASIC beruhenden Makrosprache werden Funktionen, Verrechnungen und Verfahrensregeln programmiert, die zu komplex sind, um über bildschirmorientierte Parametrierung vorgenommen zu werden, z.B. Berechnung von Durchschnittsbeträgen oder Umwandlung von Überstunden in Gleitzeit.

2. Bildung der Projektgruppe

Das Projekt Zeitwirtschaft ist zu komplex, um von einem Mitarbeiter geplant und ausgeführt zu werden. Da von der Zeitwirtschaft jeder Mitarbeiter eines Unternehmens mehr oder weniger betroffen ist, muß die Projektgruppe aus allen erforderlichen Unternehmensbereichen kompetente Mitarbeiter enthalten.

Bildung der Projektgruppe

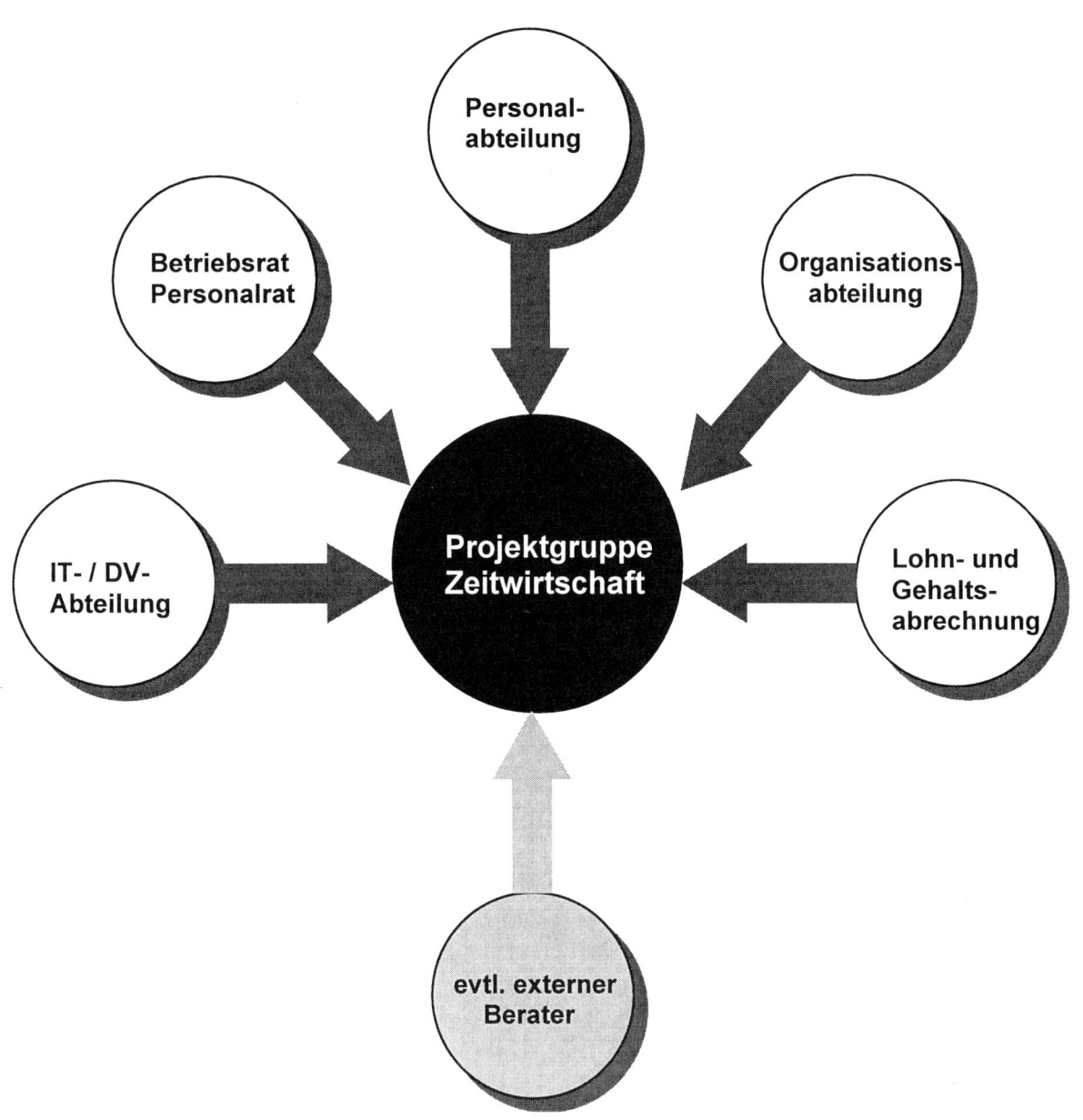

Abbildung 1

Bei der Gründung der Projektgruppe muß das Wissen der betroffenen Fachabteilungen genutzt werden. Die in der Abbildung 1 dargestellten Fachabteilungen sind alle stark im Projekt verhaftet und dürfen daher nicht fehlen. In kleineren Unternehmen werden manche Funktionen in Personalunion von einem Mitarbeiter wahrgenommen. Folgende Überlegungen sind bei der Gründung der Projektgruppe notwendig:

- Wer ist Projektleiter mit Entscheidungskompetenz, Verantwortung und Koordination?

- Wer hat die erforderliche Fachkompetenz, um die Entscheidungen über den künftigen Ablauf vorzubereiten und mitzutragen?

- Welche Mitarbeiter müssen phasenweise für zusätzliche Informationen aus dem Betrieb angefordert werden?

- Ist es sinnvoll bzw. notwendig, einen erfahrenen externen Berater hinzuzuziehen?

Was ist aber zu tun, wenn die erforderlichen fachlichen Qualifikationen nicht ausreichen? Wie können die Mitarbeiter so qualifiziert werden, daß sie in die Lage versetzt werden, ihren Aufgaben in der Projektgruppe gerecht zu werden?

Da die Qualifikation immer von den vorhandenen Informationen abhängig ist, heißt es also zunächst, das Informationsdefizit zu beseitigen. Dazu bieten sich folgende Möglichkeiten an:

- Beschaffen und Durcharbeiten von entsprechenden Fachbüchern und Fachartikel (leider auf diesem Sektor nur wenige mit praxisorientiertem Hintergrund)

- Besuch von Fachseminaren. Diese werden leider auch nicht so oft von Seminarveranstaltern und Unternehmensberatungen angeboten, etwas häufiger in der letzten Zeit von führenden Anbietern von Zeitwirtschaftssystemen. Hier sind solche zu bevorzugen, die als Hauptreferenten keine Mitarbeiter des eigenen Unternehmens stellen, sondern externe Fachleute bzw. Anwender, da ansonsten eine gewisse Tendenz nicht zu vermeiden ist.

- Erfahrung anderer zunutze machen. Durch Referenzbesuche oder Kontakte zu befreundeten Unternehmen, die bereits die Vorbereitungs- und Einführungsphase hinter sich haben, kann Know-how transferiert werden.

- Einschaltung eines neutralen Fachberaters. Hier kann es oft schon ausreichend sein, wenn der Berater über die Möglichkeiten und Unmöglichkeiten heutiger Systeme informiert und auf Probleme und Klärungsbedarf hinweist. Dies kann in wenigen Tagen erfolgen. Eine komplette Beratung einschließlich Erstellung von Pflichtenheft und Systemauswahl ist evtl. sinnvoll, kann jedoch nach einer Informationsphase entschieden werden.

Noch ein Wort zur Einschaltung von Beratern: Der Vorteil liegt neben der methodischen Erfahrung auch in der Kenntnis der Probleme und Strategien von vielen anderen Unternehmen. Sicher kosten Berater Geld, aber das eigene Lehrgeld ist oftmals viel teurer. Sie können jedoch nicht erwarten, daß ein Berater die Arbeiten und Aufgaben des Unternehmens komplett übernimmt. Er kann in keinem Fall die Projektgruppe ersetzen, da er selbst die betriebsspezifischen Informationen benötigt, aber er wird die benötigte Fachkompetenz zum richtigen Zeitpunkt beisteuern. Um sicher zu gehen, sollten Sie Referenzen über die Tätigkeit des Beraters einholen. Eine klare Definition und Abgrenzung der zu übernehmenden Aufgaben mit entsprechenden Terminen ist wichtig. Der Informationsfluß zwischen Projektgruppe und Berater muß organisiert und sichergestellt werden. Über vereinbarte Zwischenergebnisse kann die Tätigkeit des Beraters kontrolliert werden.

2.1 Projektüberwachung

Jedes Projekt bedarf einer Kontrolle und Überwachung, ob der Projektfortschritt noch mit den definierten Zielen übereinstimmt. Die Kontrolle durch die Projektgruppe selbst ist aus augenscheinlichen Gründen nicht ratsam. Die Installation eines übergeordneten Gremiums ist daher in Form eines Lenkungsausschusses sinnvoll. Dieser hat auch die Aufgabe, Veränderungen, Erweiterungen oder terminliche Verschiebungen abzusegnen, personelle Veränderungen vorzunehmen und finanzielle Mittel zu bewilligen.

2.2 Einbeziehung des Betriebs-/Personalrats

Da lt. § 87 des Betriebsverfassungsgesetzes Zeitwirtschaftssysteme mitbestimmungspflichtig sind, muß der Betriebs-/Personalrat einbezogen werden. Nach § 90 und 92 hat er ein Informationsrecht auf „rechtzeitige" Information über das Vorhaben. Nun kann man sich darüber streiten, was rechtzeitig heißt. Ob erst die Projektgruppe tagt und die Ziele definiert werden und dann der Betriebs-/Personalrat informiert wird, evtuell noch später, wenn die Anforderungen geklärt sind oder schon, wenn die Absicht besteht.

Aus meiner Erfahrung heraus kann ich sagen, daß kein Projekt gut gelaufen ist, in dem der Betriebs-/Personalrat relativ spät informiert wurde. Wie aus Abbildung 1 bereits ersichtlich, sollte der Betriebsrat schon bei der Konstitution der Projektgruppe dabei sein und bei keiner Sitzung fehlen. Es ist m.E. erforderlich, daß er bei der Definition der Ziele mitwirkt und mithilft. In diesem Zusammenhang ist ganz speziell die Frage der Qualifizierung durch Information zu stellen. Nur ein bis in letzte Detail informierter Betriebs-/Personalrat kann seiner Verantwortung gerecht werden und Zustimmung oder Ablehnung signalisieren. Mehr als 90 % aller Ablehnungen resultieren aus mangelnder Information. Wie kann man etwas akzeptieren, das man nicht richtig kennt? Die Formel für die betriebliche Mitbestimmung lautet also

$$\boxed{\text{Information}} \\ + \\ \boxed{\text{Motivation}} \\ = \\ \boxed{\text{Akzeptanz}}$$

Das Zurückhalten von Informationen demotiviert und schafft keine Vertrauensbasis. Manche 20- und mehrseitige Betriebsvereinbarungen dokumentieren dies auf eindrucksvolle Weise. Weil man sich gegenseitig mißtraut, wurde alles reglementiert, mit der Folge, daß die gewünschte Effektivität nicht eintritt und Änderungen so gut wie unmöglich sind. Häufig wurden unter solchen Umständen installierte Systeme wieder außer Betrieb genommen.

3. Aufgabenstellung und Zieldefinition

Die Aufgabenstellung und die Bestimmung der Ziele sind im Grunde identisch zu betrachten, denn die Lösung der Aufgabe ist das Ziel. Es gilt also nur, die richtigen Mittel und Wege zur Erreichung dieses Zieles zu finden.

Bei der Festlegung der Ziele der Zeitwirtschaft ist es m.E. wie bereits angedeutet unumgänglich notwendig, den Betriebs-/Personalrat mit einzubeziehen.

Es reicht nicht aus, als Ziel lediglich die Einführung der Zeitwirtschaft zu definieren. Eine detaillierte Zielvorstellung vermittelt dem Betriebsrat den gesamten Komplex und trägt wesentlich zur Akzeptanz bei. Es darf nicht der Eindrucken entstehen, erst der kleine Finger, dann die ganze Hand. Grundsätzlich sollten daher folgende Punkte in der Zieldefinition behandelt werden:

- **Änderung oder Anpassung der Arbeitszeiten**

  Wenn mit dem Zeitwirtschaftssystem die weitere Flexibilisierung der vorhandenen Arbeitszeitmodelle verbunden ist, z.B. Einführung der Gleitzeit, ist dies zu beschreiben, ohne daß hier schon die spezifischen Zeitmodelle festgelegt werden.

- **Mehr Zeitsouveränität der Mitarbeiter**

  Mit der Einführung von flexiblen Arbeitszeiten kann es ein erklärtes Ziel sein, den Mitarbeitern mehr Mitsprache bei der Gestaltung ihrer Arbeitszeit zu geben. Der Rahmen kann in später folgenden Punkten festgelegt werden.

- **Erfassungsart**

  Hier steht eine Klärung an, ob eine Positiv- oder Negativerfassung vorgenommen werden soll.

- **Verarbeitungart**

  Ohne auf ein System einzugehen, sollte hier Präferenz für eine Real-time- bzw. On-line-Verarbeitung der Buchungen mit größtmöglicher Aktualität der Daten oder für ein System mit periodischer, meist täglicher, Verarbeitung gewählt werden.

- **Komplettsystem oder Vorrechnerlösung**

  Die Frage der Systemart hängt häufig auch davon ab, was bereits im Unternehmen installiert ist oder wie die zukünftige Ausrichtung sein wird. Ein Komplettsystem führt die gesamte Zeitwirtschaft innerhalb des eigenen Systems durch und bildet eventuell Schnittstellen zu Abrechnungssystemen. Die Vorrechnerlösung beinhaltet lediglich die Erfassung der Buchungen und die Weiterleitung an ein Verarbeitungssystem. Dieses umfaßt oft sowohl die Zeitbewertung als auch die Lohn- und Gehaltsabrechnung, wie z.B. bei SAP, PAISY oder IPAS.

- **Zentrale oder dezentrale Bearbeitung**

    Hier ist die Frage zu klären, ob von einer zentralen Stelle aus, z.B. Personalabteilung, die Datenpflege erfolgt, oder dezentral mehrere Zeitbeauftragte, Meister, Abteilungssekretärinnen auf die Daten Zugriff haben und Informationen erhalten oder Korrekturen durchführen sollen.

- **Ausbau zur integrierten Zeitwirtschaft und Schnittstellen**

    Der gesamte Umfang der Zeitwirtschaft als geplantes Endziel muß dargestellt werden. Einzelheiten werden bei den spezifischen Punkten des Anforderungskataloges beschrieben.

- **DV-technische Grundlage**

    Es gilt festzulegen, ob eine Integration in bestehende oder neu einzurichtende Netzwerke mit welchen Betriebssystemen vorzunehmen ist oder ein völlig eigenständiges System ohne Bezug auf vorhandene Komponenten eingesetzt werden kann.

- **Kosten und Nutzen**

    Wenn die Kosten budgetiert sind, kann es durchaus erforderlich sein, den maximalen Kostenbetrag als Ziel festzuschreiben. Als Nutzen können z.B. Vereinfachung und Beschleunigung der Erfassung und Abrechnung, schnellere und bessere Informationen über Mehrarbeiten, Fehlzeiten oder Zeitsalden oder Kostenersparnis durch den Wegfall der manuellen Bearbeitung der Stempelkarten bezeichnet werden. Als Ziel kann durchaus die Wirtschaftlichkeit eines Zeitwirtschaftssystems erklärt werden, d.h. wenn der Nutzen größer als die Kosten ist.

Bei größeren Unternehmen kann die Zieldefinition als Projektantrag der Geschäftsleitung zur Genehmigung vorgelegt werden.

Es ist eine Frage der betrieblichen Informationspolitik, ob die festgelegten Ziele den Führungskräften oder auch den Mitarbeitern zur Kenntnis gebracht werden. Vielfach neigen Abteilungsleiter und mittlere Führungskräfte zur Skepsis gegenüber neuen Organisationsformen und -abläufen, weil zusätzlicher Aufwand befürchtet wird. Nach meiner Erfahrung haben die Unternehmen die wenigsten Akzeptanzprobleme bei allen Beteiligten gehabt, wenn die Detailfragen zwar noch geklärt werden müssen, die Zielsetzung jedoch schon in entsprechender Form bekannt gemacht wurde. Dazu eignen sich Betriebsversammlungen, Hauszeitschriften und Rundschreiben. Vorurteile und Mißtrauen, die objektiv keine Berechtigung haben und aus der Unkenntnis heraus geboren werden, können so weitgehend abgebaut werden.

Nachfolgend wird zu den einzelnen Punkten ausführlicher Stellung genommen, und es werden die verschiedenen Möglichkeiten dargelegt. Dies dient an dieser Stelle zur Information für die Zielfestsetzung. Die genaue Beschreibung der Anforderungen hat natürlich im Pflichtenheft zu erfolgen.

3.1 Änderung oder Anpassung der Arbeitszeiten

Einführung oder Erweiterung der flexiblen Arbeitszeiten gehen häufig mit der Einführung der computergesteuerten Zeitwirtschaft einher. Dies ist auch logisch, weil ohne eine entsprechende Systemunterstützung die Flexibilisierung nicht möglich ist. Ich möchte an dieser Stelle nicht auf die systemtechnischen Möglichkeiten der Zeitsteuerung eingehen, die habe ich ausführlich in „Die Organisation der computergesteuerten Zeitwirtschaft" dargelegt. Es soll jedoch auf einige Besonderheiten hingewiesen werden.

Zeitbewertung: automatisch und manuell

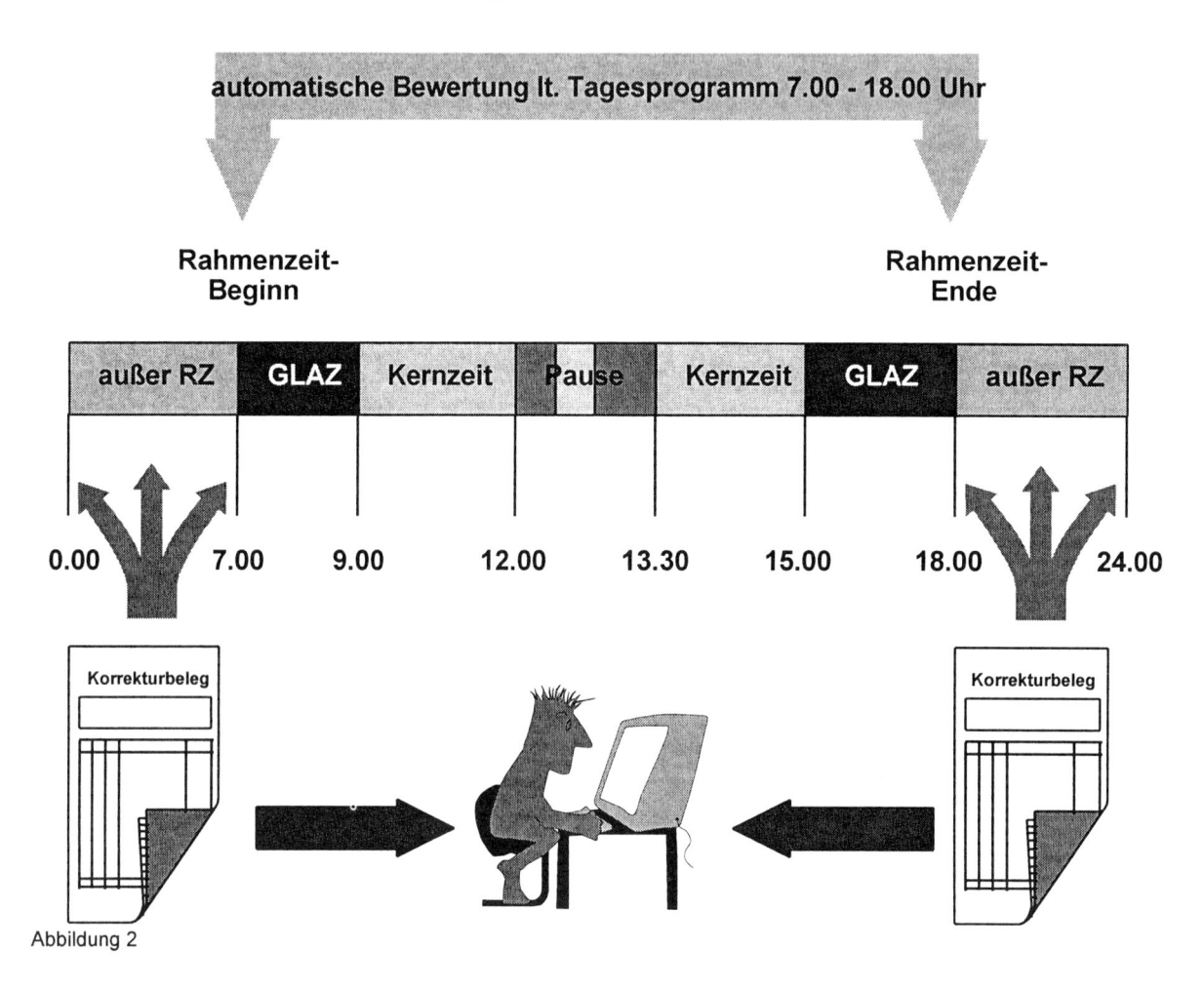

automatische Bewertung lt. Tagesprogramm 7.00 - 18.00 Uhr

Rahmenzeit-Beginn | Rahmenzeit-Ende

| außer RZ | GLAZ | Kernzeit | Pause | Kernzeit | GLAZ | außer RZ |

0.00 — 7.00 — 9.00 — 12.00 — 13.30 — 15.00 — 18.00 — 24.00

Korrekturbeleg ← → Korrekturbeleg

Abbildung 2

Mit den Rahmenzeitpunkten wird der Verrechnungszeitraum festgelegt. Buchungen außerhalb der Rahmenzeit werden ohne Kennzeichen für Mehrarbeitsberechtigung zwar mit der echten Zeit dokumentiert, aber die Zeitbewertung erfolgt im Beispiel der Abbildung 2 nur von 7.00 - 18.00 Uhr. Es wird jedoch gelegentlich die Anforderung gestellt, z.B. kurzfristig den Arbeitszeitbeginn um 1 Stunde vorzuverlegen, ohne daß eine Mehrarbeit erkannt wird. Dies ist ohne weiteres nicht möglich, hierzu muß ein zusätzliches Tagesprogramm erstellt werden. Wenn dies nicht geschieht, müssen die Zeiten außerhalb Rahmen manuell als Korrektur nachgetragen werden.

Innerhalb derGleitzeitspanne wird jede Buchung minutengenau verrechnet, wenn nicht eine Buchungsrundung auf Viertel- oder halbe Stunden aktiv ist. Wenn innerhalb des gewerblichen Bereiches mit einer Gleitzeitspanne gearbeitet wird und der Schichtbeginn auf eine bestimmte Uhrzeit z.B. für eine Mitarbeitergruppe festgelegt wird, so werden innerhalb des selben Tagesprogrammes die Kommen-Buchungen minutengenau verrechnet, d.h. ein Mitarbeiter, der 20 Minuten früher da ist und bucht, bekommt auch 20 Minuten mehr Arbeitszeit verrechnet. Auch hier helfen nur separate Tagesprogramme mit automatischer Schichtzuordnung oder Buchungsrundung auf die z.B. nächste halbe Stunde. Funktionen, die eine bestimmte Mitarbeitergruppe bei Anwesenheit auf einen gemeinsamen Kommen-Zeitpunkt setzt, sind denkbar, haben jedoch die Problematik der tatsächlichen Kommen-Zeit bei Zuspätkommen und der eindeutigen Definition der Gruppenzusammensetzung.

Bei der Planung und Gestaltung von neuen Arbeitszeitmodellen sollte daher immer die erfassungs- und verarbeitungstechnische Umsetzung in Zeitwirtschaftssystemen einbezogen werden.

3.2 Mehr Zeitsouveränität der Mitarbeiter

Sämtliche neueren Konzepte gehen in Richtung des zeitsouveränen Mitarbeiters.

Arbeitszeitflexibilisierung - Konzept des Arbeitszeitkontos

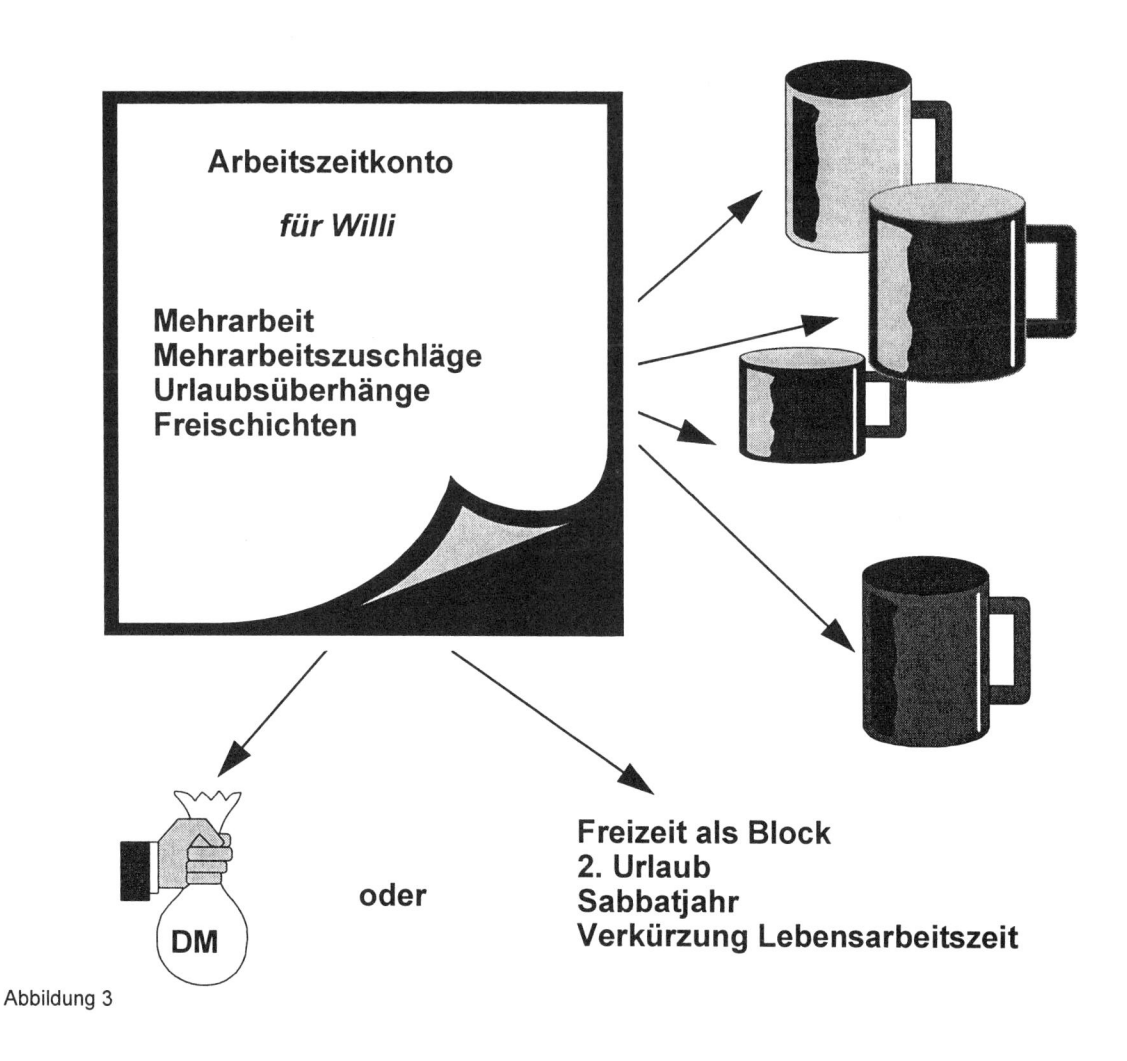

Arbeitszeitkonto
für Willi

Mehrarbeit
Mehrarbeitszuschläge
Urlaubsüberhänge
Freischichten

DM   oder   Freizeit als Block
2. Urlaub
Sabbatjahr
Verkürzung Lebensarbeitszeit

Abbildung 3

Es müssen die Töpfe, also Konten mit den dazugehörigen Grenzwerten und Perioden eindeutig definiert werden. Auch die Frage der Genehmigung von Freizeitausgleich und die permanente Information über die vorhandenen Ansprüche und eventuellen Verfallsgrenzen ist sinnvoll zu beantworten und umzusetzen.

Nach einer Umfrage des IW ist die Mehrheit der deutschen Unternehmen mittlerweile für mehr Zeitsouveränität der Mitarbeiter.

Arbeitszeitkonten und Zeitsouveränität der Mitarbeiter

Umfrage IW
über persönliche Monats-, Jahres- und Lebensarbeitszeitkonten:

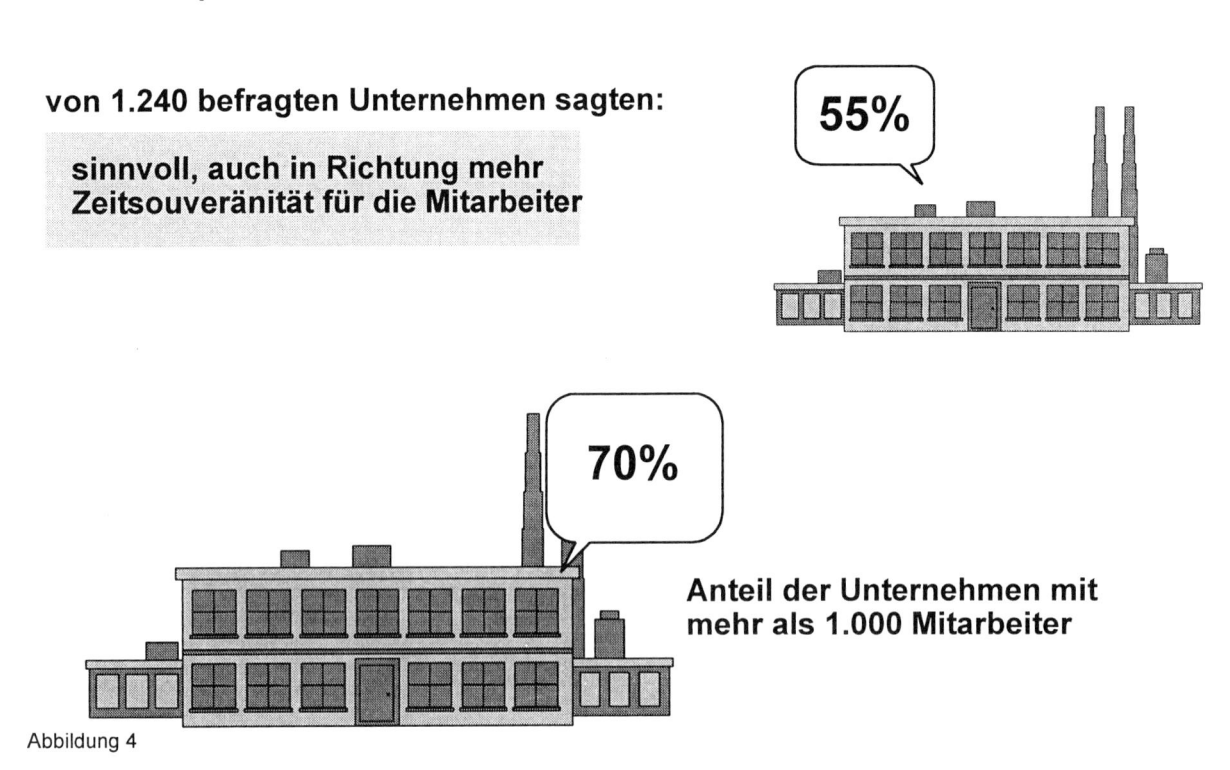

von 1.240 befragten Unternehmen sagten:

sinnvoll, auch in Richtung mehr Zeitsouveränität für die Mitarbeiter

55%

70%

Anteil der Unternehmen mit mehr als 1.000 Mitarbeiter

Abbildung 4

3.3 Erfassungsart

Negativ- und Positiverfassung

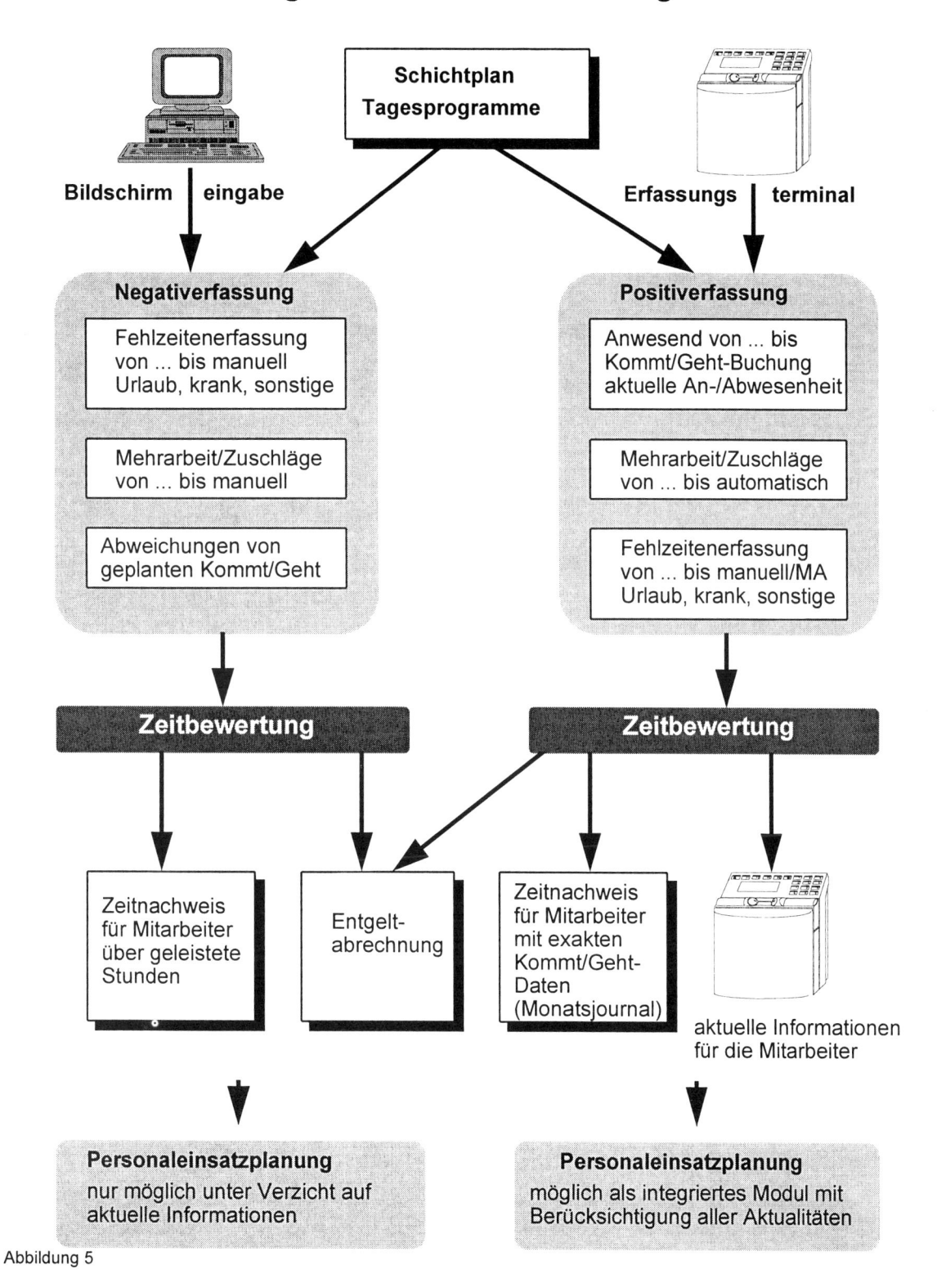

Bildschirm eingabe | **Schichtplan Tagesprogramme** | **Erfassungs terminal**

Negativerfassung
- Fehlzeitenerfassung von ... bis manuell Urlaub, krank, sonstige
- Mehrarbeit/Zuschläge von ... bis manuell
- Abweichungen von geplanten Kommt/Geht

Positiverfassung
- Anwesend von ... bis Kommt/Geht-Buchung aktuelle An-/Abwesenheit
- Mehrarbeit/Zuschläge von ... bis automatisch
- Fehlzeitenerfassung von ... bis manuell/MA Urlaub, krank, sonstige

Zeitbewertung | **Zeitbewertung**

- Zeitnachweis für Mitarbeiter über geleistete Stunden
- Entgeltabrechnung
- Zeitnachweis für Mitarbeiter mit exakten Kommt/Geht-Daten (Monatsjournal)
- aktuelle Informationen für die Mitarbeiter

Personaleinsatzplanung
nur möglich unter Verzicht auf aktuelle Informationen

Personaleinsatzplanung
möglich als integriertes Modul mit Berücksichtigung aller Aktualitäten

Abbildung 5

Bei der Negativerfassung wird grundsätzlich davon ausgegangen, daß die Mitarbeiter nach dem geplanten Schichtplan arbeiten. Es wird also Soll gleich Ist gesetzt. Wenn keine Abweichungen vorliegen, müssen keine zusätzlichen Eingaben vorgenommen werden. Diese Möglichkeit ist überall dort, wo keine oder äußerst wenige Abweichungen vorkommen, aufgrund des geringen Aufwandes gut und einsetzbar.

Allerdings sind einige Einschränkungen im informativen Bereich zu verzeichnen:

- Keine Informationen über aktuelle An-/Abwesenheiten, da das System alle Mitarbeiter grundsätzlich "organisatorisch" anwesend führt.

- Keine Informationen für die Mitarbeiter über ihre aktuellen Kontenstände, wie Gleitzeitsaldo, geleistete Überstunden, Freizeitausgleich, Resturlaub, da ja keine Erfassungsterminals installiert sind.

Diese Informationen könnten durch die Installation von reinen Auskunftsterminals zur Verfügung gestellt werden, sind jedoch meist vortagesaktuell. In der Praxis werden die erforderlichen Eingaben häufig mit Verspätung durchgeführt, so daß die Aktualität zu wünschen übrig läßt.

Manuell eingegeben werden müssen die Abwesenheiten aufgrund von Fehlgründen, was natürlich auch für die Positiverfassung zutrifft. Hier kann jedoch ein Teil dieser Abwesenheiten, vor allem im kurzfristigen Bereich, von den Mitarbeitern selbst bei entsprechender Berechtigung am Erfassungsterminal durchgeführt werden, z.B. Dienstgang, Seminare, Dienstreise, Freizeitausgleich oder Saldoabbau. Sämtliche Änderungen durch Mehr- oder Minderarbeit müssen manuell erfaßt werden, damit die entsprechende Berichtigung innerhalb der Zeitkonten des Mitarbeiters vorgenommen werden kann. Auch kurzfristige Schichtwechsel durch Tausch der Mitarbeiter untereinander ziehen eine Korrektur nach sich.

Dies sagt schon aus, daß eine Negativerfassung grundsätzlich nur bei starren Arbeitszeiten einsatzfähig ist. Bei flexiblen Arbeitszeiten mit variablem Beginn- und Endezeitpunkt muß eine Positiverfassung vorgenommen werden. Ein weiterer Nachteil der Negativerfassung ist der hohe Anteil an Belegen und die mit diesem Belegfluß verbundenen Aufwendungen. Nachdem die Bildschirme für die Eingabe der Ausnahmedaten normalerweise in den Hauptabteilungsbereichen stehen, müssen manuell Belege mit den vorgesehenen Genehmigungsvermerken erstellt und der Erfassungsstelle zugeleitet werden.

Grundlage der Positiverfassung ist die minutengenaue Erfassung aller Kommt- und Gehtzeiten durch den Mitarbeiter selbst an einem Erfassungsterminal. Dabei erfolgt bei anzustrebenden Real-time-Systemen der sofortige Abgleich mit dem geplanten Schichtmodell und Tagesprogramm. Zu spät oder zu früh wird entsprechend der vorgenommenen Parametrierung erkannt und bewertet.

Es sei noch auf das Monatsjournal oder den Zeitnachweis für die Mitarbeiter hingewiesen. Wenn bei Nachfragen Klärungsbedarf entsteht, so ist es wesentlich einfacher aufgrund von vorhandenen Urdaten, nämlich Kommt und Geht, die geleistete Zeit zu rekonstruieren als nur mit dem Inhalt des Tageskontos in Stunden.

3.4 Verarbeitungsart

Die Verarbeitungsart hängt natürlich weitgehend von der gewählten Hardwarebasis und dem Betriebssystem ab. Aber auch wenn nicht on-line verarbeitet wird, so können aktuelle Informationen über An- und Abwesenheiten erzeugt werden, wenn das System bei Anstoß der Auswertungen die vorhandenen Buchungen auswertet. Dies und die automatische Buchungsrhythmuskontrolle (Kommt-Geht-Kommt-Geht) mit Ablehnung einer falschen Buchungsfolge sollte zumindest möglich sein. Für Kontenstände reicht vielfach die Vortagesaktualität aus.

Verarbeitungsarten und ihre Auswirkungen

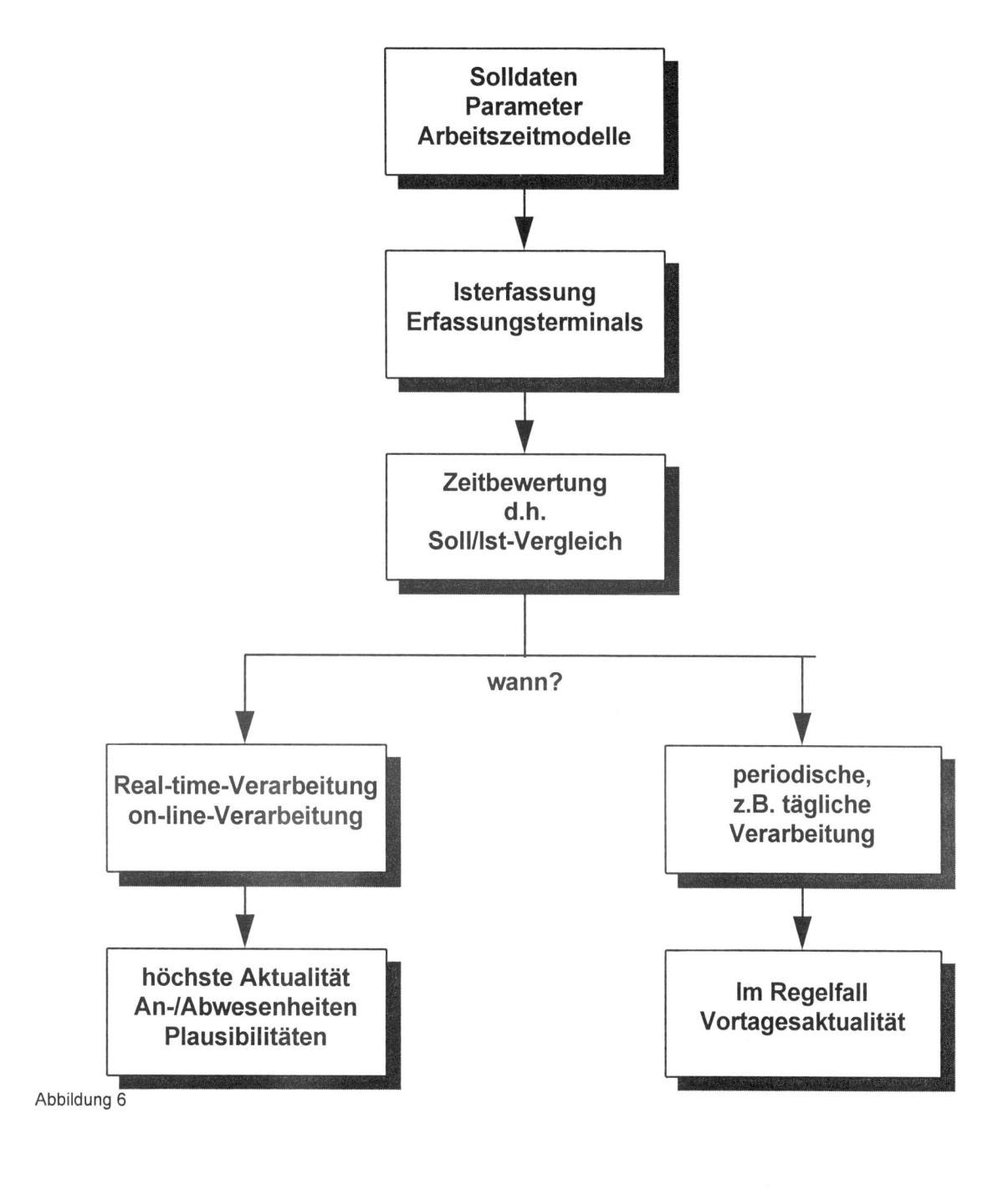

```
        Solldaten
        Parameter
        Arbeitszeitmodelle
              │
              ▼
        Isterfassung
        Erfassungsterminals
              │
              ▼
        Zeitbewertung
        d.h.
        Soll/Ist-Vergleich
              │
           wann?
         ┌────┴────┐
         ▼         ▼
   Real-time-    periodische,
   Verarbeitung  z.B. tägliche
   on-line-      Verarbeitung
   Verarbeitung
         │         │
         ▼         ▼
   höchste        Im Regelfall
   Aktualität     Vortagesaktualität
   An-/Abwesenheiten
   Plausibilitäten
```

Abbildung 6

3.5 Komplettsystem oder Vorrechnerlösung

Zeiterfassung als Vorrechner am Beispiel SAP

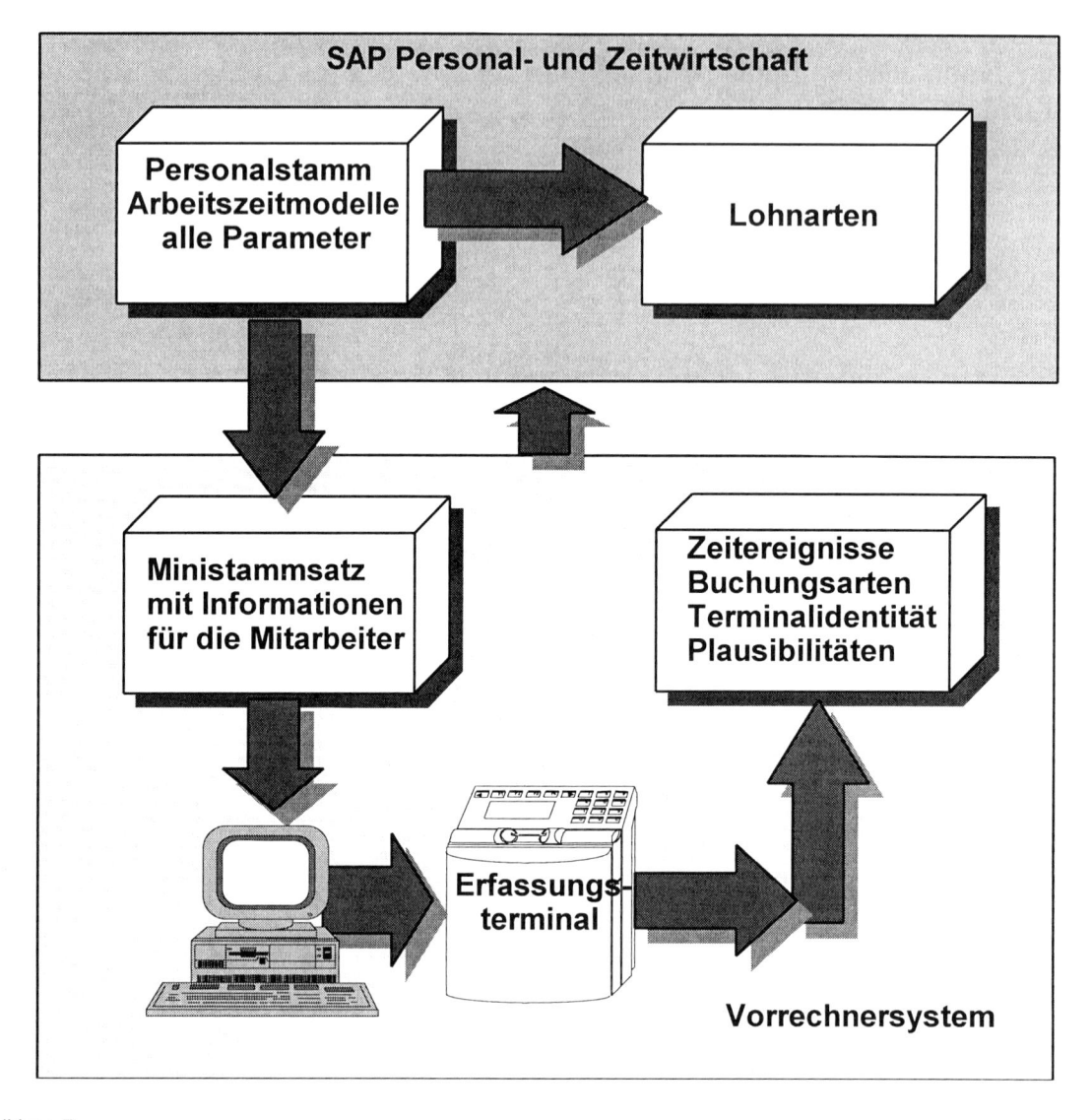

Abbildung 7

Bei der Vorrechnerlösung wird nur eine kleine Teilleistung im Erfassungssystem vorgenommen, die eigentliche Zeitwirtschaft mit allen Parametern und Bewertungen läuft in dem meist mit der Entgeltabrechnung integrierten System ab. Die Frage der Datenübertragung und der Schnittstelle ist dabei von nicht zu unterschätzender Bedeutung. Die Aktualität liegt sehr häufig bei dieser Lösung auf Vortagesniveau. Trotzdem kann dies die bessere Lösung gegenüber dem Komplettsystem sein, wenn beispielsweise Komponenten bereits vorhanden sind bzw. die Integration höchste Priorität genießt. Wie häufig die ermittelten Zeitkontenstände als Lohnarten an das Entgeltabrechnungssystem übergeben werden, ist eine Frage der spezifischen Software des Abrechnungssystems und der Datensicherung.

Eigenständiges Zeitwirtschaftssystem mit Lohn- und Gehaltsschnittstelle

Erfassungsterminals

Terminalcontroller

komplette Zeitwirtschaft

real-time / on-line

Stammdatenpflege

Lohnartenübergabe z.B. einmal monatlich

Entgeltabrechnung

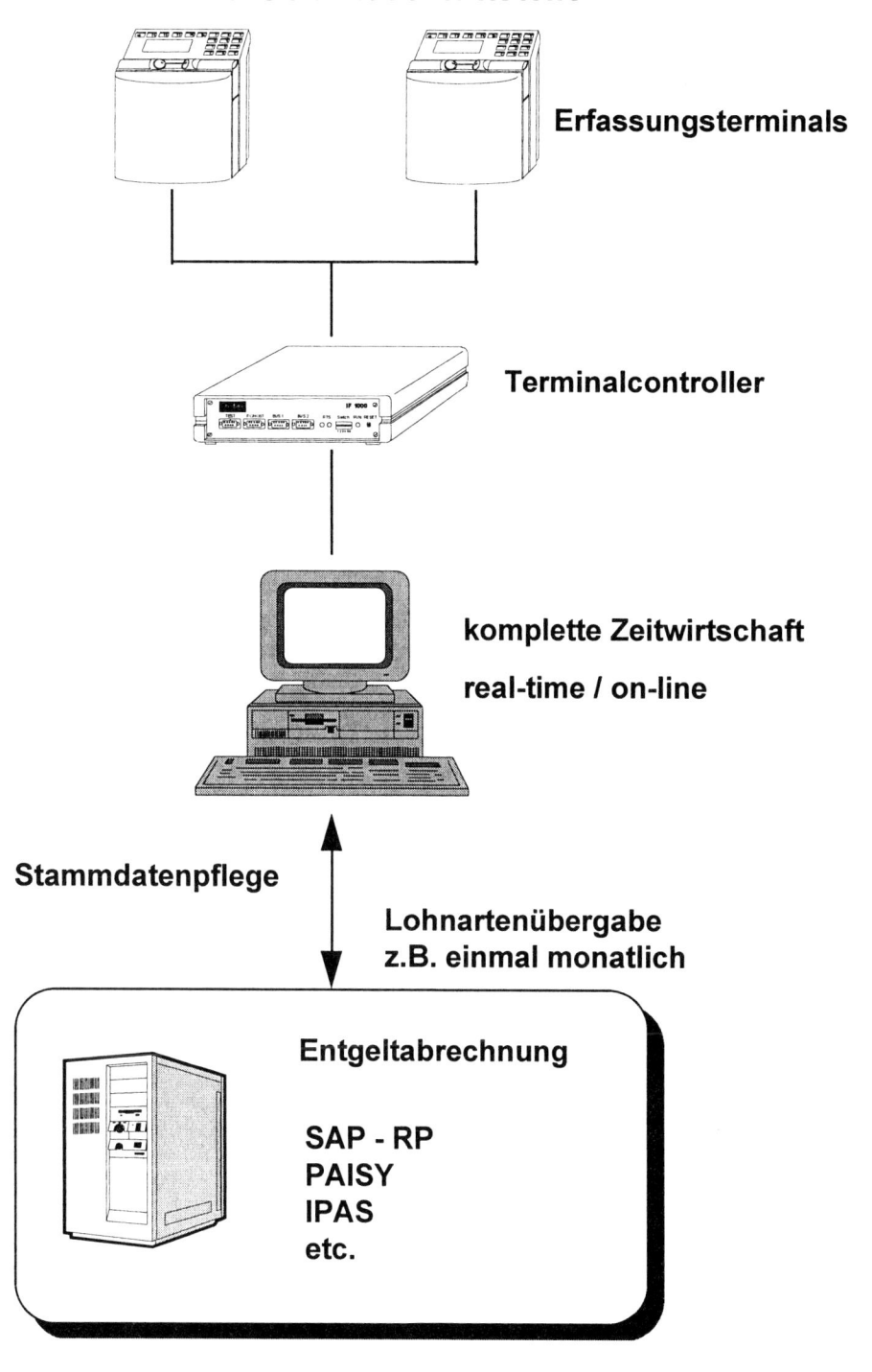

SAP - RP
PAISY
IPAS
etc.

Abbildung 8

3.6 Zentrale oder dezentrale Bearbeitung

Die zentrale Bearbeitung über einen Arbeitsplatz in der Personalabteilung hat sicherlich den Vorteil des besseren Datenschutzes und kann bei geringem Datenanfall auch durchaus reibungslos erfolgen. Die Nachteile in Form von Korrekturbelegen, Genehmigungsverfahren und daraus resultierendem Belegfluß sind allerdings gravierend.

Zentrale Ablauforganisation

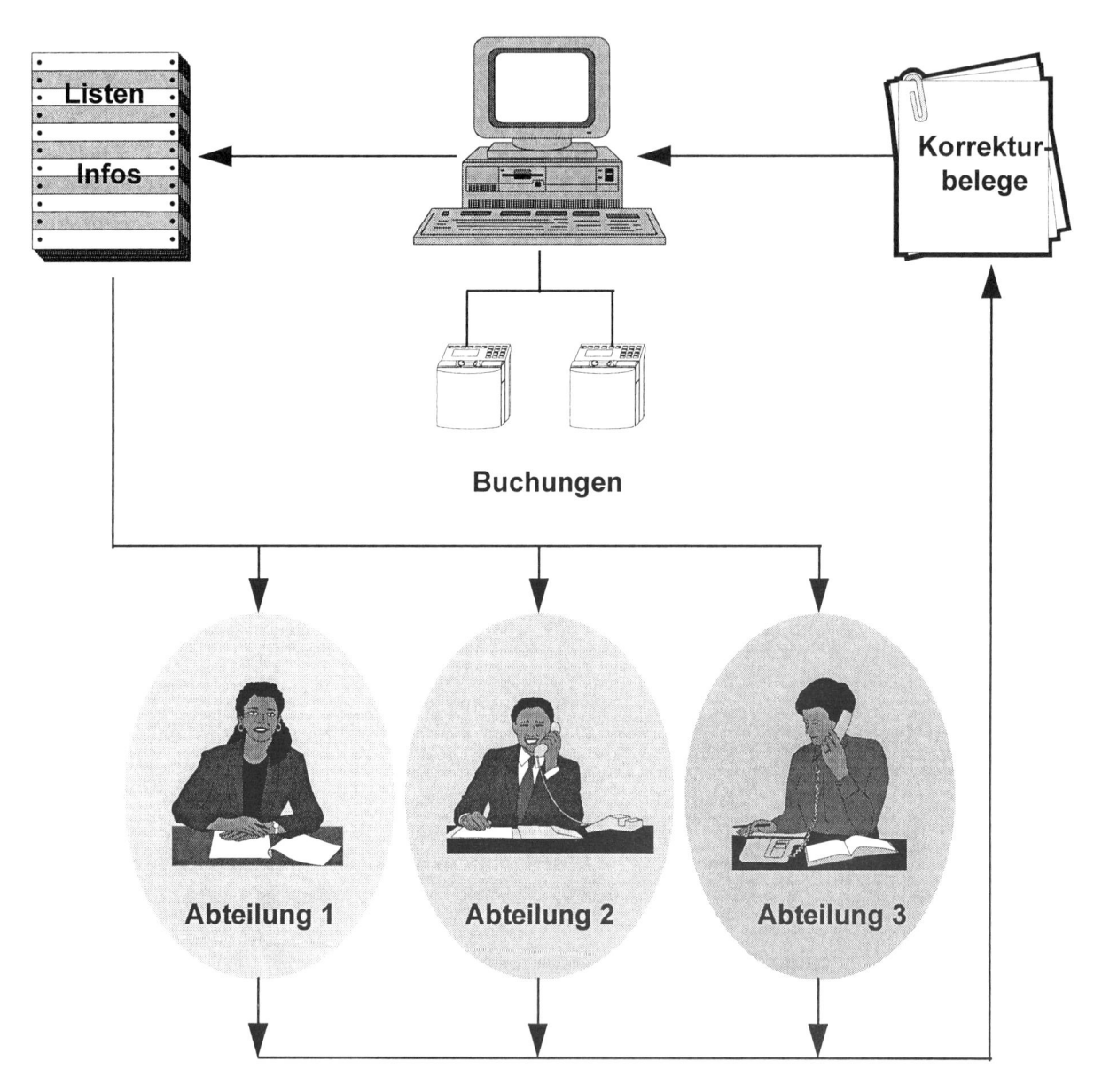

Abbildung 9

Außerdem besteht das Problem der aktuellen Information für den Betrieb. Oftmals sind Ausdrucke schon veraltet und nicht mehr aussagefähig, bevor sie zum Empfänger gelangen. Innerhalb eines Netzwerkes kann sich der berechtigte Benutzer seine Informationen jederzeit anzeigen lassen und bei Bedarf vor Ort ausdrucken. Allerdings muß eine gute Paßwort-Organisation eingeführt und eingehalten werden. Unter Berücksichtigung des vorhandenen Organisationsablaufs sind folgende Fragen zu beantworten:

- Wo laufen die Informationen über Abwesenheiten wie Urlaub oder krank auf?

- Wer gibt die Fehlgründe in das System ein?

- Wer erteilt wie erforderliche Berechtigungen für Mehrarbeit, Überstunden, Schichtwechsel und Freizeitausgleich?

- Wer braucht welche Informationen wie schnell?

- Wer führt grundsätzliche Änderungen von Stammdaten oder Parameter durch?

Dezentrale Ablauforganisation

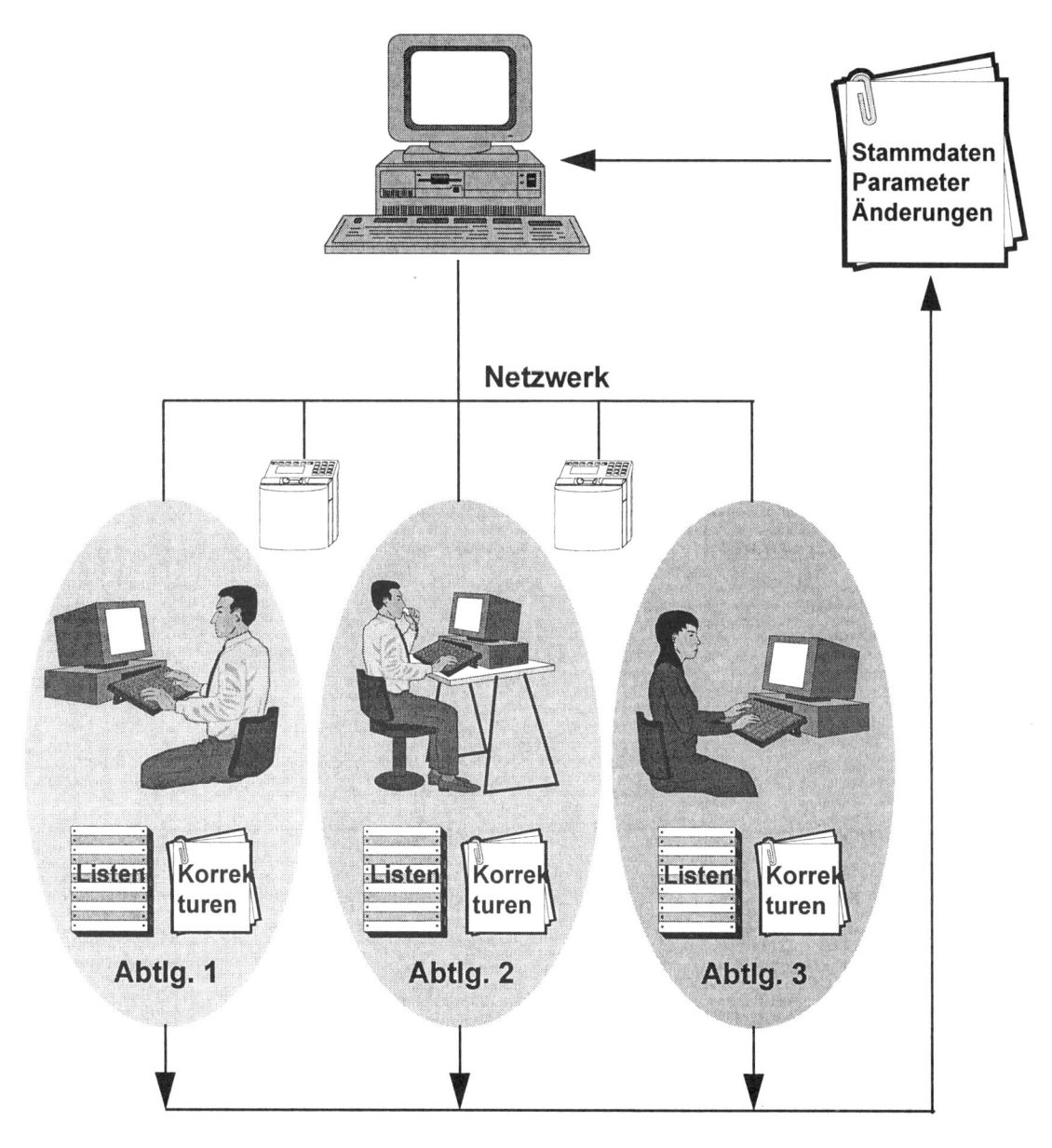

Abbildung 10

3.7 Ausbau zur integrierten Zeitwirtschaft und Schnittstellen

Folgende Systemmodule lt. Abbildung 11 gehören zur integrierten Zeitwirtschaft:

Komponenten der integrierten Zeitwirtschaft

- Zeiterfassung
- Zeitbewertung
- Zeitmanagement
- Kostenstellenerfassung
- Kostenartenerfassung
- Betriebsdatenerfassung
- Personaleinsatzplanung
- Personalinformation
- Kantinendatenerfassung
- Zutrittskontrolle

Integrierte Zeitwirtschaft

Abbildung 11

Sicherlich wird in den seltensten Fällen die gesamte Palette zum Einsatz kommen. Es ist aber festzulegen, welche Komponenten in welcher Reihenfolge eingeführt werden. Achten Sie darauf, wenn z.B. Personalinformation oder auch Kantinendatenerfassung mit anderen Systemen ablaufen, daß hier lediglich Schnittstellen mit dem entsprechenden Inhalt zu definieren sind. Wenn die Kantinendatenerfassung, was häufig von den Betriebs-/Personalräten gewünscht wird, anonym durch Aufladen und Entwerten des Betriebsausweises erfolgen soll, (z.B. bei System GiroVend) so ist in diesem Falle der Ausweis die Schnittstelle. Der Ausweiscodierung ist hierbei Beachtung zu schenken: Entweder als Multifunktionsausweis mit zusätzlichem

Magnetstreifen oder Chip oder die dafür erforderliche Codierung wird generell gewählt, was je nach anderen Anwendungen nicht immer sinnvoll ist.

Schnittstellen zur Personalzeitwirtschaft (oder auch Personalzeiterfassung PZE) bieten sich zu folgenden Anwendungen an:

Schnittstellen zur Personalzeiterfassung (PZE)

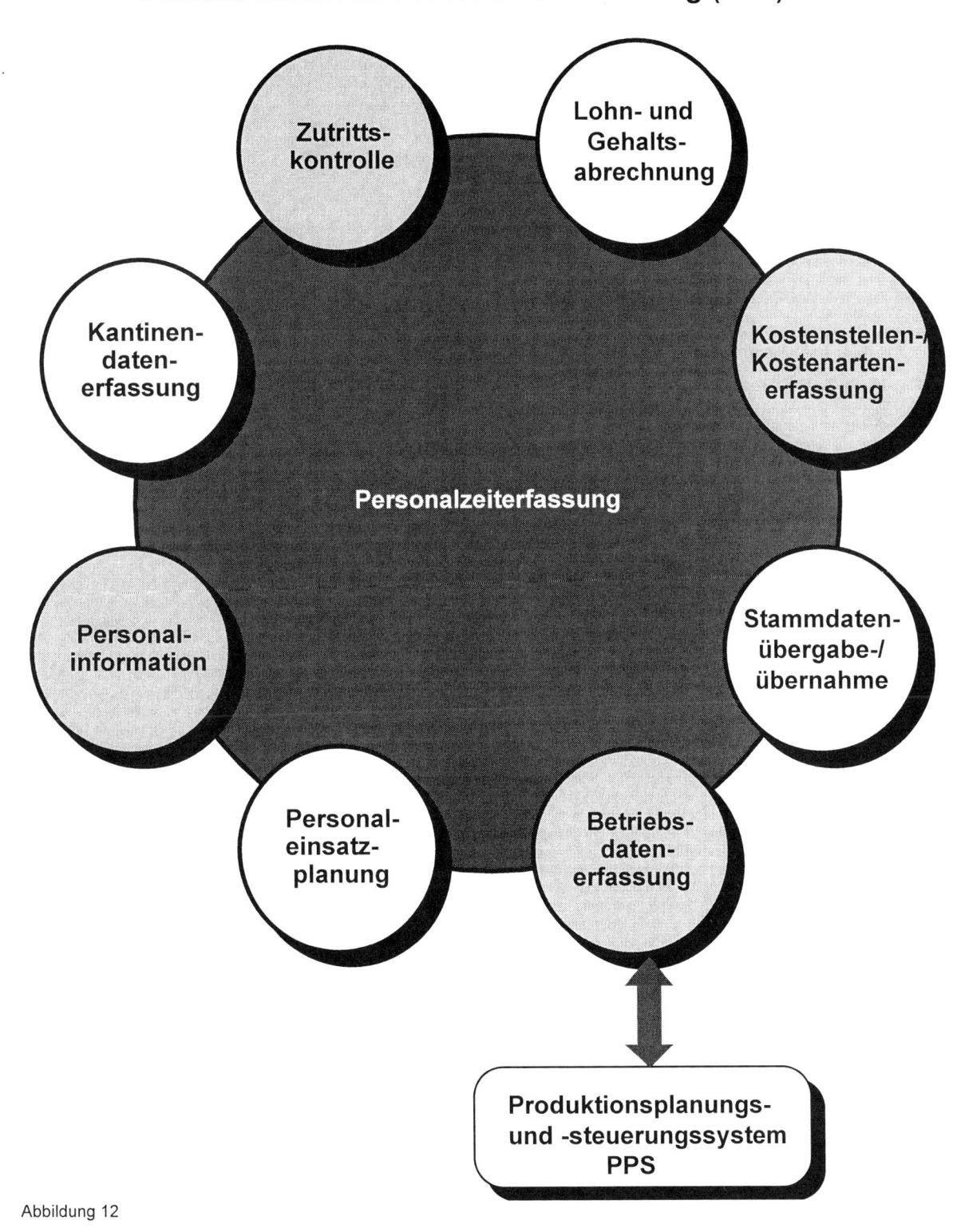

Personalzeiterfassung
- Zutrittskontrolle
- Lohn- und Gehaltsabrechnung
- Kostenstellen-/Kostenarten-erfassung
- Stammdatenübergabe-/übernahme
- Betriebsdatenerfassung ↔ Produktionsplanungs- und -steuerungssystem PPS
- Personaleinsatzplanung
- Personalinformation
- Kantinendatenerfassung

Abbildung 12

Alle in Abbildung 11 aufgeführten Anwendungsbereiche können mit verschiedenen Systemen auf unterschiedlichen Rechnern, verbunden durch Schnittstellen durchgeführt werden. Zum Teil ist es jedoch wesentlich günstiger, gewisse Bereiche innerhalb eines Systems mit internen Schnittstellen als Module zu bearbeiten. Bei dieser Arbeitsweise werden redundante Daten, meist Stammdatenbereiche, weitgehend vermieden.

Wenn nicht bereits Anwendungen vorhanden sind, z. B. Betriebsdatenerfassung oder Zutrittskontrolle, ist es dringend zu empfehlen, folgende Abläufe mit der PZE in einem System zu integrieren:

- Zutrittskontrolle

- Personaleinsatzplanung

- Kostenstellen-/Kostenartenerfassung

- Betriebsdatenerfassung, soweit es sich nicht um reine Maschinendatenerfassung oder Fertigmeldungen ohne Personenbezug handelt.

Bei der Stammdatenübernahme und -übergabe sollten Sie unter Kostengesichtspunkten überprüfen, ob sich diese Schnittstelle tatsächlich lohnt, vor allem dann, wenn die zu erfassenden Anzahl der Mitarbeiter nicht mehr als ca. 300-400 beträgt. Die Stammdaten innerhalb der PZE haben mit den eigentlichen Stammdaten im Entgeldabrechnungs- oder Personalinformationssystem lediglich Name, Personalnummer und Abteilung oder Kostenstelle gemeinsam. Alle anderen Daten sind zeitwirtschaftsrelevant und müssen sowieso einmal erfaßt werden. Die Redundanz dieser relativ wenigen Daten, die sich kaum ändern, ist m.E. vertretbar, wenn ansonsten eine Schnittstelle mit zusätzlichem Aufwand realisiert werden müßte.

Bei der Integration mit der Personaleinsatzplanung ist bei einem fremden System darauf zu achten, daß im Interesse der Aktualität die Daten im on-line ausgetauscht werden und nicht einmal im Tag als Batch-Lauf. Die Leistung von beiden Systemen, die sich zum Teil zwangsläufig überlappt, z.B. bei den Arbeitszeitmodellen, ist genau zu überprüfen und aufeinander abzustimmen.

Die Schnittstellenproblematik bei unterschiedlichen Herstellern liegt auch in der laufenden Anpassung bei Releasewechsel und neuen Softwareversionen mit neuen zusätzlichen Leistungsmerkmalen. Die Schnittstelle selbst sollte in diesem Fall ebenso leicht anpaßbar, im Idealfall durch den Anwender parametrierbar, sein, wenn einer der beiden Partner seine Serviceaufgaben nicht mehr erfüllen kann.

3.8. DV-technische Grundlagen

Viele DV-, EDV- oder IT-Abteilungen innerhalb eines Unternehmens befinden sich heute im Umbruch: vorhandene Mainframe- Anlagen werden durch Client-Server-Systeme abgelöst, einzelne Pcs werden in diese Architekur eingebunden. Dazu sind zum Teil neue Hardware, aber auf jeden Fall neue Betriebssysteme erforderlich. Neue Netzwerk-Topologien, die auch unterschiedliche Rechner- und Betriebssystemwelten verbinden, werden geplant oder sind bereits installiert.

Bei der Planung der Zeitwirtschaft sollte die bei Echtbetrieb verfügbare Plattform berücksichtigt werden. Nun ist dies leicht gesagt, aber in der Praxis vielfach so nicht möglich. Terminliche Verschiebungen durch die Lieferanten sind einzukalkulieren, aber auch Verspätungen im eigenen Hause. Was ist also zu tun, ohne den Zeitplan für die Einführung der Zeitwirtschaft immer an die verfügbare Systemplattform zu koppeln? Als Zieldefinition muß in diesem Fall die Migration der Software von Plattform A nach Plattform B oder C aufgenommen werden. Dies kann letztlich zu einem K.O.-Kriterium bei der Systemauswahl führen.

Sind Arbeitsplatzrechner (Clients) mit unterschiedlichen Betriebssystemen und unterschiedlicher Bedienungsoberfläche, z.B. Windows 3.1, Windows 95 oder OS/2 in einem Netzwerk installiert und soll dies aus Gewöhnungsgründen der Mitarbeiter oder Kostengründen zumindest vorerst auch so bleiben, sollte diese Anforderung bereits unter der Festlegung der Ziele aufgenommen werden. Im Interesse einer frühzeitigen Informationspolitik werden Mitarbeiter nicht durch notwendige Umgewöhnungen verunsichert und das Projekt erleidet keinen Akzeptanzverlust.

3.9 Kosten und Nutzen

Die globalen Nutzengrößen können wie in Abbildung 13 dargestellt werden, d.h. daß der Nutzen mit der Anzahl der abzurechnenden Mitarbeiter durch den Datenanfall und mit verstärkter Flexibilisierung durch Komplexität und den dadurch verursachten vermehrten Datenanfall steigt.

Oft werden Zeitwirtschaftsprojekte nur genehmigt, wenn der Wirtschaftlichkeitsnachweis erbracht ist. In der Zieldefinition kann oder sollte die Wirtschaftlichkeit verankert werden, ist zu diesem Zeitpunkt jedoch sehr schwer nachweisbar. Die Wirtschaftlichkeit eines Projektes ist immer dann gegeben, wenn der gesamte Nutzen die gesamten Kosten übersteigt, und zwar auf die gesamte Nutzungsdauer des Systems bezogen

Nutzengrößen der Personalzeitwirtschaft

Grad der Arbeitszeitflexibilisierung

(Achse: hoch, mittel, niedrig)

Anzahl der Mitarbeiter

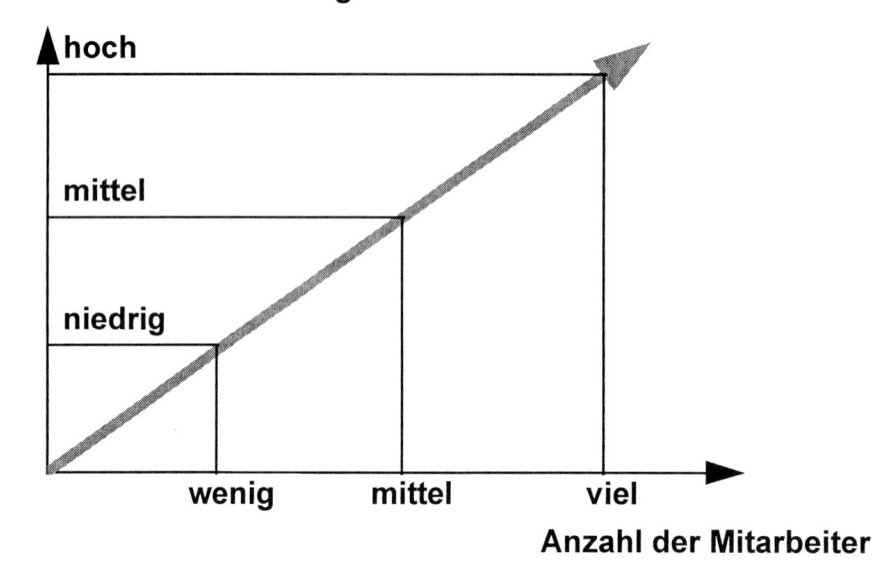

(Achse: wenig, mittel, viel)

Abbildung 13

Wie aber ist der gesamte Nutzen zu erfassen? Speziell im Zeitwirtschaftsbereich ist der zunächst nicht faßbare, der nicht quantifizierbare, also der qualitative Nutzen meist höher anzusetzen als der vordergründig erkennbare. Folgende Tabelle gibt eine Auswahl von Beispielen zu beiden Nutzenarten:

Quantifizierbarer Nutzen	Qualitativer Nutzen
Personaleinsparung durch Wegfall von	bessere/schnellere Informationen über
• Verteilen der Stempelkarten	• aktuelle An-/Abwesenheiten
• Einsammeln der Stempelkarten	• aktuelle Zeitkontenstände
• manuelle Bearbeitung der Stempelkarten	• aktuelle Informationen für die Mitarbeiter am Erfassungsterminal
• manuelle Erfassung der Lohnarten	• Einsatz von flexibleren Arbeitszeiten
• manuelles Führen von Fehlzeit- bzw. Urlaubskarteien	• jederzeitige zusätzliche Zeitmanagementinformationen
• manuelle Erstellung von Fehlzeitstatistiken (Urlaub, krank)	• Möglichkeiten der Personalplanung
• Rückgang von Nachfragen der Mitarbeiter in der Personalabteilung	• Integration mit anderen Anwendungen

Ich habe in der Praxis oftmals gehört, daß die Einsparung von Personalkapazität nicht gegeben ist, weil Mitarbeiter, die ohnehin vorhanden sein müssen, wie z.B. die Werksfeuerwehr oder der Werkschutz, mit Aufgaben wie Verteilen und Einsammeln von Stempelkarten beschäftigt werden. Auch wenn keine Mitarbeiter freigesetzt werden, so wird betriebswirtschaftlich doch Kapazität eingespart. Die Bewertung des qualitativen Nutzens durch bessere, schnellere und gesicherte Informationen ist ebenfalls kaum in Mark und Pfennig zu fassen. Diese Probleme müssen vom Projektleiter der das Budget bewilligenden Geschäftsleitung eindeutig klar gemacht werden, weil eventuell sonst später das Projekt als unwirtschaftlich abgetan wird.

Am Ende dieses Leitfadens in Kapitel 19 werden in einer Tabelle alle tatsächlichen Kosten- und Nutzengrößen zur eigenen Kosten-Nutzen-Rechnung detailliert aufgeschlüsselt.

Planung des Projektablaufs

Projektinhalt und -ziel

Stufenplan
Wer
Was
Wie
Womit

Zeitfolgeplanung
Wann

Personalbedarf Qualifikation
Wer
Womit
Wofür

Wer
Mitarbeitergruppen
Abteilungen
Betriebsstätten
Werke
Was
Personalzeiterfassung
Zutrittskontrolle
Betriebsdatenerfassung
Schnittstellen
etc.
Betriebsvereinbarung
Womit
Erfassungsart
Systemart
Hardware-/ Softwarebasis
Wie
Parametrierung und Schulung
Testbetrieb
Echtbetrieb

Wann
Dauer
Kalenderwochen
Manntage/-monate
Starttermine

Wer
Personenkreis
Ersatzpersonal
Womit
Qualifizierungsmaßnahmen
/Schulung
organisatorische Hilfsmittel
technische Hilfsmittel
Wofür
Systemverantwortung
Sicherheitsbeauftragte
Zeitbeauftragte
Arbeitsbereiche/
Mitarbeiterbereiche

Abbildung 14

4. Planung des Projektablaufes

Vielleicht ist der Begriff „Planung" an dieser Stelle nicht ganz der geeignete, sondern wäre „Festlegung" der bessere. Aber auch die Planung soll ja von gesicherten Erkenntnissen und Erhebungen ausgehen und weitgehend eingehalten werden.

Wenn das Projektpaket durch Aufgabenstellung und Zieldefinition inhaltsmäßig geschnürt ist, müssen für den weiteren Ablauf die 3 Hauptgruppen

- Stufenplan
- Zeitfolgeplanung
- Personalbedarf und Qualifikation

ausgearbeitet werden. Die Festlegung kann nach den von der Betriebsdatenerfassung her bekannten sog. „großen W´s" erfolgen.

4.1 Stufenplan

- **Wer?**

    Mitarbeitergruppen
    Welche Mitarbeitergruppen werden in die Zeiterfassung eingebunden?
    Alle? (Aus dem Gleichstellungsgedanken heraus sinnvoll und häufig der Wunsch vieler Betriebs-/Personalräte.)
    Leitende Angestellte nicht?
    Hauptabteilungsleiter nicht?

    Abteilungen
    Vertriebsabteilungen/Außendienstmitarbeiter komplett mit Zeiterfassung?
    Wenn ja, wird die Sollzeit als Istzeit genommen? (Negativerfassung)
    Oder soll jeweils Dienstgang bzw. Dienstreise gebucht werden mit eventuell höherem Korrekturaufwand für die Ergänzung fehlender Buchungen?
    Oder nur Führen und Verwalten der Fehlzeiten in der Fehlzeitkartei?

    Betriebsstätten
    Wenn ausgelagerte Betriebsstätten existieren, sollen diese Mitarbeiter in das System eingebunden werden? Wenn ja, soll die Datenpflege für diese Mitarbeiter in der Betriebsstätte erfolgen? Dies zieht einen eventuellen Hardware-Aufwand für Modems, Datenleitungen und Netzanschlüsse nach sich. Oder sind so wenig Mitarbeiter vorhanden, wie z.B. bei vielen Sparkassenzweigstellen, daß eine maschinelle Erfassung durch spezielle Erfassungsterminals wirtschaftlich nicht vertretbar ist? Welche Erfassungsformen können eingesetzt werden. Berücksichtigen Sie dabei bitte gewünschte Auswertungen über den gesamten Personalbestand.

    Werke
    Wenn mehrere Werke vorhanden sind, können unterschiedliche Regelungen durch getrennte Betriebsräte notwendig werden. Der Gesamtbetriebsrat überläßt sehr oft die Regelungsabsprachen in diesen Fällen den Einzelbetriebsräten.

- **Was**

  Module
  Hier wird vereinbart, welche Module wann wo zum Einsatz kommen. So kann z.B. die Betriebsdatenerfassung nur in einem Werk erforderlich sein und die Zutrittskontrolle oder Kantinendatenerfassung in einem anderen. Genauso wichtig ist die Festlegung der Stufen innerhalb eines Anwendungsbereiches, also beispielsweise Personalzeiterfassung zuerst mit Gleitzeit im Verwaltungsbereich und nach 6 Monaten Ausdehnung auf den Betriebsbereich A, nach weiteren 3 Monaten auf den Betriebsbereich B. Oder die Schnittstelle zu einem vorhandenen oder einzurichtenden Personalinformationssystem soll später genutzt werden.

  Betriebsvereinbarung
  Wenn die komplette Betriebsvereinbarung für eine integrierte Zeitwirtschaft mit mehreren Modulen zu komplex wäre und damit der Abschluß zu lange dauern würde, empfiehlt es sich, auch hier in Stufen vorzugehen, vor allen Dingen dann, wenn zwischen der Inbetriebnahme der einzelnen Module längere Zeitabschnitte eingeplant sind.

- **Womit**

  Erfassungsart
  Positiv- oder Negativerfassung?
  Oder zuerst Negativ-, später dann Positiverfassung? Dies kann interessant sein, wenn z.B. SAP, PAISY oder IPAS mit Zeitwirtschaftsmodul vorhanden ist und die Erfassung über ein Vorrechnersystem der zweite Schritt sein soll.
  Nur Kommt-Geht-Buchungen bei Positiverfassung?
  Oder auch Fehlgrundbuchungen z.B. Freizeitausgleich, Dienstgang, Arztbesuch?

  Systemart
  Komplettsystem oder Vorrechnerlösung?
  Real-time-, on-line- oder periodische Verarbeitung?

  Hardware- und Softwarebasis
  Beginnend als Einplatzsystem mit DOS/Windows für einen Teilbereich?
  Später Netzwerk, z.B. NOVELL oder UNIX mit Migrationsmöglichkeit?
  Sind unterschiedliche Systemplattformen in den einzelnen Werken vorhanden?
  Werden vorhandene Rechner in absehbarer Zeit gegen andere Systeme ausgetauscht?

- **Wie**

  Parametrierung und Schulung
  Zur anwendungstechnischen Inbetriebnahme des Systems ist einmal die Schulung der die Parametrierung vornehmenden Mitarbeiter notwendig, und dann muß die Parametrierung durchgeführt werden. Dies kann teilweise mit dem Testbetrieb überlappend erfolgen.

  Testbetrieb
  In welchen Bereichen soll wie lange mit wievielen und welchen Mitarbeitern Testbetrieb gefahren werden?

Echtbetrieb
Wann wird wo der Echtbetrieb gestartet?

4.2 Zeitfolgeplanung

Die Zeitfolgeplanung innerhalb des Stufenplanes legt nicht nur die Starttermine für Test- und Echtbetrieb fest, sondern sollte auch die Dauer von Projektabschnitten in Manntagen, -wochen oder -monaten für z.B. Parametrierung oder Schulung, berücksichtigen. Dabei ist auf die Verfügbarkeit des benötigten Personals zu achten (Urlaub, Kur etc.).

4.3 Personalbedarf und Qualifikation

- **Wer**

    Personenkreis
    Welcher Personenkreis soll auf das System in welcher Form zugreifen können?
    Welche Personen sollen das System bedienen können und mit welcher Aufgabenstellung?

    Ersatzpersonal
    Welche Personen stehen bei Abwesenheiten für die Systempflege zur Verfügung? Denken Sie bitte auch an Nachfolgepersonal bei Ausscheiden der vorhandenen Mitarbeiter.

- **Womit**

    Qualifizierungsmaßnahmen/Schulung
    Können die vorgesehenen Mitarbeiter für Systembedienung die grafische Oberfläche bedienen, z.B. Windows 3.1, Windows 95, OS/2, MOTIF?
    Müssen externe Schulungen besucht werden?
    Oder kann das erforderliche Wissen intern vermittelt werden?
    Welche Mitarbeiter müssen vom Hersteller für die Anwendung Zeitwirtschaft geschult werden für Parametrierung, Systembedienung und Systemverantwortung?
    Welche Schulungen können von den extern geschulten Mitarbeitern intern erfolgen?
    Können Fachbücher, Fachartikel oder Seminare herangezogen werden?

    Organisatorische Hilfsmittel
    Festlegung des Organisationsablaufes
    Belegwesen
    Wer tut was?

    Technische Hilfsmittel
    Können genügend Pcs für interne Schulungen bereitgestellt werden?
    Sind Folien, Projektor und Flip Chart verfügbar?
    Sind die räumlichen Möglichkeiten für eine interne Schulung vorhanden?

- **Wofür**

    Systemverantwortung
    Es ist sinnvoll, einen Mitarbeiter als Systemverantwortlichen zu bestimmen, der eine „Supervisor-Funktion" bekleidet, z.B. Datensicherung außer der Reihe, System wieder in Betrieb nehmen, Paßworte vergeben oder ändern etc.

    Sicherheitsbeauftragte
    Für die Anwendung Zutrittskontrolle sollte ein Sicherheitsbeauftragter ernannt werden, der die Zutrittsberechtigungen und die Alarme, die individuell zu bestimmen sind, überwacht und eventuell Maßnahmen einleitet.

    Zeitbeauftragte
    Zur Eingabe von Korrekturen oder Änderungen müssen bei dezentraler Arbeitsweise sog. Zeitbeauftragte ernannt werden, die für einzelnen oder mehrere Abteilungen zusammen je nach Mitarbeiteranzahl zuständig sind. Sie können den Mitarbeitern auch entsprechende Auskünfte erteilen.

    Arbeitsbereiche/Mitarbeiterbereiche
    Dies können Abteilungen, Hauptabteilungen, Kostenstellen, Betriebs- oder Meisterbereiche sein. Wer darf innerhalb dieses Bereiches auf das System mit welchen Funktionen zugreifen?
    Der Meister nur für seinen Bereich?
    Der Betriebsleiter für alle Meistereien?
    Ist die Funktion rein informativ, also nur ansehen oder darf auch geändert werden?
    Bitte beachten Sie dabei eine umfangreiche Paßwortsteuerung.

Selbstverständlich werden in der Stufenplanung alle benötigten W's kombiniert und der betreffenden Stufe direkt zugeordnet. Sie wurden hier nur wegen des besseren Verständnisses und der Form der Darstellung in die 3 Hauptgruppen gegliedert.

4.4 Projektablauf Mitbestimmung

Die Phase der Mitbestimmung zum Zwecke des Abschlusses der Betriebsvereinbarung läuft von Beginn an parallel zum gesamten Projekt und kann daher mit Fug und Recht als Projekt im Projekt bezeichnet werden. Über die Betriebsvereinbarung selbst wird später noch berichtet. Das Projekt Mitbestimmung sollte genau so gut in logischen und zeitlichen Stufen geplant werden wie das eigentliche organisatorische Projekt.

Die grundsätzliche Information über die Organisation und die technischen Abläufe innerhalb der Zeitwirtschaft sind ganz besonders für den Betriebsrat von allergrößter Wichtigkeit. Diese Information darf nicht in eine Stoßrichtung zielen und wesentliche Möglichkeiten und Leistungsmerkmale verschweigen, weil damit die Vertrauensbasis und damit der Projektverlauf gefährdet sind. Es empfiehlt sich oftmals, diese erste grundlegende Information durch einen außenstehenden kompetenten Berater durchführen zu lassen, speziell dann, wenn das Verhältnis zwischen Geschäftsleitung und Betriebsrat nicht ungetrübt ist. Der Vorteil liegt in der Neutralität und der damit verbundenen größeren Akzeptanz. Hier werden schon wesentliche organisatorische Pflöcke für den weiteren Projektverlauf eingeschlagen.

Als nächstes sollte versucht werden, einen generellen Konsens über die Einführung der Zeitwirtschaft zu erreichen, damit die Projektgruppe effektiv tätig werden kann. Dazu werden unter Einbeziehung des Betriebsrates die Ziele wie unter Punkt 3 dargestellt, definiert, die dann im nachfolgenden Grobkonzept weiter ausgearbeitet werden.

Projektablauf Mitbestimmung

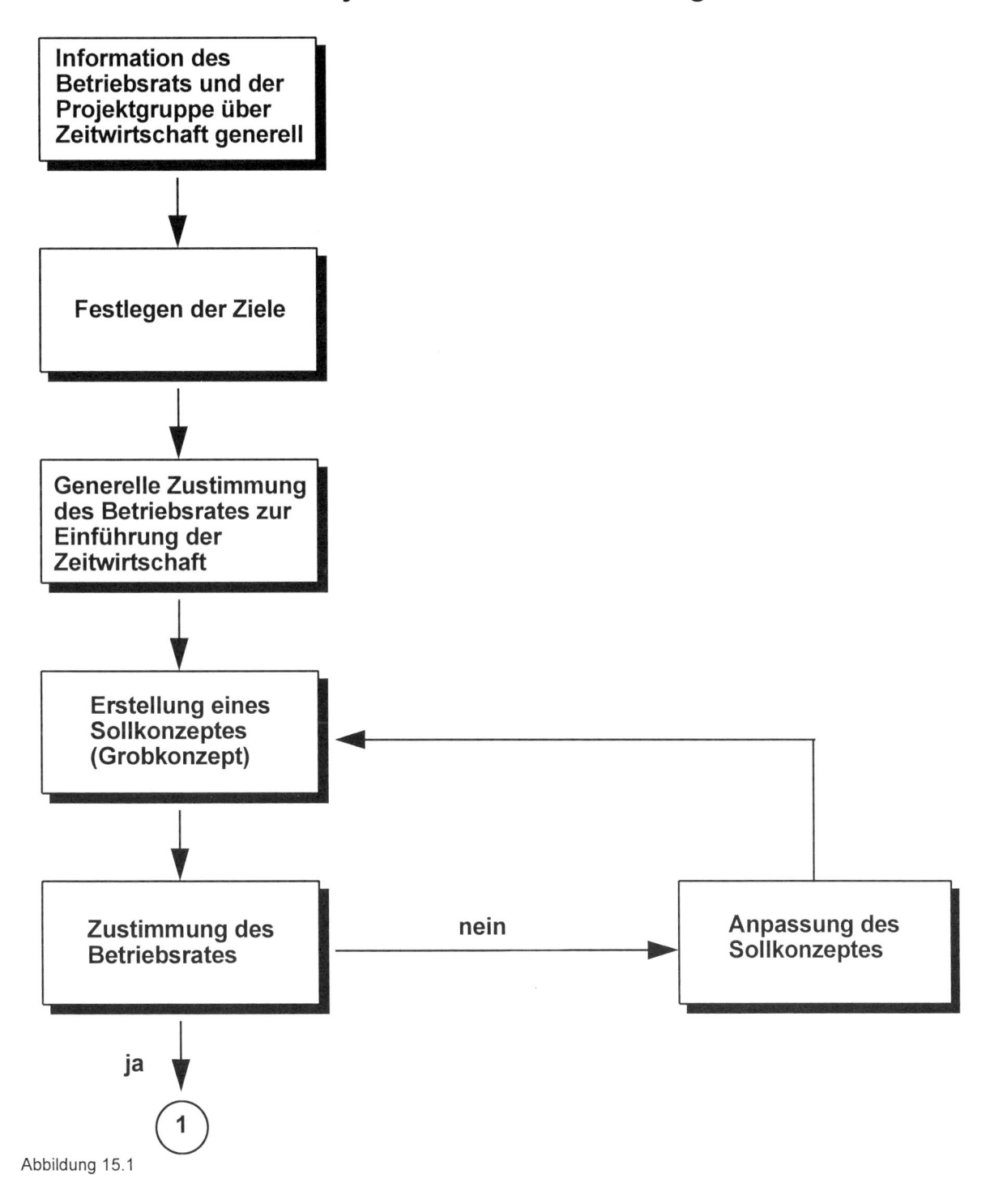

```
┌─────────────────────────┐
│ Information des         │
│ Betriebsrats und der    │
│ Projektgruppe über      │
│ Zeitwirtschaft generell │
└───────────┬─────────────┘
            ▼
┌─────────────────────────┐
│ Festlegen der Ziele     │
└───────────┬─────────────┘
            ▼
┌─────────────────────────┐
│ Generelle Zustimmung    │
│ des Betriebsrates zur   │
│ Einführung der          │
│ Zeitwirtschaft          │
└───────────┬─────────────┘
            ▼
┌─────────────────────────┐         ┌──────────────────┐
│ Erstellung eines        │◄────────│                  │
│ Sollkonzeptes           │         │                  │
│ (Grobkonzept)           │         │                  │
└───────────┬─────────────┘         │                  │
            ▼                       │                  │
┌─────────────────────┐   nein    ┌──────────────────┐
│ Zustimmung des      │──────────►│ Anpassung des    │
│ Betriebsrates       │           │ Sollkonzeptes    │
└───────────┬─────────┘           └──────────────────┘
         ja │
            ▼
           (1)
```

Abbildung 15.1

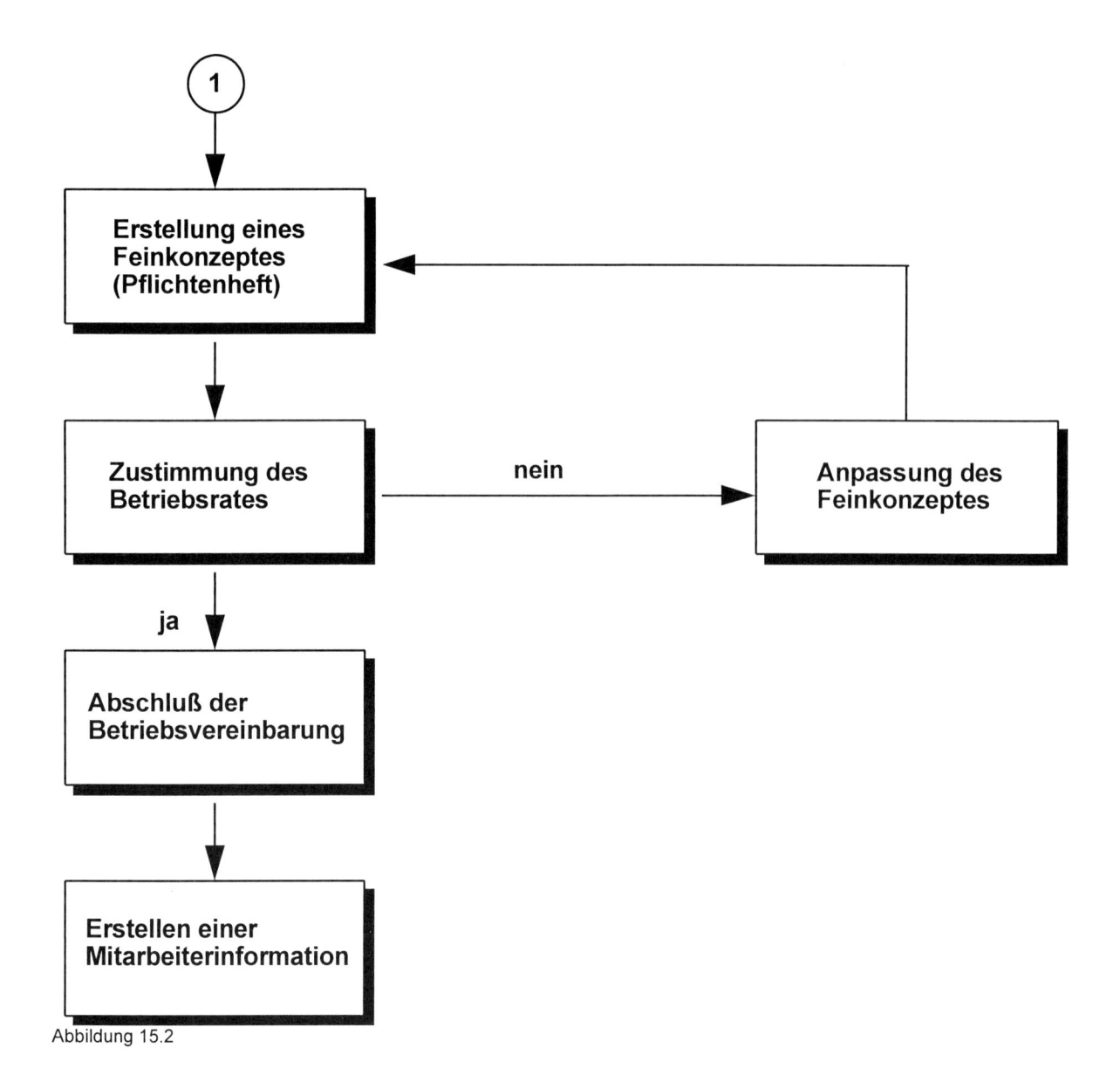

```
      ( 1 )
        │
        ▼
┌─────────────────┐
│ Erstellung eines│
│ Feinkonzeptes   │◄──────────────────────────────┐
│ (Pflichtenheft) │                               │
└─────────────────┘                               │
        │                                         │
        ▼                                         │
┌─────────────────┐    nein    ┌─────────────────┐│
│ Zustimmung des  │───────────►│ Anpassung des   ││
│ Betriebsrates   │            │ Feinkonzeptes   │┘
└─────────────────┘            └─────────────────┘
        │ ja
        ▼
┌─────────────────┐
│ Abschluß der    │
│ Betriebsverein- │
│ barung          │
└─────────────────┘
        │
        ▼
┌─────────────────┐
│ Erstellen einer │
│ Mitarbeiter-    │
│ information     │
└─────────────────┘
```

Abbildung 15.2

Die Zustimmung des Betriebsrats zu den einzelnen Projektabschnitten ist wichtig, weil so vermieden wird, daß komplette Organisationsabläufe neu vereinbart werden müssen. Außerdem fördert die Mitwirkung bei der Gestaltung des Projektes Zeitwirtschaft weiterhin die Akzeptanz bei Betriebsrat und Mitarbeitern.

Projektablauf Zeitwirtschaft

Paralleler Projektablauf

Projektablauf Mitbestimmung

Abbildung 16

Das Ziel ist eine auf dem Feinkonzept oder Pflichtenheft basierende Betriebsvereinbarung, die alle wesentlichen Merkmale enthält, ohne jedoch den gesamten Ablauf der Zeitwirtschaft hard- und softwaretechnisch zu beschreiben.

5. Klärung der Anforderungen an die Software

Es geht im Folgenden nicht darum, die heute am Markt erhältlichen Leistungsmerkmale zu beschreiben. Dies wurde unter organisatorischen Gesichtspunkten ausführlich in „Die Organisation der computergesteuerten Zeitwirtschaft" vorgenommen. Wie bereits im Vorwort angesprochen, soll in diesem Kapitel mehr auf die Probleme von betriebsindividuellen Abrechnungen und deren Erkennen und Darstellen eingegangen werden. Wie so häufig, steckt der Teufel im Detail und wird daher leider übersehen. Ich möchte Sie auf diese Details aufmerksam machen, damit Sie die entsprechenden Fragen in Ihrem Unternehmen stellen und richtig beantworten können.

5.1. Schwachstellenanalyse des Istablaufs

Bevor die Anforderungen an den zukünftigen Ablauf erfaßt und zusammengestellt werden, ist es erforderlich, die Schwachstellen des bisherigen Ablaufs zu erkennen und niederzulegen. Es wäre fatal, wenn zukünftig die Schwachstellen lediglich EDV-mäßig automatisiert würden. Für viele Abteilungen oder Mitarbeiter sind die Schwachstellen als solche aber gar nicht mehr erkennbar, weil sie zu lange in dieser Form arbeiten. Wer kennt nicht den Satz, „das machen wir aber doch schon immer so", wenn nach dem „warum" gefragt wird. Es gehört zum Teil schon Beharrungsvermögen dazu, konsequent nach dem „warum und wieso" und „warum und wieso nicht anders" zu fragen. Auch in diesem Teilbereich ist ein externer Berater manchmal gut eingesetzt, weil er ohne die sog. Betriebsblindheit an den Ablauf herangeht.

Fragen Sie konsequent in allen Abteilungen und Betriebsbereichen nach, welche manuellen Aufzeichnungen über Anwesenheiten, Mehrarbeiten, Resturlaubsstunden, Urlaubsplanungen, Zusammenstellung der Sollstunden pro Kostenstelle, Schichtplanänderungen etc. wann und wie oft gemacht werden. Gehen Sie dann der Frage nach, wer erhält diese Aufzeichnungen und was macht er damit. Sie werden mit Sicherheit feststellen, daß ein Teil der Listen und Zusammenstellungen in dieser Form längst nicht mehr benötigt wird, weil eben die Anordnung zur Erstellung dieser Informationen vor 10 Jahren erfolgt ist und damals vielleicht ihre Berechtigung hatte, aber einfach nie aktualisiert wurde.

5.2 Mengengerüst

Das Mengengerüst gibt eine Übersicht über die notwendige Kapazität des Systems und dient im Auswahlprozeß dazu, frühzeitig Systeme auszuscheiden, die für die geforderten Mengen nicht geeignet sind. Außerdem läßt das Mengengerüst auch Rückschlüsse auf die benötigte Personalkapazität zu. Das Mengengerüst wird einmal abgeleitet aus der Istaufnahme unter Berücksichtigung von Sicherheitsaufschlägen und natürlich auch aus den Zielvorstellungen. Falls mehrere Stufen geplant sind, können die jeweils dazugehörigen Mengen auch direkt gesondert erfaßt werden.

Folgende Mengen sollten in die Tabelle eingetragen werden:

Mengenart	Anzahl Stufe 1	Anzahl Stufe 2	Bemerkungen
zu erfassende Mitarbeiter gesamt			
Mitarbeiter Betriebsbereich 1,2, 3 etc.			
Buchungen täglich/monatlich *)			
max. Personenzahl pro Terminal **)			
Zeiterfassungsterminals Innengehäuse			
Zeiterfassungsterminals Außengehäuse			
Zutrittskontrollterminals Innengehäuse			
Zutrittskontrollterminals Außengehäuse			
Zutrittskontrollterminals Einbau in Schranken, Drehsperren etc.			
BDE-Terminals mit Lesestift			
BDE-Terminals mit Scanner			
BDE-Terminals Sonderausstattung			
PCs			
Bildschirme			
Drucker			
Dialoge (PC oder Bildschirm vorhanden)			
Rechnerschnittstellen ***)			
Mitarbeiterausweise			
Ersatzausweise			
Ausweise für Fremdpersonal			

*) Die Anzahl der täglichen oder monatlichen Buchungen multipliziert mit der Speicherungsdauer ist ein wesentliches Kriterium für den Plattenspeicherbedarf.

**) In Verbindung mit den täglichen Buchungen bestimmt die max. Anzahl der Personen, die an einem Erfassungsterminals buchen, den erforderlichen Speicher für die Zwischenpufferung der Buchungen. Dabei ist auch der Platz für den Down-load der Stammsätze zu berücksichtigen. Die erforderlichen Angaben sollte aufgrund des Mengengerüstes der Anbieter machen.

***) Wenn Pcs, Bildschirme oder Drucker nicht über das Netz, sondern direkt an den Rechner angeschlossen werden sollen, ist die Anzahl der möglichen Schnittstellen für die Ausstattung und Kapazität des Rechners wichtig.

Über die Anzahl von Tagesprogrammen oder Zeitmodellen, zu verarbeitenden Fehlgründen oder Zeitkonten und Paßworten muß man sich heute keine Gedanken bei modernen Systemen machen. Die Zeit der Beschränkung in der Anzahl dieser Leistungsmerkmale ist wohl endgültig vorbei und nur ein Thema bei relativ alter Software, die ohnehin nicht mehr eingesetzt werden sollte.

5.3 Anforderungen aus unterschiedlichen Betriebsbereichen

Sammeln Sie die Anforderungen aus allen Abteilungen und überprüfen sie nach Gleichheit oder Vergleichbarkeit. Exotische Wünsche müssen hinterfragt werden. Nun ist es leider nicht so einfach, per Rundschreiben an alle Abteilungen die Aufforderung zu richten, bis zu einem bestimmten Datum alle Wünsche an die neue Zeitwirtschaft detailliert einzureichen. Die Erfahrung zeigt, daß bei dieser Vorgehensweise der Rücklauf unbefriedigend ist, weil die Verantwortlichen aller Wahrscheinlichkeit nach zu wenig in diesem spezifischen Thema sind. Aufgrund dieser Informationslücke werden die Anforderungen zu spät gestellt, nämlich einige Monate nach der Einführung des Systems, wenn erkannt worden ist, welche Leistungsmerkmale möglich wären. Nachträgliche Änderungswünsche sind aber nicht immer leicht und ohne großen Aufwand zu realisieren. Darum ist es sinnvoll, in Form einer Checkliste die Wünsche abzufragen. Diese Checkliste dient gleichzeitig der Information und der Erfassung und kann z.B. folgendermaßen aufgebaut sein:

Checkliste Zeitwirtschaft für Abteilungsleiter

Leistungsmerkmal	ja/nein	Wünsche bitte eintragen
Bearbeiten in der Abteilung		
Fehlgründe		
• alle		
• nur Urlaub und Krank		
• auch DR, DG, Arztbesuch		
• welche noch		
Führen der Fehlzeitkartei		
Buchungskorrekturen		
Kontokorrekturen		
Kostenstellenwechsel		
manueller Schichtwechsel		
automatischer Schichtwechsel		
Überstundenberechtigung		
Saldokappung aufheben		
Freizeitausgleich genehmigen		
Mitarbeiterbuchungen		
• nur Kommt/Geht		
• auch Fehlgrundbuchungen, • wenn ja, welche?		
• welche Abfragekonten		
Zusatzinformationen im Stammsatz		
• Anschrift, Telefon etc.		
• Ausbildung, Qualifikation etc.		

Leistungsmerkmal	ja/ nein	BS/ Dru	tägl.	mo- natl.	wann sonst	Bemer- kungen
Auswertungen						
Fehlzeitstatistik						
• mit allen Fehlgründen						
• spezielle Krankenstatistik						
• mit Name und Personalnummer						
• nur Abteilungssummen						
• mit Name und Abteilungssumme						
Saldenliste						
• mit Gleitzeitsaldo						
• mit Freizeitausgleich						
• mit Überstunden						
• mit Resturlaub						
• sonstige Konten						
Monatsjournal						
• generell für alle Mitarbeiter						
• nur auf Anforderung						
• mit Ausdruck Saldokappung						
Überstundenauswertung						
• mit Name und Personalnummer						
• nur Abteilungssummen						
• mit Name und Abteilungssumme						
• prozentual zur Sollzeit						
Abteilungsstatistik						
• gesamt Istzeit prozentual zur						
• gesamten Sollzeit						
• Überstunden gesamt mit %						
• Fehlzeiten gesamt mit %						
• Fehlzeiten aufgeschlüsselt						
• nach UR, KR, unbezahlt						
• sonstige Konten						
aktuelle Anwesenheit						
• mit Status und Kommt-Zeitpunkt						
aktuelle Abwesenheit						
• mit Fehlgrund						
• mit Angabe von ... bis						
Speicherung der Saldokappungs- beträge, Ausdruck >= Vorgabe						

Diese Liste ist als Beispiel nur für die Personalzeiterfassung erstellt worden und erhebt keinen Anspruch auf Vollständigkeit. Sie ist abhängig von der momentanen Istsituation der Zeitwirtschaft in Ihrem Unternehmen.

5.4 Tarifgerechte Aufbereitung der Lohnarten

Wenn die Zeitbewertung, d.h. die eigentliche Zeitwirtschaft und die Entgeltabrechnung in einem System integriert ablaufen (z.B. SAP, PAISY, IPAS) ist dieser Punkt zu vernachlässigen, weil innerhalb des Systems bereits gelöst.

Bei einem eigenständigen System muß überprüft werden:

- kann die Software alle Lohnarten (Überstunden und Fehlzeiten) lt. Tarif im Standard abdecken, und

- ist eine Schnittstelle zu Ihrem vorhandenen oder geplanten Entgeltabrechnungssystem vorhanden?

Auf jeden Fall ist es erforderlich, den Anbietern in der Klärungsphase eine Schnittstellenbeschreibung Ihres Entgeltabrechnungssystems zur Verfügung zu stellen oder ein Gespräch zwischen den zuständigen Fachleuten zu arrangieren.

5.5 Berücksichtigung der vorhandenen Betriebsvereinbarung

Auch wenn der Vertriebsbeauftragte Ihres Anbieters, mit dem Sie gerade Ihre Anforderungen besprechen, nicht danach fragt, sollten Sie ihm eine Kopie Ihrer Betriebsvereinbarung geben. Aus der Praxis heraus kann ich sagen, daß in den meisten Betriebsvereinbarungen Sonderregelungen sind, die aber häufig vom Unternehmen gar nicht mehr als solche betrachtet werden. Die Aussage: „Bei uns geht´s streng nach Tarif" wurde später häufig mit entsprechendem Kostenaufwand revidiert.

Als Beispiel sollen hier einige Besonderheiten aus mir bekannten Betriebsvereinbarungen aufgeführt werden:

Zulagen und Zuschläge

Die Mitarbeiter erhalten
- *6 % Zulage auf das Tarifentgelt, falls sie regel- und turnusmäßig Nachtschicht leisten.*
- *15 % Zuschlag auf den Bruttolohn für jede geleistete Nachtschicht bei regelmäßiger Nachtarbeit.*
- *DM 18,50 als freiwilligen Zuschlag für jede geleistete Nachtschicht.*
- *DM 10,00 als freiwilligen Zuschlag für jede geleistete Spätschicht.*

Dies setzt bei der Parametrierung der Software die Möglichkeit voraus, daß Zähler für jede Schichtart gebildet werden, die bei der Entgeltabrechnung zur Ermittlung der Zuschläge und Zulagen herangezogen werden.

Pausen

Die Pausen betragen insgesamt 30 Minuten pro Schicht und werden zu (2 für jede Schicht) festgesetzten Zeiten, je nach den betrieblichen Erfordernissen genommen.

20 Minuten sind davon unbezahlt und werden von der Anwesenheit abgezogen. Die restlichen 10 Minuten werden bezahlt.

Waschzeiten

Die bezahlte Waschzeit beträgt 10 Minuten und ist außerhalb der Schichtzeit zu nehmen.

Diese Regelungen führen zu einer Veränderung der eigentlichen tariflichen Arbeitszeit und müssen im Tagesprogramm definiert werden können. Zu solchen betrieblichen Verfahrensregeln wird im nächsten Kapitel noch einiges zu sagen sein.

Überstunden

Bei Arbeitnehmern der Tarifgruppen X -Y sind gelegentliche geringfügige Überschreitungen der Arbeitszeit außerhalb der Rahmenzeit von 8.00 - 18.00 Uhr mit dem Tarifentgelt abgegolten. Unter gelegentlichen geringfügigen Überschreitungen sind bis zu 2 x wöchentlich jeweils max. 30 Minuten zu verstehen.

Da die Gleitzeitordnung eine monatliche Spanne bis zu +/- 15 Stunden zuläßt, gelten Zeitguthaben bis zu 15 Stunden nicht als Überstunden.

Nach Mitarbeitergruppen getrennt müssen hier Verrechnungen wöchentlich und monatlich stattfinden. Auch hier verweise ich auf das nächste Kapitel.

Dienstreisen

Für normale Auslandsreisen betrachten wir den persönlichen, zeitlichen Mehraufwand bei AT-Mitarbeitern durch das Einkommen als ausgeglichen. Bei Auslandsreisen, die mindestens 1 volles Wochenende einschließen, gewähren wir als Ausgleich 1 Tag Freizeit für jedes eingeschlossene Wochenende.

Dienstreisen

Für Tarifmitarbeiter wird bei An- und Abreise an arbeitsfreien Werktagen sowie an Sonn- und Feiertagen 50 % der Reisezeit bis max. 4 Stunden pro Tag als Zeitausgleich ohne Zuschläge vergütet.

Bei solchen wie auch den folgenden Regelungen ist natürlich zu überprüfen, ob das Mengenaufkommen eine automatische Verrechnung und die dafür entstehenden Parametrierungsaufwände wirtschaftlich erscheinen läßt.

Dienstreisen

Bei mehrtägigen Dienstreisen werden an den Tagen der Hin- und Rückreise einschließlich der geleisteten Arbeitszeit 10 Stunden vergütet. Für am Zielort geleistete Arbeitszeit werden von Montag bis Donnerstag 8 Stunden, am Freitag 7 Stunden gutgeschrieben.

5.6 Betriebliche Verfahrensregelungen und Verrechnungen

Wie aus dem vorherigen Kapitel zu entnehmen ist, sind ein Teil solcher Regelungen in den Betriebs- oder Dienstvereinbarungen vorhanden. In der Praxis erlebt man aber häufig, daß Regeln nicht eindeutig fixiert sind und in den einzelnen Abteilungen unterschiedliche Verrechnungen durchgeführt werden, was oftmals zu Unruhe und Mißmut unter den Mitarbeitern führt.

Verfahrensregeln werden benötigt für z.B.:

- Arztbesuch
- Dienstreisen
- Pausenabzug und Pausenverrechnung
- Verspätungen
- Mehrarbeiten und Überstunden
- Gleitzeitsalden und -kappungen
- Abgrenzung Gleitzeitsaldo und Überstunden
- Freizeitanspruch und Freizeitausgleich
- Rundung von Arbeitszeiten
- Fehlzeitbewertung

Ungenaue und mißverständliche Darstellung dieser firmenspezifischen Verrechnungen führen zu billigen Pauschalangeboten und späteren Nachforderungen. Oder viel schlimmer: die durchaus sinnvollen und erforderlichen Automatismen werden wieder manuell durchgeführt. Die Gewöhnung an den schlechten Nutzeffekt setzt ein und nach kurzer Zeit weiß keiner mehr, wie ein besserer Ablauf aussehen kann. Damit ein auf die Anforderungen abgestimmtes Angebot erstellt werden kann, benötigen die Anbieter natürlich entsprechende Informationen über diese Anforderungen.

Aber warum ist die genaue Verfahrensbeschreibung so wichtig und welche Auswirkungen hat das auf die Angebote? Moderne Standardsoftware wird über die Parametrierung an die betriebsspezifischen Eigenheiten angepaßt, welche in der Regel der Anwender selbst durchführt. Nun sind aber viele der vorher aufgeführten Verfahrensregeln über eine vom Anwender leicht durchzuführende menügeführte Parametrierung nicht möglich, weil das System dann nicht mehr handhabbar ist und einem Parameterfriedhof ähnelt. Solche Systeme gab es in der Vergangenheit, die alle daran krankten, daß bei Softwareänderungen und -erweiterungen nicht erkennbare Fehler bei irgendwelchen Parameterkonstellationen entstanden. Durch in Makrosprache programmierbare Rechenregeln wurde ein größeres relativ leicht zu beeinflussendes Medium geschaffen, das auch komplexe Verfahrensregeln nachbilden und einfach ändern kann. Häufig bedient man sich für diese Abrechnungen BASIC-ähnlichen Makros.

Das Programmieren dieser Rechenregeln allerdings setzt eine intensivere Schulung und Kenntnis der Makros voraus. Es lohnt sich in den meisten Fällen nicht, daß sich der Anwender vom Anbieter über mehrere Tage schulen läßt, um die Verrechnungen selbst zu programmieren, weil er 1. nach der Schulung nicht über die erforderliche Erfahrung verfügt und deshalb zusätzliche kostenpflichtige Hilfe des Herstellers benötigt und 2. nach der Fertigstellung der Abrechnungsprogramme damit nicht mehr viel zu tun hat, so daß die Kenntnisse mit zunehmender Zeitdauer vergessen werden.

Beispiel für Ablauf der Parametrierung

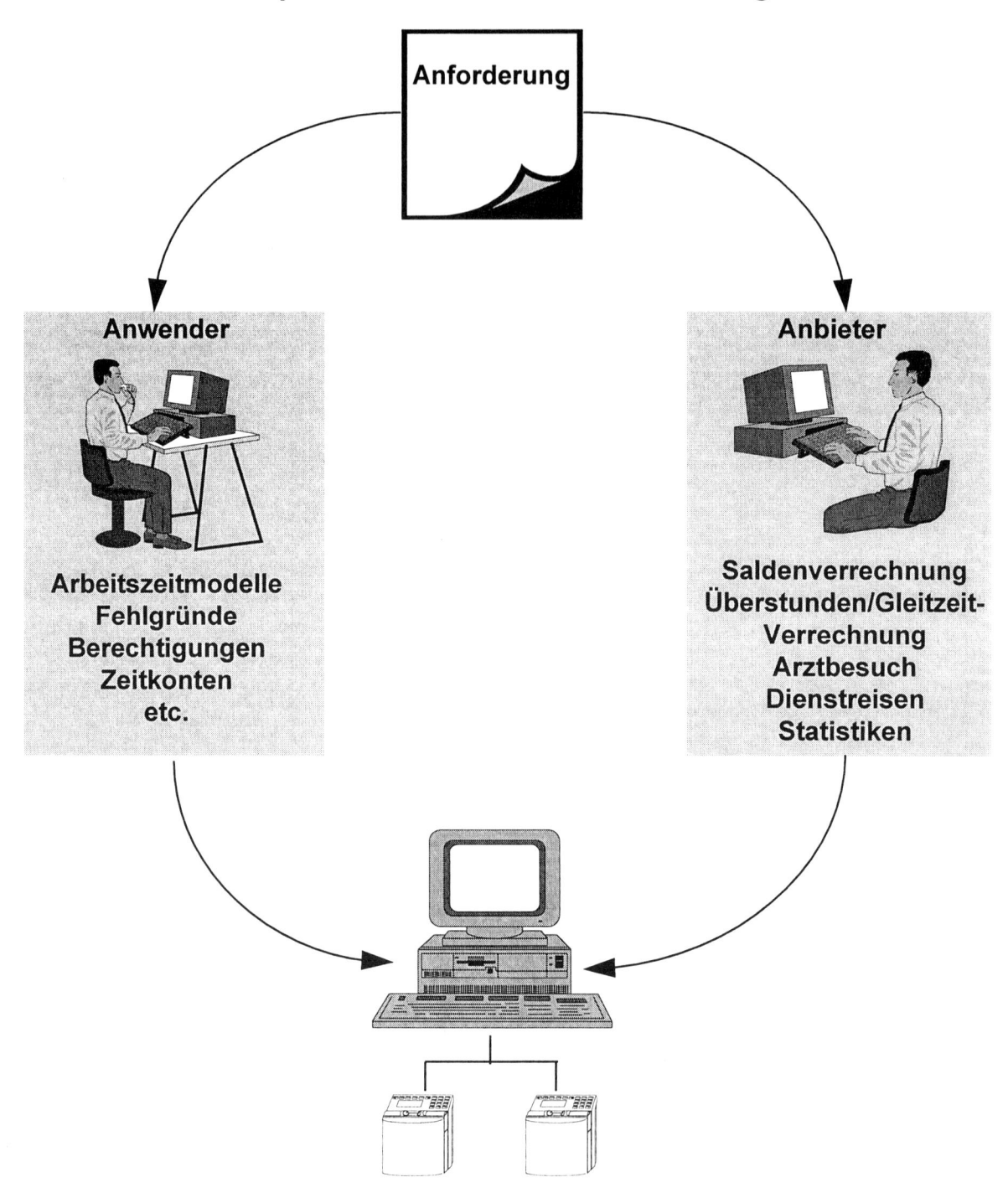

Anforderung

Anwender

Arbeitszeitmodelle
Fehlgründe
Berechtigungen
Zeitkonten
etc.

Anbieter

Saldenverrechnung
Überstunden/Gleitzeit-
Verrechnung
Arztbesuch
Dienstreisen
Statistiken

kompletter Systemablauf

Abbildung 17

Also ist es richtig und sinnvoll, den Anbieter diese Aufgaben durchführen zu lassen. Das setzt natürlich eine genaue, eine wirklich genaue Beschreibung der Anforderung voraus. Nur dann kann in einem Angebot der Aufwand genau ermittelt und in einen

Preis für diese Dienstleistung umgesetzt werden. Die beste Art der Beschreibung von Rechenregeln ist immer noch das Zahlenbeispiel. Bei rein verbalen Beschreibungen sind Mißverständnisse immer möglich, die letztlich zu Streitigkeiten um Preis und Leistung führen.

Anhand von Beispielen aus der Praxis werden nachfolgend Unterschiede aufgezeigt und die daraus resultierenden Ergebnisse mit ihren Folgen bewertet. Die Folgen sind stark abweichende Angebote, je nach Genauigkeit der Definition der Verfahrensregeln.

5.6.1 Beispiel Arztbesuch

Anforderung: Verrechnung des Arztbesuches innerhalb einer Gleitzeit über Fehlgrundtaste am Erfassungsterminal.

Beispiel 1:

Im Pflichtenheft steht: Der Arztbesuch soll automatisch durch Betätigen der Taste „Arztbesuch" verrechnet werden.

Folge 1:

In jedem Angebot wird stehen, daß dies selbstverständlich eine Standardfunktion ist, bzw. es wird gar nichts darüber ausgesagt, weil es eben so trivial ist.

Beispiel 2:

Im Pflichtenheft steht: Der Arztbesuch soll automatisch durch Betätigen der Taste „Arztbesuch" verrechnet werden. Außerhab der Kernzeit liegende Zeiten werden nicht gutgeschrieben.

Folge 2:

Die Angebote werden ähnlich aussehen wie in Folge 1, auch dies wird automatisch als im Standard vorhanden vorausgesetzt.

Beispiel 3:

Im Pflichtenheft steht: Arztbesuch gilt nur in der Kernzeit als bezahlte Arbeitszeit. Für eine automatische Verrechnung werden daher die jeweiligen Kernzeitpunkte herangezogen, d.h.
9.00 - 12.00 Uhr und 14.00 bis 16.00 Uhr, freitags bis 15.00 Uhr.

Beispiel 1   Buchung 10.00 Uhr mit Taste "Kommt mit Arztbesuch"
Gutschrift 9.00 bis 10.00 Uhr = 1 Stunde

Beispiel 2   Buchung 15.00 Uhr mit Taste "Geht mit Arztbesuch"
Gutschrift Montag - Donnerstag 15.00 bis 16.00 Uhr = 1 Stunde
Gutschrift Freitag = 0 Stunden

Beispiel 3   Buchung 11.00 Uhr mit Taste "Arztbesuch Gehen"
              15.00 Uhr mit Taste "Arztbesuch Kommen"
              Gutschrift 11.00 bis 12.00 Uhr = 1 Stunde
              14.00 bis 15.00 Uhr = 1 Stunde

Die Zeit von 12.00 - 14.00 Uhr ist der variable Pausenrahmen und zählt nicht zur Kernzeit.

Folge 3

Einige Angebote gehen gar nicht darauf ein, hier ist gezieltes Nachfragen erforderlich. Bei über Abrechnungsfunktionen gut parametrierbaren Systemen wird eine Dienstleistung von 1 - 2 Manntagen verrechnet, bei anderen Systemen kann sogar eine Softwareerweiterung notwenig sein. Diese Angaben resultieren aus der Praxis.

Eine weitere Variation wäre, wenn der Pausenrahmen zwar zur Kernzeit zählt, jedoch die vereinbarte Pausendauer von z.B. 30 Minuten jedoch abgezogen wird. (Beispiel 3).

Was ist hier eigentlich passiert? Bei der Definition der Anforderungen wurde einfach vergessen, die Verrechnung lt. Tagesprogramm und Pausenregelung zu berücksichtigen.

5.6.2. Beispiel Fehlzeitregelung und -verrechnung

Ein Pflichtenheft beschreibt unter dem Kapitel Fehlzeiten: „Fehlzeiten müssen automatisch berechnet und verarbeitet werden. Das System muß über folgende Fehlzeitengründe verfügen:

Urlaub
Krankheit des Mitarbeiters
etc. (Es folgt eine Aufzählung von 16 Fehlgründen)

Weitere Fehlzeitengründe müssen eingerichtet werden können."

Diese sehr allgemein gehaltene Anforderung wird ebenfalls jedes System können. Besser ist die folgende Formulierung:

„Fehlgründe dienen der Verarbeitung von Fehlzeitabrechnungen. Es kann sich um dienstliche oder private, um bezahlte oder unbezahlte Fehlzeiten handeln. Jeder Fehlgrund wird über eine Fehlgrundnummer und ein Fehlgrundkürzel, z.B. UR für Urlaub, identifiziert. Ein zusätzlicher Langtext kann eingeblendet werden. Beide stehen in einem bei Bedarf eingeblendeten Fenster zur automatischen Übernahme zur Verfügung. Jedem Fehlgrund wird ein eigenes Fehlzeitkonto zugeordnet. Für manche Fehlgründe, z.B. Urlaub, werden mehrere Konten benötigt: Urlaubsanspruch, genommener Urlaub und Resturlaub. Folgende Fehlgründe und Fehlzeitkonten werden benötigt: (es folgt die Aufstellung wie vor). Die Anzahl der Fehlzeitkonten muß mind. XX betragen.

Bei den Gutschriften für Fehlzeiten wird zwischen stundenweisen und ganz- oder halbtägigen Verrechnungen unterschieden. Entsprechend sind auch die Fehlzeitkonten in ihrer Verrechnungsart Tage oder Stunden frei zu definieren.

Die Gutschrift bei Abwesenheit kann die Sollzeit sein oder ein vereinbarter Pauschalbetrag, wie z.B. bei Dienstreisen. Die Gutschriftsbeträge sind jederzeit veränderbar. Es stehen mehrere Möglichkeiten zur Verfügung, die auch tageweise (z.B. montags oder freitags) unterschieden werden können. Ob eine Gutschrift erfolgt oder nicht, ob die Gutschrift in den Saldo eingeht oder nicht, kann im Fehlgrund parametriert werden."

5.6.3. Beispiel Fehlzeitkartei

Es ist davon auszugehen, daß heute jedes System in der Lage ist, eine Jahresfehlzeitkartei mit Fehlgrundkürzeln pro Mitarbeiter zu führen. Wenn Sie jedoch im Pflichtenheft lediglich das Vorhandensein einer Fehlzeitkartei als Leistungsmerkmal anfordern, wird das wiederum jeder Anbieter als Standard bejahen.

Folgende Fragen sind jedoch noch offen und bedürfen der Klärung:

- Soll jeder Fehlgrund einen Eintrag in die Fehlzeitkartei vornehmen?

- Hat der Betriebs-/Personalrat diesen Einträgen zugestimmt?

- Ist eine Prioritätensteuerung vorhanden, also Krank vor Urlaub?

- Wie werden 2 oder mehr Fehlgründe am selben Tag behandelt, wenn nur ein Eintrag pro Tag dargestellt werden kann?

- Sollen Schwellwerte in % der Sollzeit berücksichtigt werden, um Kurzeinträge von wenigen Minuten zu verhindern? Wenn ja, unterschiedliche Definition pro Fehlgrund?

- Wie werden Kollisionen behandelt, d.h. zwei Einträge mit unterschiedlichen Fehlgründen im selben Zeitraum?

- Sind Gruppeneinträge möglich, z.B. für Betriebsurlaub?

- Wie groß kann der Zeitraum für die Vergangenheit und für die Zukunft gewählt werden?

- In welcher Form können Monatssummen bei der Darstellung am Bildschirm angezeigt werden?

Folgende Beschreibung der Prioritätensteuerung wurde aus einem Pflichtenheft entnommen: „Wie reagiert das System auf folgende Konfliktsituationen:

Für einen Mitarbeiter ist die Fehlzeit Urlaub eingetragen, es erfolgt dennoch eine Kommt-Buchung?

Für einen Mitarbeiter ist die Fehlzeit Urlaub eingetragen, es erfolgt eine Krankmeldung?"

Hier macht man sich die Sache m.E. zu einfach. Die Aufgabe eines Pflichtenheftes und erst recht eines Beraters ist es, diese bestehenden Konflikte zu erfragen und eine betriebsspezifische Lösung zu formulieren und nicht den Anbietern die einfachste Lösung zu überlassen.

5.6.4 Beispiel Verrechnung von Sondertagen

In beinahe jedem Betrieb gibt es spezielle Sondertage, die eine andere Bewertung der Anwesenheitszeit erfordern. Diese sind z.B. Rosenmontag, Faschingsdienstag, Heilig Abend, Sylvester oder bei regionalen Veranstaltungen wie Schützenfesten, Kerwe und Kirmes. Eventuell gehört auch der Tag der Betriebsversammlung dazu. Das Tagesprogramm für diese Sondertage überlagert an dem entsprechenden Datum das normal gültige Tagesprogramm und führt zu einer anderen Bewertung der Arbeitszeit. Dies ist eine Standardfunktion, mit der fast alle Softwarepakete arbeiten.

Etwas schwieriger wird es dann, wenn zusätzliche Rechenregeln beachtet werden müssen, also z.B.:

- Anwesenheit mindestens 3 Stunden = auffüllen auf Sollzeit

- Tagessollzeit wird zur Hälfte angerechnet, andere Hälfte wird als ½ Urlaubstag verrechnet bei Mindestanwesenheit bis z.B. 12.00 Uhr.

Sollten solche Regeln bestehen, müssen sie genau mit Rechenbeispielen dokumentiert werden.

5.6.5. Beispiel Überstunden- und Zuschlagsverrechnung

Hier wird häufig der Fehler gemacht, daß „Abrechnung lt. Tarif" angenommen wird. In den meisten Fällen ergeben sich Besonderheiten aufgrund von Betriebsvereinbarungen, z.B. Zulagen für die Anzahl der geleisteten Spät- und/oder Nachtschichten, wie im Kapitel 5.5 beschrieben.

Beispiel

Im Pflichtenheft könnte also stehen: „Lt. Betriebsvereinbarung XY/94 (Anlage) werden Zulagen für Nachtschicht und Spätschicht gezahlt, daher müssen folgende Zähler für jede geleistet Schicht geführt werden:

- Zähler für jede geleistete Nachtschicht
- Zähler für jede geleistete Nachtschicht bei regelmäßiger Nachtarbeit
- Zähler für jede geleistete Spätschicht

Vergleiche dazu den beigefügten Lohnartenschlüssel zur Definition der Lohnarten = Zeitkonten für steuerfrei/steuerpflichtig!

Es muß möglich sein, bei veränderten Anforderungen zusätzliche Überstunden- und Zuschlagskonten zu führen, die leicht über Dialog parametriert und zugeordnet werden können."

Folge

Es werden Parametrierungsaufwendungen von ca. 2 Manntagen bzw. Softwareänderungen von 4 - 5 Manntagen angeboten. Diese Aufwände können sich eventuell noch erhöhen, wenn diese 3 Zusatzkonten den Mitarbeitern als Information am Erfassungsterminal angezeigt werden sollen, weil nicht jeder Anbieter die Kontenanzeige am Terminal wahlfrei zuordnen kann.

5.6.5.1 Verrechnung Überstunden und Gleitzeit

Bei diesem Thema muß zunächst ganz eindeutig geklärt werden, unter welchen Umständen Mehrarbeit bzw. zu bezahlende Überstunden anfallen. Der Gleitzeitsaldo an sich bietet ja schon die Möglichkeit, Mehrarbeit zu leisten und entsprechend wieder abzufeiern.

Überstundenverrechnungen generell ab Erreichung der Sollzeit bei Anordnung trägt dem Gleitzeitgedanken des Anpassens der Arbeitsleistung an die betrieblichen Erfordernisse nicht ganz Rechnung. Nur der Zeitpunkt Ende der Rahmenzeit stellt nicht sicher, ob die Sollzeit bei späterem Arbeitsbeginn auch erfüllt wurde. Also ist die Kombination aus Sollzeiterreichung und Zeitpunkt Rahmenzeitende ein guter Kompromiß. Aber die Verfahrensregel muß in Ihrem Betrieb definiert werden und zwar für alle Abteilungen einheitlich.

Dabei sind die unterschiedlichen Mitarbeitergruppen lt. Kapitel 5.5 zu berücksichtigen, wenn gewisse Mehrarbeiten als im Gehalt einbegriffen betrachtet werden.

Desweiteren müssen eventuell max. Kappungsgrenzen berücksichtigt werden, wenn z.B. der Saldo am Monatsende wesentlich den Höchstbetrag übersteigt und bereits die gesammelten Kappungsbeträge einen vorher festgelegten Stand erreicht haben.

Oftmals werden Überstunden mit Gleitzeitsaldo verrechnet, d.h. Auffüllung des negativen Saldos bis zu einer vorgegebenen Größe, der Rest verbleibt als zu bezahlenden Überstunden, wie die folgende Abbildung 18 zeigt:

Hier sind die Rechenregeln mit Beispielen genau zu erläutern, besonders, wenn es um mehrere Überstundenarten oder Freizeitausgleich und unterschiedliche Perioden geht, also beispielsweise so:

Gleitzeit und Überstunden

Mehrarbeit: wann Saldo und wann Überstunden?

- ab Erreichen der Sollzeit?
- ab Zeitpunkt Rahmenzeitende?
- Sollzeitmenge + Zeitpunkt Rahmenzeitende

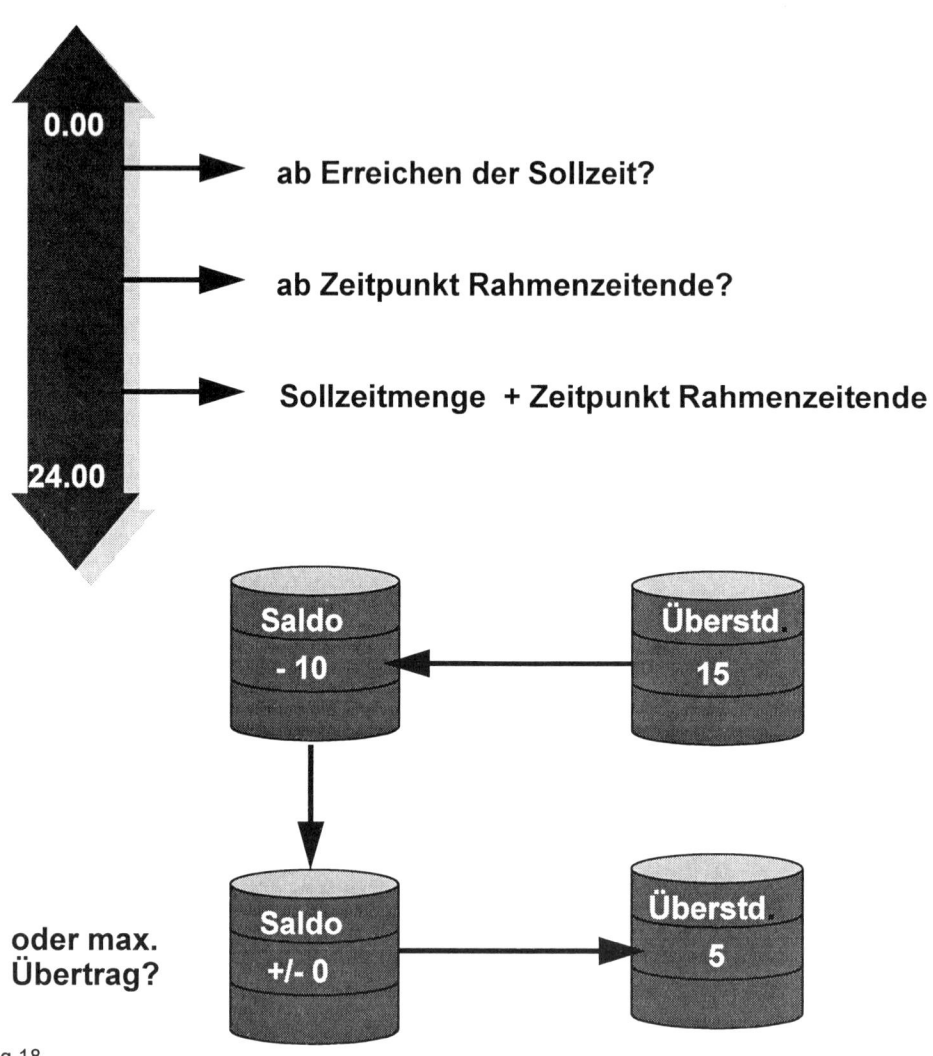

oder max. Übertrag?

Saldo -10 ← Überstd. 15

Saldo +/- 0 → Überstd. 5

Abblidung 18

Am Monatsende erfolgt eine Verrechnung mit dem GLAZ-Saldo, wenn dieser <15 Stunden ist. Der Saldo wird aufgefüllt auf den max. Übertrag von 15 Stunden und nur der verbleibende Betrag wird als Überstunden anerkannt. Dabei hat das Konto Überstunden erste Priorität. Erst wenn der Inhalt dieses Kontos „0" ist, werden aus dem Konto Freizeitausgleich Inhalte verrechnet.

Beispiel 1:

Saldo =   5,00 Std.   Überstunden = 10,35 Std.
         +10,00 Std.   -10,00 Std.
Saldo = 15,00 Std   Überstunden = 0,35 Std.

Beispiel 2:

Saldo = - 2,00 Std.	Überstunden = 12,00 Std.	FZA = 8,00 Std.
+ 12,00 Std.	- 12,00 Std	
+ 5,00 Std		- 5,00 Std.
Saldo = 15,00 Std	Überstunden = 0,00 Std.	FZA = 3,00 Std.

5.6.6 Pausenverrechnung

Mit dem neuen Arbeitszeitgesetz 1994 wurde die Pausenregelung neugestaltet und vereinheitlicht. Danach müssen folgende Pausen eingehalten werden:

Pausenregelung lt. ArbZG 1994

- 6 Std. — **bis 6 Std. keine Pause**
- 6 Std. + 3 Std. — **6 - 9 Std. 30 Min. Pause** (30 oder 15 + 15)
- 6 Std. + 3 Std. + über 9 Std. — **über 9 Std. 45 Min. Pause** (45 oder 30 + 15 oder 15 + 15 + 15)

Pausenabzug bei Mehrarbeit?

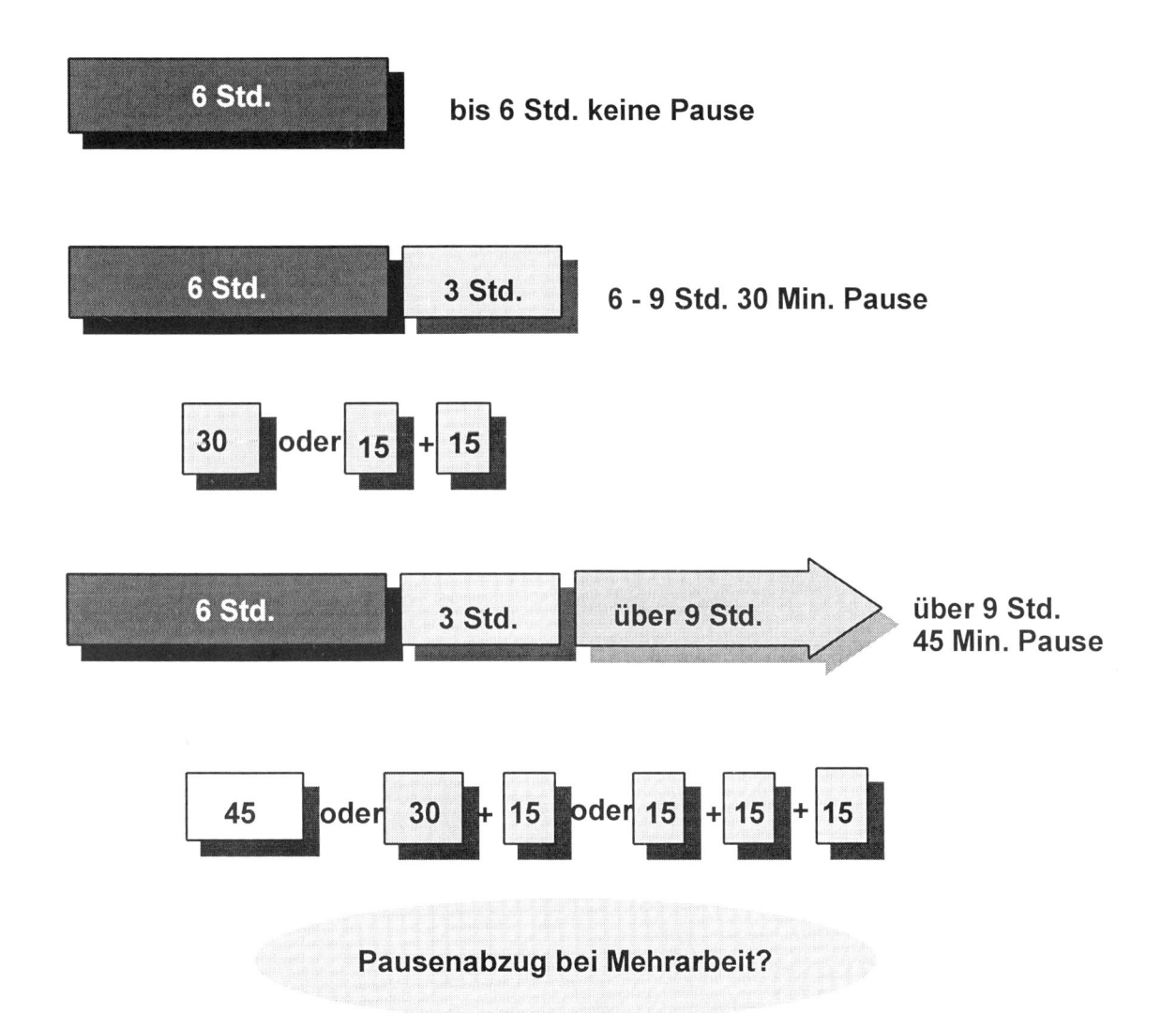

Abbildung 19

Nun ist es absolut kein Thema, innerhalb der einzelnen Tagesprogramme den jeweiligen Pausenabzug zu parametrieren, wenn er zeitlich festliegt. Etwas problematischer wird es bei flexibler Arbeitszeit, Teilzeit oder Mobilzeit. Abrechnungstechnisch ist es auch kein Problem, das System am Tagesende entscheiden zu lassen, welcher Pausenabzug aufgrund der Tagesanwesenheitszeit vorgenommen werden soll. Was soll aber geschehen bei angeordneter Mehrarbeit im folgenden Beispiel?

Normal- (Tarif-) Arbeitszeit (0,5 Std. Pause berücksichtigt)	7,50 Stunden
Tageskonto incl. Mehrarbeit	9,10 Stunden
Mehrarbeit	1,60 Stunden
abzüglich zusätzlicher Pause (> 9,00 Std.)	0,25 Stunden
zu bezahlende Mehrarbeit	1,35 Stunden

Das Verhältnis wird noch krasser, wenn der Mitarbeiter beispielsweise eine Schicht von 8,5 Stunden Dauer hat und die Mehrarbeit daher vielleicht nur gerade eine halbe Stunde beträgt, von der dann die Hälfte wieder abgezogen werden müßte. In den meisten Fällen hat bei solchen geringen Überzeiten auch gar keine Pause stattgefunden. Systemtechnisch ist die zusätzliche Verrechnung der 15-minütigen Pause überhaupt kein Problem. Wenn jedoch anschließend im überwiegenden Fall der Pausenbetrag manuell wieder gutgeschrieben wird, sollte sich eine automatische Lösung verbieten. Hier herrscht ganz klar ein Regelungsbedarf, der sich aber auch in etwa nach den abrechnungstechnischen Lösungsmöglichkeiten richten sollte.

Ein anderes Problem entsteht bei der sog. variablen Pause innerhalb einer Gleitzeitregelung, also z.B. Pausenrahmen 12.00 Uhr - 14.00 Uhr mit einer Pausendauer von 0,5 Stunden, in Verbindung mit Freizeitausgleich oder Saldoabbau durch ½ Gleittage. Die Verrechnung der Pause auch unter den Gesichtspunkten der mindestens 6stündigen Anwesenheit ist zu beachten bei

- 1. Kommenbuchung innerhalb des Pausenrahmens (Saldoabbau vormittags)

- 1. Kommenbuchung kurz vor Pausenrahmen, jedoch < 6 Stunden anwesend

- letzte Gehenbuchung innerhalb des Pausenrahmens (Saldoabbau nachmittags)

- letzte Gehenbuchung kurz nach Pausenrahmen, jedoch < 6 Stunden anwesend)

5.7 Auswertungen und Statistiken

In den meisten Fällen sind Standardlisten vorhandenen, die jedoch nicht immer den erforderlichen Informationsgehalt aufweisen., bzw. nicht immer die Zustimmung des Betriebs-/Personalrates finden. Durch List- oder Reportgenerator ist beinahe jede Auswertung möglich ist, aber auch hier fallen Dienstleistungen in nicht unerheblicher Anzahl von Manntagen an, weil diese Werkzeuge ebenfalls nicht ohne zusätzliche Schulung anzuwenden sind. Um einen tatsächlichen Kostenvergleich zu erhalten, ist es also sinnvoll, die benötigten Listen über den Standard hinaus zu definieren, z.B.:

Bereichsliste
Monatliche Dispositionssalden der GLAZ-Mitarbeiter

Bereich/Abteilung

Pers.Nr.	Name	GLAZ-Saldo	Freizeit-ausgleich	Über-stunden	Resturlaub in Tagen
4711	A	10,00	3,00	1,00	10,00
4812	B	3,00	1,50	0,00	3,00
4913	C	- 1.00	0,00	2,00	1,00
Summe		12,00	4,50	3,00	14,00

Bereichsliste
Überstunden pro Quartal und Kostenstelle
mit Vorjahresvergleich

Bereich/Abteilung

Kosten-stelle	1. Quartal		2. Quartal		3. Quartal		4. Quartal		Jahreswerte	
	1995	1994	1995	1994	1995	1994	1995	1994	1995	1994
375	10,00	25,00	20,00	15,00	30,00	40,00	5,00	10,00	65,00	90,00
381	5,00	10,00	15,00	20,00	10,00	5,00	12,00	18,00	42,00	53,00
390	8,00	10,00	12,00	7,00	10,00	3,00	15,00	10,00	45,00	30,00
Summe	23,00	45,00	47,00	42,00	50,00	48,00	32,00	38,00	152,00	153,00

Bereichsliste
Krankenhistorie in Tagen
pro Halbjahr und 4 Jahre zurück

Bereich/Abteilung

Pers.Nr.	Name	1991	1992	1993	1994	1.Hj.1995	2.Hj.1995	1995 gesamt
4711	A	10	11	21	3	2	1	3
4812	B	3	4	7	0	3	4	7
4913	C	0	4	4	8	6	12	18
Summe		13	19	32	11	11	17	28

Abteilungsliste
Soll-Ist-Saldo-Überstunden pro Monat für Schicht-Mitarbeiter

Bereich/Abteilung

Pers.Nr.	Name	Sollstd.	Iststd.	Saldo +	Saldo -	Überstd.	Resturlaub Tage
4711	A	160,00	170,00	2,00		8,00	12,00
4812	B	160,00	158,00		2,00	0,00	8,00
4913	C	150,00	155,00			5,00	4,00
Summe		470,00	483,00	2,00	2,00	13.00	24,00

Abteilungsstatistik täglich, monatlich, jährlich

                    Auswertung für Mittwoch, 30.11.94

Gesamt-Summe: 15 Mitarbeiter

Abteilungsstatistik zum Auswertungsdatum
------------------   TAGESSTATISTIK   -----------------
GESAMT MA   :   15
Anwesend MA :   14.00
----------------------- Abwesende ------------------------
        Abwesend gesamt MA :   1.00
        Krank   MA :   0.00
        unentsch. fehlend MA :   0.00

----------------------- Wertungen ------------------------
        Durchschnittsfaktor = Anwesende / Anzahl :   0.93
        Abwesende - (Krank + unent. fehl.)
        = Fehlt mit sonstigen Gründen   :   1.00
        %-Satz Anwesend   :   93.33%
        %-Satz Abwesend   :   6.67%
        %-Satz Kranke   :   0.00%
        % Satz unentsch. fehlend   :   0.00%

Monatliche Zeitsummen zum Auswertungsdatum
Sollzeit Arb.Zeit   IST   Krank   Urlaubs   Grundverg.
          bezahlt   Anwesend   Tage   Tage   Mehrarbeit

2475.00: 2712.25:   2232.25 :   11.00 :   28.00 :   234.50

  % Krank   % Urlaub   IST abzgl.Mehrarbeit   Sollarbeitstage
----
   2.73%   7.88%   1997.75   :   330.00

Monatliche Fehlzeiten zum Auswertungsdatum
Bezahlte Fehlzeit: Unbez. Fehlzeit:
+-------------------------+   - ------------------------ -
Krank   :   67.50 Std   Muschutz :   0.00 Tage
Urlaub   :   195.00 Std   Sonstige :   22.50 Std
Sonderurl. :   15.00 Std
Dienstreise: 14.00 Tage
Feiertage   :   27.00 Tage

Fehlzeiten ab Jahresbeginn
    Fehlzeiten jährlich: Einheit = Tage

    Urlaub :   413.00   Krank   :   83.00
    So-Url.:   4.50   So.Url. unbez.:   31.00

Abteilungs-Saldenliste monatlich

```
Abteilung: Hauptamt                              April 1995

Pers..   Name            Saldo   Frei-   Über-   Rest-   Rest-    Zeiten    Saldo-
Nr.                              zeit    std.    url.    ur.VJ   außer R.   kappung
------------------------------------------------------------------------------------
02702    Aargau, Armin    2.00   0.00    4.00    3.00    4.00     1.20      4.00

02195    Alber, Fritz    -5.06   0.00    5.00    2.00    2.00     0.80      2.00

02778    Bader, Irma      7.27   5.52    8.50   11.00    0.00     0.00      1.00

02726    Bauer, Maria    10.30   4.30   11.00    7.00    0.00     2.00     11.00

02799    Lecher, Ilse    -2.09   0.00    0.00    3.00    6.00    10.00      9.00

02795    Zierbaum, Gabi   3.00   2.00    2.00    0.00    5.00    12.00      0.00
------------------------------------------------------------------------------------
Summe:                  15.42  11.82   30.50   26.00   17.00    26.00     27.00
```

Abteilungsliste mit Jahreswerten

```
Abt-Gruppe: Hauptamt    Aufsummierung der Zeiten vom 1.1.1995 bis 31.12.1995    10.1.96

Name              Pers. Soll/Tag Soll-Gesamt     Anwesend        Arb.Zeit    Krank   Krank
                  Nr.    (h)         (h)    (Tg)   (h)     (Tg)    (h)      (Tg)   % Soll
-----------------------------------------------------------------------------------------
Bauer, Gerhard    2200   7.40    1938.80  262.00  1691.98  215.00  2002.78   12.0    4.6
Farmer. Liesel    2320   7.40    1938.80  262.00  1638.31  209.00  1997.51    3.0    1.1
Lange, Wolfgang   2038   7.40    1931.40  261.00  1617.11  203.00  2046.33   21.0    8.0
Rempe, Karl-Heinz 2091   7.40    1938.80  262.00  1732.69  226.00  2022.79    9.0    3.4
Schröder, Kurt    2031   7.40    1938.80  262.00   738.78  102.00  1850.28   33.0   12.6
Zakrzewski, Peter 2037   7.40    1938.80  262.00  1594.96  218.00  1947.96    5.5    2.1
-----------------------------------------------------------------------------------------
                        44.40   11625.40 1571.00  9013.83 1173.00 11867.65   83.5    5.3
```

Abwesenheitsübersicht mit Fehlgrund

```
Abteilung Hauptamt          Liste für 1.3.95 - 31.3.95

Name             Pers.Nr.     Zeitraum           Tage   Fehlgrund
------------------------------------------------------------------------
Alber, Fritz       4812    01.03.95  16.03.95     16    Krank mit LFZ
                           30.03.95  31.03.95      2    Urlaub

Bauer, Maria       5899    06.03.95  08.03.95      3    Sonderurlaub
                           24.03.95  24.03.95      1    Freizeitausgleich

Bierbaum, Gabi     6622    18.03.95  19.03.95      2    Dienstreise

Willibald, Otto    2234    10.03.95  15.03.95      6    Krank mit LFZ
```

Gleicher Aufbau mit anderen Sortierkriterien:

Krankentageblatt pro Mitarbeiter für die letzten 24 Monate

Urlaubsübersicht pro Mitarbeiter etc.

„Für Alternativvorschläge mit identischem Inhalt zu den obigen Listen wären wir dankbar" als Aufforderung an die Anbieter könnte zu Kostenreduzierung führen.

Für andere mehr am Standard orientierte Listen könnte im Pflichtenheft stehen:

„Auf folgende Standardlisten soll zurückgegriffen werden:

An-/Abwesenheitslisten mit Fehlgrund von Datum bis Datum
Monatsjournal für die Mitarbeiter
Fehlzeitkartei mit Auswertung

Die Anbieter werden gebeten, entsprechende Listmuster beizufügen."

Folgende Beispiele für Auswertungen aus mir vorliegenden Pflichtenheften halte ich für nicht ausreichend und zu Mißverständnissen führend, weil die Definition einfach nicht ausreichend ist.

- *Korrekturbuchungen eines Monats, sortiert nach Kostenstellen*

    Hier fehlt der wichtige Hinweis, ob auch erkennbar sein soll, wann und von wem, z.B. über die Paßwortnummer, die Korrektur durchgeführt wurde

- *Resturlaub, Resturlaub Vorjahr, sortiert nach Kostenstellen (2x jährlich)*
  Resturlaub, Resturlaub Vorjahr, sortiert nach Namen (2x jährlich)

    Hier ist nicht erkennbar, ob bei der Kostenstellenliste auch die Mitarbeiternamen gelistet werden sollen oder lediglich die Summe der Kostenstelle.

- *Fehlzeiten für jeden Monat, sortiert nach Kostenstellen und Fehlzeitenarten*
    Auch hieraus geht nicht hervor, ob anonyme Monatssummen oder mit Rückschluß auf die Mitarbeiter und zusätzlich mit Monatssummen.

- *Krankheit der Mitarbeiter von exakt 3 Tagen*

    Für welchen Zeitraum? Mit Datum von ... bis oder nur die Namen? Anzahl der Häufigkeit im Zeitraum?

- *Das Fehlerjournal muß sortiert nach Kostenstellen (1x täglich) am Bildschirm angezeigt oder wahlweise ausgedruckt werden können.*

    Zunächst muß definiert werden, was das System als Fehler erkennen soll. Ist die Kernzeitverletzung ein Fehler? Oder Buchungen außerhalb der Rahmenzeit, obwohl ja nur innerhalb dieser Bandbreite Zeiten verrechnet werden? Oder Buchungsversuche an nicht zugelassenen Terminals, auch wenn keine Buchung stattfindet? Oder sind es nur die effektiv fehlenden Geht-Buchungen?

Wenn man davon ausgeht, daß der Lieferant die benötigten Listen erstellen soll, so ist mit dieser Formulierung schon der Keim zu Streitigkeiten um finanzielle Nachforderungen gelegt. Wenn der Anwender die Auswertungen mit Hilfe der zur Verfügung stehenden Werkzeuge selbst erstellen will, dann müssen im Pflichtenheft eben die erforderlichen Softwaretools genau beschrieben werden.

5.8 Korrekturablauf

Der Ablauf von erforderlich werdenden Korrekturen sollte so einfach wie möglich sein und mit einer einzigen Eingabe alle relevanten Bereiche berichtigen. Dabei ist die Rückrechnung auf den zu korrigierenden Tag heute zwar Stand der Technik, aber es ist darauf zu achten, daß alle zwischenzeitlich vorgenommenen Verrechnungen aufgrund der Verfahrensregeln mit den veränderten Werten nachverrechnet werden. So kann die Veränderung eines Tagessaldos für den Vormonat den Monatssaldo beeinflussen oder auch nicht, wenn der Saldo vor und nach der Korrektur bereits den Maximalbetrag überschritten hat. Dann wird eine eventuelle Speicherung des Kappungsbetrages mit entsprechenden Auswertungen verändert.

Angesprochene Bereiche im Korrekturablauf

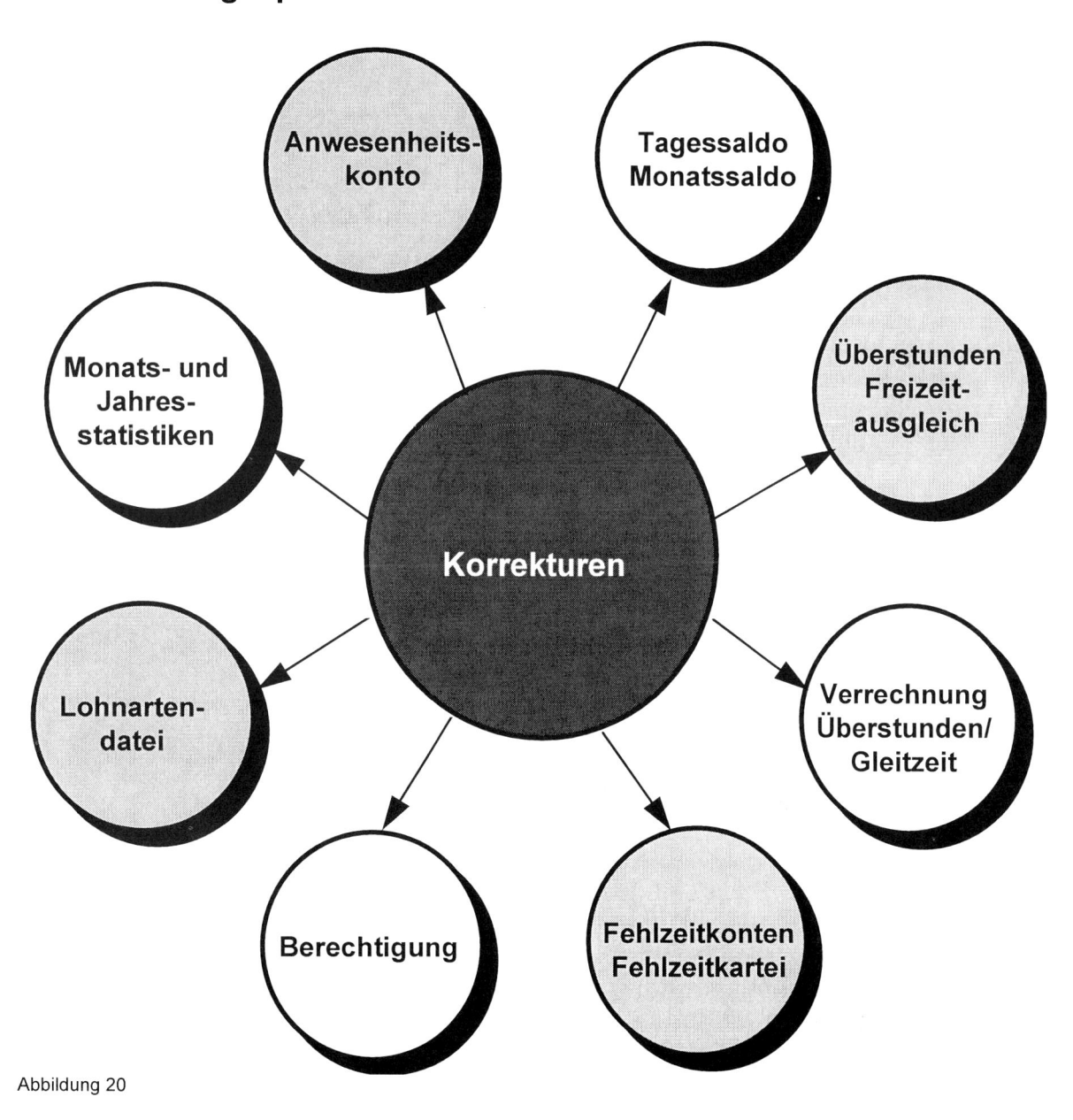

Abbildung 20

Korrekturen müssen zunächst in mehrere Kategorien unterschieden werden, und zwar:

- Einzelbuchungskorrekturen wegen vergessener Buchungen

- Korrekturen von Buchungsintervallen (Kommt-/Geht-Pärchen) wegen vergessener Buchungen oder Nachtrag durch Fehlgründe, Bereitschaftsdienste etc.

- Eingabe von Fehlgründen für einen Tag

- Zeitraumbezogener Fehlgrund als Nachtrag und/oder für die Zukunft

- Rückwirkende Veränderung von Berechtigungen z.B. für Überstunden und Schichtwechsel für automatische Nachverrechnung

Eine weitere Unterscheidung sollte getroffen werden in

- Einzelmitarbeiter-Korrekturen

- Gruppen-Korrekuren für z.B. Betriebsurlaub, Betriebsversammlung aufgrund definierbarer Kriterien.

Folgende Fragen sollten im Zusammenhang mit den Korrekturen beantwortet und bei der späteren Systemvorführung auch genau überprüft werden:

- Welche Dialogschritte sind erforderlich, um eine Korrektur durchzuführen?

- Sind Korrekturen am gleichen Tag möglich?

- Welche Plausibilitätsprüfungen werden vorgenommen? (Intervallüberschneidungen, Buchungen vorhanden bei Eingabe eines Fehlgrundes etc.)

- Welche Hinweise gibt es bei Fehlbedienungen?

- In welcher Form bleiben korrigierte Buchungen erhalten? (Revisionsfähigkeit)

- Wie werden Korrekturen gekennzeichnet zur Unterscheidung von Originalbuchungen?

- Wann werden die Kontenstände aktualisiert?

- Werden die aktualisierten Kontenstände angezeigt?

- Wird eine vorhandene und als solche gekennzeichnete Unregelmäßigkeit (z.B. wegen vergessener Buchungen und Kernzeitverletzung) automatisch nach Korrektur gelöscht?

- In welcher Form können für den gleichen Mitarbeiter nacheinander mehrere Korrekturen durchgeführt werden?

- Können Korrekturen mit dem gleichen Grund für unterschiedliche Mitarbeiter nacheinander eingegeben und gemeinsam verarbeitet werden?

- Wie lange dauert die Rückrechnung für den Vormonat durchschnittlich?

Da die manuellen Eingaben für die erforderlich werdenden Korrekturen den weitaus größten Teil der Systempflege einnehmen, sollten Sie dem Korrekturablauf eine hohe Priorität einräumen.

5.9 Buchungsarten und Terminalfunktionen

Heutige Systeme bieten die Möglichkeit, zusätzlich zu den Kommt-/Geht-Buchungen am Erfassungsterminal durch den Mitarbeiter selbst auch frei zu definierende Fehlgrundbuchungen vornehmen zu lassen. Die nachstehende Abbildung 19 zeigt beispielhaft einige Möglichkeiten auf.

Terminalfunktionen: Fehlgrundeingabe durch Mitarbeiter

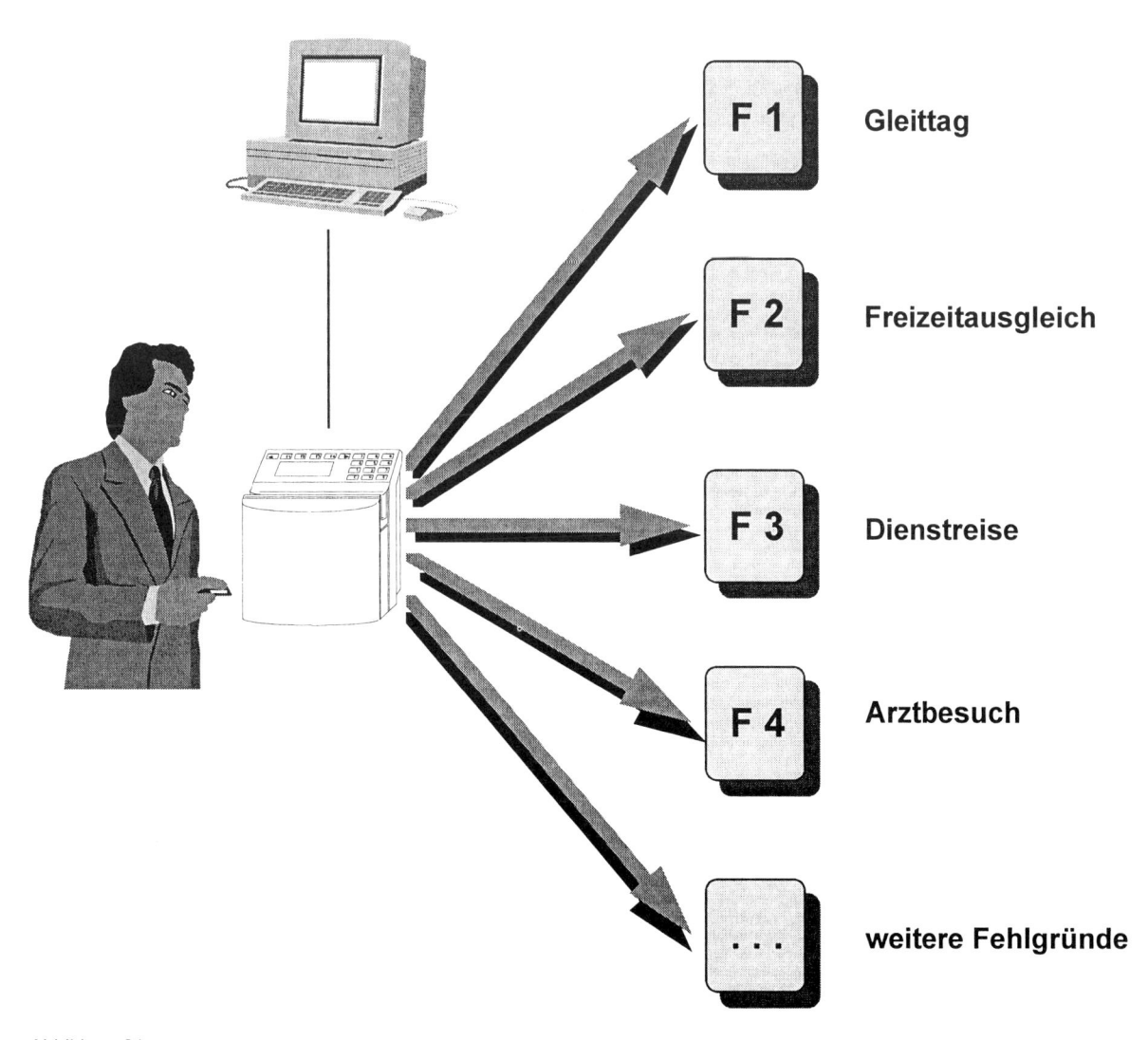

F 1 Gleittag

F 2 Freizeitausgleich

F 3 Dienstreise

F 4 Arztbesuch

... weitere Fehlgründe

Abbildung 21

Mit dieser sog. dezentralen Fehlgrundeingabe sind folgende Vorteile verbunden:

- Weniger Belege und Optimierung des Belegflusses
- Verringerung der Korrektureingaben
- Sofortige Verrechnung und damit höhere Aktualität
- Mehr Zeitsouveränität durch den Wegfall von Genehmigungen
- Höhere Akzeptanz der Mitarbeiter

Demgegenüber stehen aber auch einige Nachteile:

- Weniger Kontrollmöglichkeiten
- Mißbrauch und Manipulation

Diese Nachteile fallen aber kaum ins Gewicht, wenn man einige organisatorische Abläufe beachtet, die parametriert werden können:

- Berechtigungen für Fehlgrundeingabe pro Mitarbeitergruppe unterschiedlich festlegen. So benötigen Mitarbeiter, die nie Dienstreisen oder Dienstgänge durchführen auch nicht die Berechtigung dazu.
- Dezentral einzugebende Fehlgründe nur im kurzfristigen Zeitraum zulassen, also für heute und morgen. Eine Datumseingabe von ... bis, obwohl technisch möglich, ist aus Fehlergründen und den damit verbundenen Korrekturen abzulehnen.
- Die Genehmigung zu dieser Abwesenheit sollte mündlich eingeholt werden.
- Eine Überprüfung kann durch einen speziellen zeitraumbezogenen Ausdruck, z.B. wöchentlich oder monatlich, sortiert nach Abteilungen, Mitarbeitern und Datum in Form von Stichproben erfolgen. Dies müssen die Mitarbeiter wissen, dann wird die mißbräuchliche Eingabe unterbleiben. Konsequenzen für den Fall der Fälle sollten in der Betriebsvereinbarung verankert werden.

Welche Fehlgründe für die dezentrale Eingabe zugelassen werden, muß im Einzelfall untersucht und bestimmt werden. Zu empfehlen sind alle für den Mitarbeiter dispositiven Zeitkonten, also Freizeitanspruch aus den verschiedensten Gründen.

5.10 Mitarbeiterinformation

5.10.1 Kontenabruf

Die Informationen an die Mitarbeiter können in drei Kategorien unterteilt werden, nämlich

- aktuelle Konteninhalte am Erfassungsterminal,
- Buchungen und Abrechnungen im Monatsjournal und
- Informationen über Ablauf und Systembedienung.

Der letzte Punkt wird im Kapitel 18 des Leitfadens ausführlich mit Beispielen besprochen.

Kontenabruf durch den Mitarbeiter

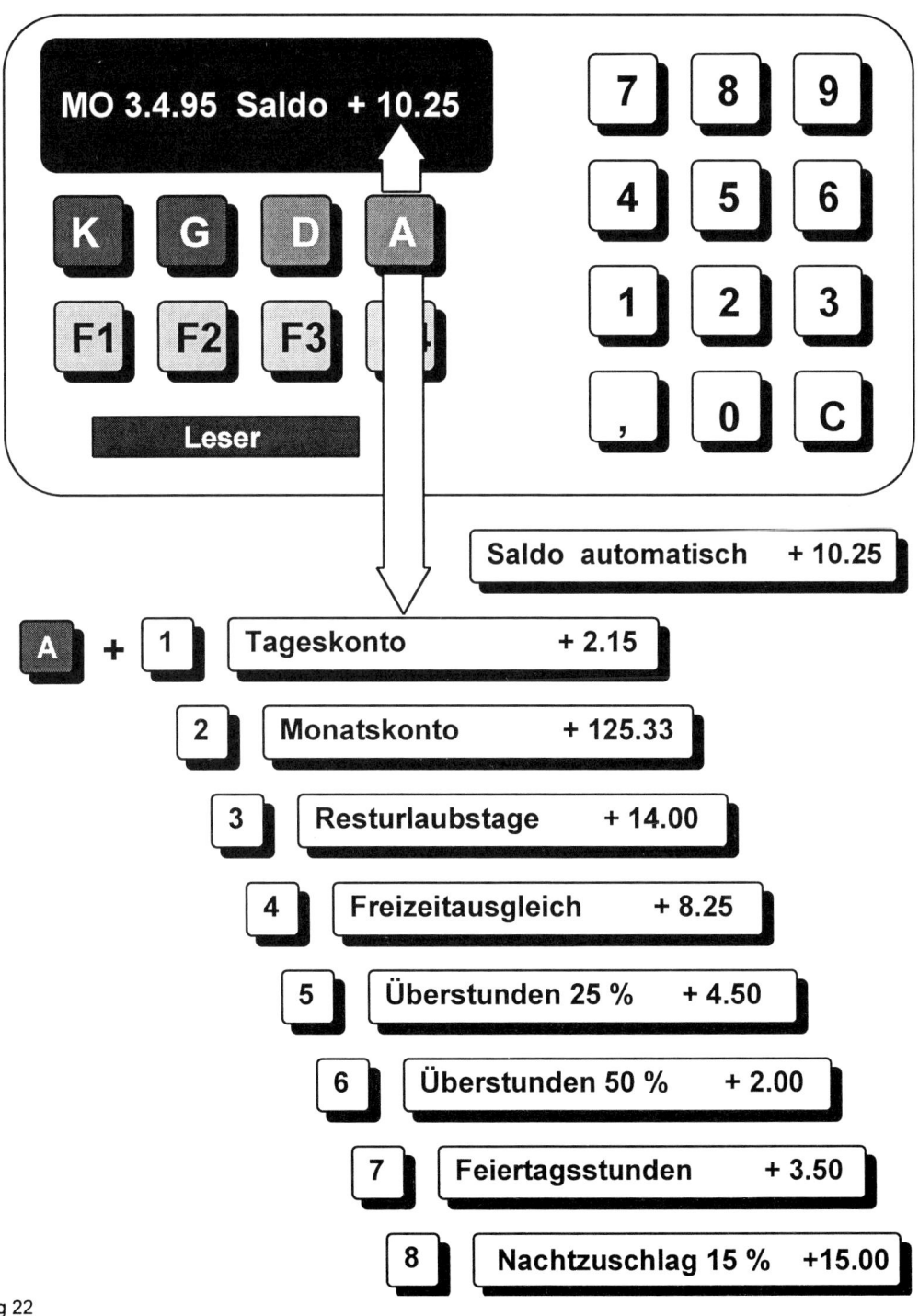

MO 3.4.95 Saldo + 10.25

Saldo automatisch + 10.25

A + 1 Tageskonto + 2.15
2 Monatskonto + 125.33
3 Resturlaubstage + 14.00
4 Freizeitausgleich + 8.25
5 Überstunden 25 % + 4.50
6 Überstunden 50 % + 2.00
7 Feiertagsstunden + 3.50
8 Nachtzuschlag 15 % +15.00

Abbildung 22

Der Kontenabruf ist für die Mitarbeiter die erste und wichtigste Information, die den Vorteil hat, jederzeit mit aktuellen Daten verfügbar zu sein. Eine wählbare Saldenanzeige leuchtet bei jeder Buchung automatisch als Quittung auf. Weitere parametrierte Konten kann der Mitarbeiter direkt über die Zifferntastatur abrufen. Wichtig sind Konten mit dispositivem Charakter wie Freizeitausgleich oder Flexikonto und Konten, die als Lohnarten in Geld umgesetzt werden, also Überstunden, Feiertagsstunden, Nachtzuschlag etc. Auf die Anzeige des Resturlaubskontos sollte auf keinen Fall verzichtet werden, weil dies die Personalabteilung von öfteren Nachfragen entlastet. Die Information des Resturlaubs auf der Gehaltsabrechnung hat nicht die Aktualität wie die taggenaue Information aus der Zeitwirtschaft.

Die aktuelle Informationsmöglichkeit gibt dem Mitarbeiter das Gefühl der Durchlässigkeit des Systems. Je größer der Informationsgehalt, je höher wird die Akzeptanz sein. Gerade für die Einführungsphase ist dies von allergrößter Wichtigkeit. Wenn ein System nicht zu Anfang von den Mitarbeitern akzeptiert wird, dauert es sehr lange und kostet viel Zeit, bis die benötigte Akzeptanz hergestellt ist. Außerdem bietet die Kontenabfrage für den Mitarbeiter eine permanente Kontrollmöglichkeit über die verrechneten Werte. Fehlerhafte Eingaben bei Korrekturen fallen auf und können berichtigt werden. Wenn das System die Einführungsphase überwunden hat, wird auch die Anzahl der Abfragen durch die Mitarbeiter abnehmen, weil dann das Vertrauen in das System vorhanden ist. Die Angst vor einer Schlangenbildung vor den Terminals beim Kommen oder Gehen ist nicht gerechtfertigt, weil die Mitarbeiter das untereinander sehr schnell regeln, wie sich in der Praxis gezeigt hat.

5.10.2 Monatsjournal

Das Monatsjournal als Nachbildung der Stempelkarte hat für den einzelnen Mitarbeiter revisorischen Charakter. Er kann und muß nachvollziehen können, wie seine Kontenstände zustande gekommen sind. Das Monatsjournal muß also alle wichtigen Informationen und Zeitkonten beinhalten, ohne daß es so überfrachtet wirkt, daß es kein Mensch mehr verstehen kann. Eine Erläuterung in der vorher schon angesprochenen schriftlichen Mitarbeiterinformation empfiehlt sich auf jeden Fall.

Das Monatsjournal ist eine Standardauswertung, die bei fast allen Anbietern in mehreren Versionen vorhanden ist. Bevor zusätzliche Aufwendungen der neuen Parametrierung über Report- oder Listgenerator anfallen, sollte man die vorhandenen Listmuster auf Tauglichkeit überprüfen. Fordern Sie daher Standardlisten von den Anbietern Ihrer näheren Wahl an. Geben Sie dem Betriebsrat mehrere Muster und lassen Sie ihn die Art und Form dieser Auswertung überprüfen.

Im Idealfall beinhaltet das Monatsjournal alle Lohnarten, die sich auch in der Entgeldabrechnung wieder finden, und die Zeitsummen am Monatsende stimmen überein. Dies ist leider, zum Teil auch aus tariflichen Gründen, nicht immer möglich, aber eine weitgehende Übereinstimmung sollte erreicht werden.

Monatsjournal mit ausgewiesenen Überstunden/Zuschlägen

Name	Stammsatz-Nummer	Personal-Nummer	Kosten-stelle	Ausweis Nummer	Wochen-programm	Bezeichnung
Schmidt, Jochen	437	123456	04567	04321	55	Schichtprogramm 55

Datum	Buchungs-Intervalle		Tages ArbZt	Tag-Soll	Paus. abzug	Arb.p Woche	Summen konto	Zuschl heute:	in Konto	Üstd. 25%	Üstd. 40%	Zuschl 15% SP	Zuschl 15% SF	Zu 60%: 50/10%	Fehl Std.
Mo 01.11.	Fehlgr. 30	Feiert	0.00	7.50	0.00	7.50	7.50			0.00	0.00	0.00	0.00	0.00	0.00
Di 02.11.	Fehlgr. 1	Urlaub	0.00	7.50	0.00	15.00	15.00			0.00	0.00	0.00	0.00	0.00	0.00
Mi 03.11.	Fehlgr. 1	Urlaub	0.00	7.50	0.00	22.50	22.50			0.00	0.00	0.00	0.00	0.00	0.00
Do 04.11.	Fehlgr. 1	Urlaub	0.00	7.50	0.00	30.00	30.00			0.00	0.00	0.00	0.00	0.00	0.00
Fr 05.11.	Fehlgr. 1	Urlaub	0.00	7.50	0.00	37.50	37.50			0.00	0.00	0.00	0.00	0.00	0.00
Sa 06.11.	Fehlgr. 1	Urlaub	0.00	7.50	0.00	45.00	45.00			2.00	1.00	0.00	0.00	0.00	0.00
So 07.11.	Fehlgr. 1	Urlaub	0.00	7.50	0.00	7.50	52.50			2.00	1.00	0.00	0.00	0.00	0.00
Mo 08.11.			0.00	0.00	0.00	7.50	52.50			2.00	1.00	0.00	0.00	0.00	0.00
Di 09.11.			0.00	0.00	0.00	7.50	52.50			2.00	1.00	0.00	0.00	0.00	0.00
Mi 10.11.	13:53	22:07	7.50	7.50	0.50	15.00	60.00	5.50 2.00	Zu:15% Zu:15%	2.00	1.00	5.50	2.00	0.00	0.00
Do 11.11.	----- -----	Fehlt	0.00	7.50	0.00	15.00	60.00			2.00	1.00	5.50	2.00	0.00	7.50
Fr 12.11.	13:53	22:07	7.50	7.50	0.50	22.50	67.50	5.50 2.00	Zu:15% Zu:15%	2.00	1.00	11.00	4.00	0.00	7.50
Sa 13.11.			0.00	0.00	0.00	22.50	67.50			2.00	1.00	11.00	4.00	0.00	7.50
So 14.11.			0.00	0.00	0.00	0.00	67.50			2.00	1.00	11.00	4.00	0.00	7.50
Mo 15.11.	5:53	14:09	7.50	7.50	0.50	7.50	75.00			2.00	1.00	11.00	4.00	0.00	7.50
Di 16.11.	5:53	14:07	7.50	7.50	0.50	15.00	82.50			2.00	1.00	11.00	4.00	0.00	7.50
Mi 17.11.	Fehlgr. 30	Feiert	0.00	7.50	0.00	22.50	90.00			2.00	1.00	11.00	4.00	0.00	7.50
Do 18.11.	5:55	14:12	7.50	7.50	0.50	30.00	97.50			2.00	1.00	11.00	4.00	0.00	7.50
Fr 19.11.	5:54	14:03	7.50	7.50	0.50	37.50	105.00			2.00	1.00	11.00	4.00	0.00	7.50
Sa 20.11.	5:54	14:45	8.25	7.50	0.50	45.75	113.25	0.75	Zu:15%	6.00	2.75	11.75	4.00	0.00	6.75
So 21.11.	5:44	14:11	7.75	7.50	0.50	7.75	121.00	7.75	Zu:60%	6.00	2.75	11.75	4.00	7.75	6.50
Mo 22.11.			0.00	0.00	0.00	7.75	121.00			6.00	2.75	11.75	4.00	7.75	6.50
Di 23.11.			0.00	0.00	0.00	7.75	121.00			6.00	2.75	11.75	4.00	7.75	6.50
Mi 24.11.	13:53	22:21	7.50	7.50	0.50	15.25	128.50	5.50 2.00	Zu:15% Zu:15%	6.00	2.75	17.25	6.00	7.75	6.50
Do 25.11.	13:57	22:00	7.50	7.50	0.50	22.75	136.00	5.50 2.00	Zu:15% Zu:15%	6.00	2.75	22.75	8.00	7.75	6.50
Fr 26.11.	13:49	22:07	7.50	7.50	0.50	30.25	143.50	5.50 2.00	Zu:15% Zu:15%	6.00	2.75	28.25	10.00	7.75	6.50
Sa 27.11.			0.00	0.00	0.00	30.25	143.50			6.00	2.75	28.25	10.00	7.75	6.50
So 28.11.			0.00	0.00	0.00	0.00	143.50			6.00	2.75	28.25	10.00	7.75	6.50
Mo 29.11.	5:58	14:15k	7.75	7.50	0.50	7.75	151.25	0.25	Zu:15%	6.00	2.75	28.50	10.00	7.75	6.25
Di 30.11.	5:53	14:03	7.50	7.50	0.50	15.25	158.75			6.00	2.75	28.50	10.00	7.75	6.25

Monats-Abrechn.	Summen-Konto	Üstd 25%	Üstd. 40%	Zuschl 15% SP	Zuschl 15% SF	Samst. 15%	Grund Verg.	Nacht 25%	Zuschl So:150%	Zuschl So:125%	Zuschl So:25%	Feiert. Ausgl.	Urlaub Tage	Krank Tage	Fehl. Std.
30.11.93	158.75	6.00	2.75	28.50	10.00	2.50	0.00	0.00	0.00	0.00	0.00	2 Tg	6 Tg	0 Tg	6.25

Dieses Monatsjournal stellt ein Beispiel dar und erhebt nicht den Anspruch darauf, besonders gut und aussagefähig zu sein. Es soll nur als ein erstes Muster dienen, um Ihre Anforderungen zu überprüfen.

6. Klärung der Anforderungen an die Hardware

6.1 Standorte der Erfassungsterminals

Die Festlegung der Standorte der Erfassungsterminals ist von wesentlicher Bedeutung für die Bewertung der erfaßten Zeiten. Hier geht es um die elementare Frage, wann beginnt eigentlich die Arbeitszeit? Mit Betreten des Firmengeländes oder des Gebäudes oder erst am Arbeitsplatz? Wie werden die Wegezeiten verrechnet? Sollen die Mitarbeiter an jedem Erfassungsgerät buchen können oder nur in der Nähe ihres Arbeitsplatzes?

Buchungsberechtigung an Terminalgruppen (Wegezeiten) und örtliche Berechtigung bei Zutrittskontrolle

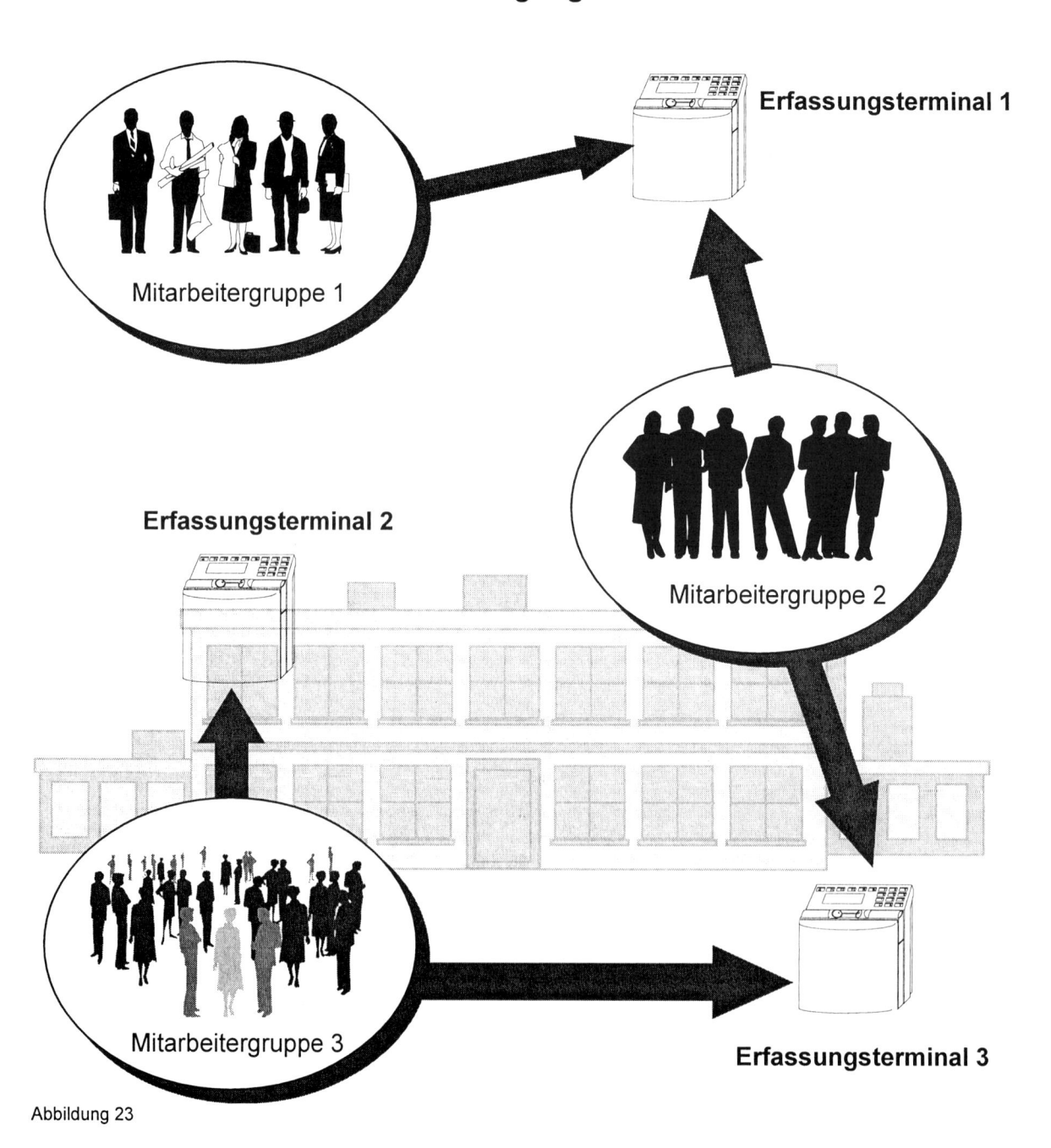

Abbildung 23

Es empfiehlt sich, diese Frage relativ früh zu klären. Ich kenne Fälle aus der Praxis, wo durch Uneinigkeit über den Erfassungsort die Systemeinführung um mehr als ein halbes Jahr verzögert wurde. Unter dem Aktenzeichen 6 AZR 637/86 hat das Bundesarbeitsgericht in Kassel entschieden, daß die Tätigkeit der Arbeitnehmer mit dem Betreten des Betriebes beginnt und mit dem Verlassen des Betriebsgebäudes endet, wenn der Betrieb als Einheit anzusehen ist. Davon ist nach höchstrichterlicher Feststellung dann auszugehen, wenn der Betrieb oder die Dienststelle aus einem einzigen Gebäude besteht. Im Umkehrschluß kann man davon ausgehen, daß bei Bestehen des Betriebes aus mehreren Gebäuden die Arbeitszeit beginnt, wenn der Mitarbeiter das Gebäude betritt, in dem sich sein Arbeitsplatz befindet. Dies ist auch durchaus gängige Praxis und bringt relativ wenig Probleme. Ebenfalls wenig Probleme wird man haben, wenn die Standorte der jetzigen Stempeluhren weiterhin für die computergesteuerte Erfassung eingesetzt werden.

Problematisch kann die Erfassungszuordnung dann werden, wenn z.B. eine Verwaltung in nur einem allerdings großen mehrstöckigen Gebäude untergebracht ist. Ich denke da beispielsweise an Banken, Versicherungen oder Ministerien, die zum Teil in Beinahe-Wolkenkratzer residieren. Hier handelt es sich einwandfrei um ein Gebäude, der Weg in die Höhe zum Arbeitsplatz ist oftmals jedoch zeitaufwendiger (warten auf Fahrstühle) als bei einem Betriebsgelände mit mehreren Gebäuden. Sollen hier die Erfassungsterminals im Erdgeschoß in der Nähe der Aufzüge aufgestellt werden oder ein Gerät pro Stockwerk?

Die Frage der Pausenbuchung muß in diesem Zusammenhang ebenfalls untersucht werden.

- Sollen die Pausen überhaupt gebucht werden? Wenn ein variabler Pausenrahmen definiert ist, ist eine Pausenbuchung für eine individuelle Pausenlänge sinnvoll.

- Soll ein Erfassungsterminal am Kantineneingang stehen?

- Kann dies auch zur Buchung der Beendigung der Pause genützt werden oder wird zusätzlich ein Pausenende-Terminal benötigt?

- Sollen auch Frühstücks-/Kaffeepausen gebucht werden, wenn die Mitarbeiter dazu in die Kantine oder Cafeteria gehen können?

Weitere Fragen zum Terminalstandort sollten nicht unberücksichtigt bleiben:

- Ist der Standort gut zugänglich auch für mehrere Mitarbeiter?

- Ist die Wegezeit für zwischenzeitliche Abfrage von Kontenständen durch die Mitarbeiter vertretbar?

- Kann das Terminal in der entsprechenden Höhe (ca. 120 cm je nach Bauart) montiert werden? Sind vielleicht Glaswände vorhanden? Werden zusätzliche Standsäulen, die nicht billig sind, benötigt?

- Können die erforderlichen Datenleitungen oder Netzanschlüsse problemlos hingeführt werden?

- Ist der 220V-Anschluß einfach durchführbar?

- Ist der Terminalstandort gesichert gegen Beschädigung durch Materialtransport, Gabelstapler, LKW etc.?

- Falls die Mitarbeiter ihre Ausweise beim Erfassungsterminal lassen sollen: ist genügend Platz für die Anbringung einer Stecktafel im erforderlichen Umfang vorhanden?

Wenn es um Terminals zur Zutrittskontrolle geht, sind noch einige Punkte mehr zu beachten, die sich mit dem Zutritt des Mitarbeiters beschäftigen, also z.B. Entfernung vom Terminal bis zur Tür und die Frage der Leser- und Gehäusearten.

Die Berechtigungen für die einzelnen Terminals bzw. Terminalgruppen müssen im Stammsatz des Mitarbeiters hinterlegt werden. Für den Off-line-Fall sollten per Down-load die Stammsätze der berechtigten Mitarbeiter in die entsprechenden Terminals geladen werden, damit auch ohne Rechnerverbindung die erforderlichen Funktionen erhalten bleiben.

6.2 Gehäusearten

Gehäuse sind heute oftmals teurer als die Elektronik. Daher sollte reiflich überlegt werden, ob aufwendige Außengehäuse mit Heizung, Kühlung oder Spritzwasserschutz überhaupt erforderlich sind. Für die Zutrittskontrolle kann vielfach nicht darauf verzichtet werden, eine Zeiterfassung findet in den meisten Fällen innerhalb des Gebäudes oder zumindest im überdachten Vorbereich statt.

Um die Montagemöglichkeiten am vorgesehenen Standort überprüfen zu können, speziell wenn es eng wird, lassen Sie sich von den Herstellern für alle vorgesehenen Gehäuse entsprechende Maßzeichnungen mit Montageanleitung geben. Die benötigte Ausstattung tragen Sie am besten in eine Terminalliste ein.

Ganz besonders bei Zutrittskontrolle ist eine sog. Türliste mit allen benötigten Terminals und deren Funktionen, Alarmen etc. wichtig.

6.3 Lesearten

Es werden heute drei Lesearten unterschieden, nämlich das Einstecken des Ausweises, das Durchziehen und das berührungslose Verfahren. Es gibt nicht das beste und das schlechteste Verfahren, sondern es müssen die Anwendung und der Standort berücksichtigt werden.

- **Steckleser**

  Beim Steckleser wird der codierte Ausweis in den Leseschlitz eingeführt und der Ausweis dynamisch oder statisch je nach Codierung gelesen. Die dynamische Lesung, d.h. der Ausweis wird sofort beim Einschieben gelesen, funktioniert ohne motorischen Einzug und ist daher schnell und ausfallsicher. Die Einsteckgeschwindigkeit ist auch unerheblich und dem Mitarbeiter überlassen. Für die Zeiterfassung ist der Steckleser nach wie vor ein sehr gutes Verfahren, weil der Mitarbeiter seine Konten abrufen kann, so lange der Ausweis im Leser steckt. Wird der Ausweis gezogen, bricht die Information sofort ab. Für diese Art der Lesung eignen sich besonders Infrarot- und Induktivcodierung. Auch für die Zutrittskontrolle bei der Einfahrt in Parkhäuser ist ein Steckleser angebracht.

- **Durchzugsleser**

  Magnetstreifen-, Barcode- und Infrarotausweise werden für das Durchzugsverfahren benützt. Dazu muß der Ausweis in Leserichtung mit gleichmäßiger Geschwindigkeit durch einen Leseschlitz gezogen werden. Für die Zutrittskontrolle kann das sehr interessant sein, wenn z.B. der Leser in Laufrichtung angebracht werden kann. Die Information über aktuelle Kontenstände am Terminal ist mit dem Durchzugleser nicht so einfach. Entweder muß für jedes Konto der Ausweis neu durchgezogen werden oder es wird eine maximale Zeit pro Vorfall, also ein Timeout, vorgegeben. Dies hat jedoch den Nachteil, daß ein anderer Mitarbeiter in den Konten blättern kann, wenn der seine Konten abrufende Mitarbeiter die Zeit nicht voll ausnutzt. Dabei kann es zu Problemen mit dem Datenschutz kommen.

- **Berührungsloses Verfahren**

  Diese Variante eignet sich sehr gut für viele Anwendungen innerhalb der Zutrittskontrolle. Der Ausweis wird in einer einstellbaren Entfernung, meist ca. 10 - 20 cm, vom Leser präsentiert, d.h. nur hingehalten. Die am Markt befindlichen Geräte funktionieren auf eine Art Sender-Empfänger-Basis. Da die Ausweisinformationen pro Präsentation nur einmal ausgelesen und verarbeitet werden, ergibt sich für die Zeiterfassung das gleiche Problem wie beim Durchzugsleser.

6.4 Funktionen und Anforderungen an Zeiterfassungsterminals

Die folgenden zu beantwortenden Fragen beziehen sich zum Teil auf das gesamte System, gehören aber logisch in diesen Komplex.

- Wieviel Buchungen sind pro Minute pro Terminal möglich?

- Wie hoch ist dabei die max. Antwortzeit?

- Welche Codierungsarten werden standardmäßig angeboten?

- Welche Lesearten sind möglich?

- Wieviel und welche Funktionen sind möglich? (z.B. Fehlgrundeingaben, Kostenstellenwechsel, Menüvorwahl)

- Werden die Funktion über festzugeordneten Tasten oder Softkeys gewählt?
- Wie sieht die Bedienerführung aus?
- Welche Fehler- bzw. Hinweistexte gibt es?
- Wie groß ist die Kapazität der Anzeige?
- Können Buchungsarten z.B. Kommen fix zugeordnet werden?
- Können Kommen und Gehen zeitgesteuert als Funktion zugeordnet werden, z.B. bei Schichtwechsel?
- Kann das Terminal mit Autorhythmus arbeiten, also Kommt/Geht/Kommt/Geht?
- Können Kommen- und Gehen-Buchungen als rastende Funktion für den nächsten Nutzer erhalten bleiben?
- Wieviel und welche Informationen können abgerufen werden?
- Können Informationen als Mailbox mitarbeiterspezifisch angezeigt werden, z.B. „Gestern Gehen-Buchung vergessen"? Wie werden diese quittiert?
- Wieviel Buchungen und Stammsätze können im Terminal zwischengespeichert werden?
- Wie lange können diese Buchungen ohne Datenverlust erhalten bleiben?
- Gibt es eine Notstromversorgung für vollen Buchungsbetrieb? Wenn ja, wie lange?
- Können Zutrittsfunktionen kombiniert ausgeführt werden?
- Welche Funktionen gibt es noch?

Für die Verkabelung sollten folgende Fragen gestellt werden:

- Welche Verkabelungsarten sind möglich?
- Welche max. Entfernung ist zwischen Terminal und Rechner bzw. Terminalcontroller möglich?
- Unter welchen Bedingungen kann das vorhandene Telefonnetz benutzt werden?
- Welche Netzanschlußmöglichkeiten gibt es?

Anschlußmöglichkeiten von Erfassungsterminals

Zeitwirtschaftsrechner

Terminalserver

sternförmig 20mA max. ca. 2.000 m

V24/20mA

Terminalcontroller

Masterterminal

**Party-line RS 485
BUS-Länge ca. 1.200 m**

Netzwerk (Ethernet, Tokenring etc)

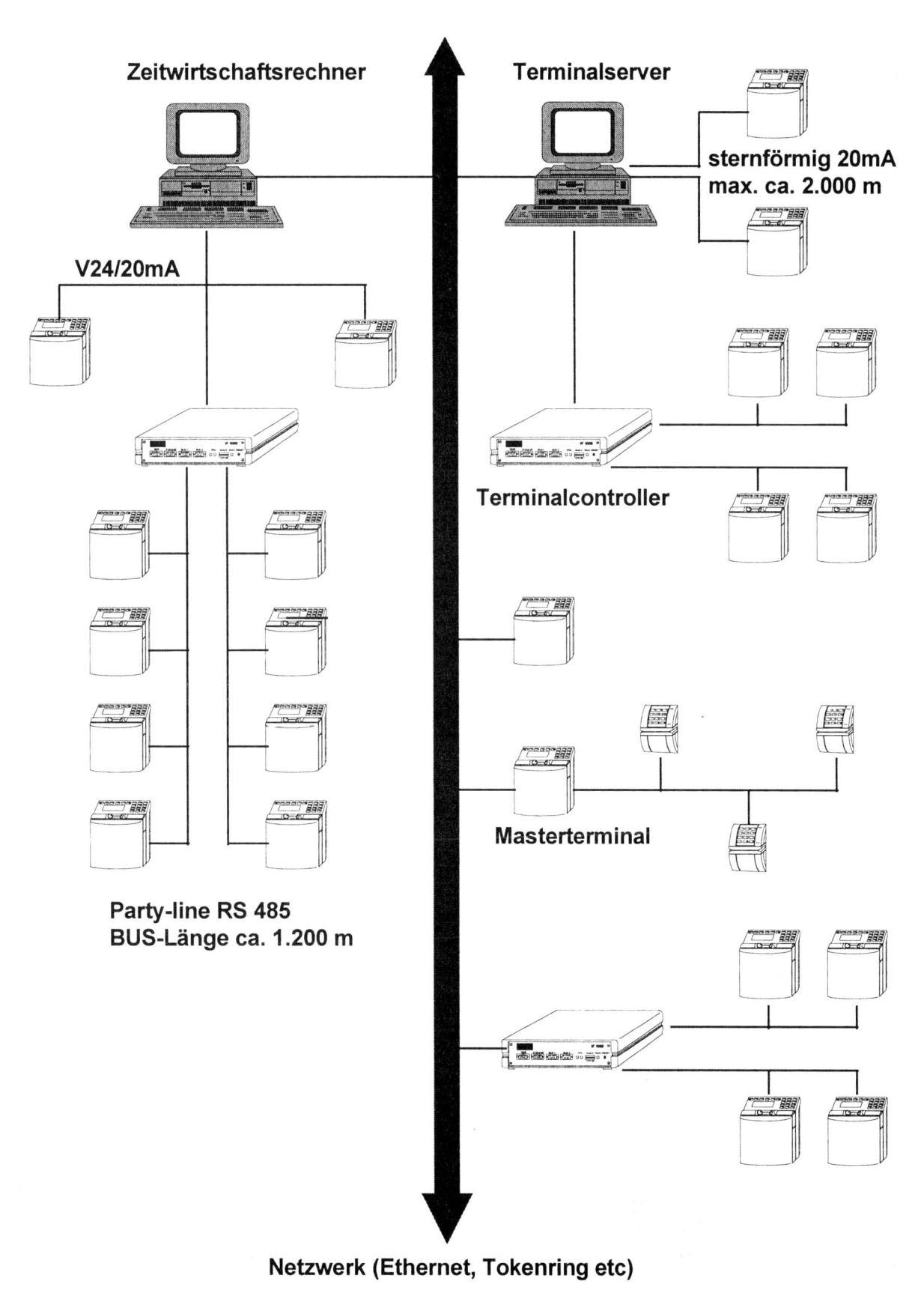

Abbildung 24

6.5 Terminalanschlußmöglichkeiten

Wie in der Abbildung 22 dargestellt, sind heute sämtliche Anschlußmöglichkeiten sowohl separat als auch innerhalb vorhandener Netzwerke gegeben. Die Integration in ein Netzwerk kommt in der Regel teurer, weil jedes Terminal, wenn es direkt angeschlossen wird, über einen Ethernet- oder Tokenring-Adapter verfügen muß, die nicht standardmäßig im Gegensatz zu 20mA oder RS 485 Schnittstellen in den Terminals vorhanden sind.

In diesem Zusammenhang ist auch generell der Anschluß über Terminalcontroller oder direkt zu klären. Dies hat nicht nur preisliche, sondern auch sicherheitsbedingte Auswirkungen. Beim Anschluß von meist 8 oder 16 Erfassungsterminals an einen Terminalcontroller liegt die Intelligenz und damit auch die Zwischenspeicherung von Buchungen im Terminalcontroller und nicht in jedem einzelnen Terminal. Damit ist zwar jedes einzelne Terminal preiswerter, aber bei Ausfall des Controllers sind natürlich alle angeschlossenen Terminals nicht mehr funktionsfähig, weil eben die Offline-Fähigkeit im Terminalcontroller liegt. Damit nicht in einem Bereich sämtliche an einem Terminalcontroller angeschlossenen Erfassungsgeräte funktionsunfähig sind, kann eine Verkabelung überkreuz wie in der folgenden Abbildung vorgenommen werden.

Anschluß von Erfassungsterminals an den Terminalcontroller nach dem Ausfallsicherungsprinzip

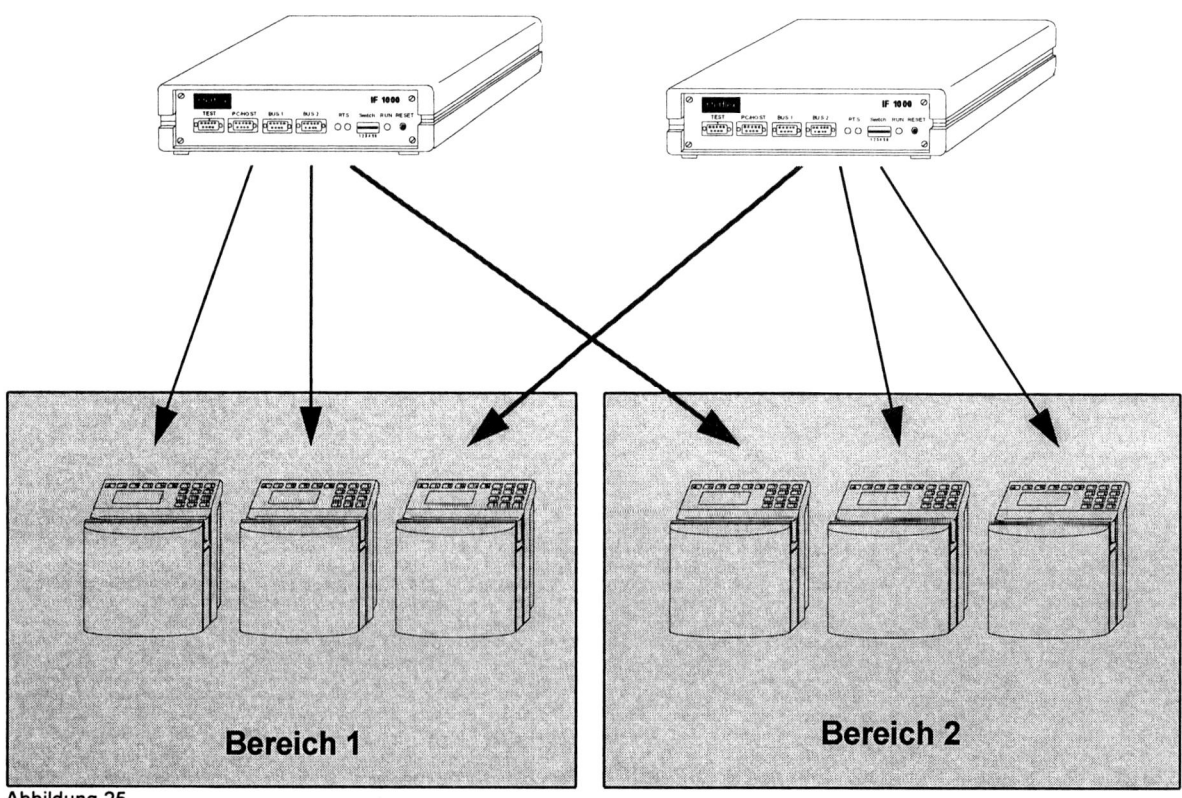

Abbildung 25

Auch anders gemischte Anwendungen sind möglich, d.h. in jedem Betriebsbereich aus Gründen der Ausfallsicherheit ein intelligentes Terminal und die anderen über Terminalcontroller.

Die Terminalcontroller-Installation hat jedoch auch einige Vorteile. Zunächst werden Leitungen zum und Schnittstellen im Rechner gespart. Durch den Anschluß von mehreren Terminals an einen Controller kann auch im Off-line-Betrieb die Abhängigkeit der Terminals untereinander gewährleistet bleiben, z.B. im Bereich der Zutrittskontrolle bei Raumzonensteuerung und Wiedereintrittssperre. Da der Terminalcontroller meist eine höhere Intelligenz hat, können den zentralen Rechner entlastende Funktionen direkt vor Ort erfolgen, beispielsweise Kontenanzeige für die Mitarbeiter oder Freigabe von Kontakten im Zutrittsbereich.

Anbindungen von Erfassungsterminals direkt in das vorhandene Netzwerk können über Terminalcontroller ebenfalls kostensparender vorgenommen werden, weil der Netzwerkadapter nicht in jedem Erfassungsterminal vorhanden sein muß.

6.6 Ausfall- und Datensicherheit

Über die Speicherung in den Erfassungsterminals und Terminalcontrollern wurden bereits im vorigen Kapitel Ausführungen gemacht. Nun gibt es allerdings zwei Arten von Buchungen, die On-line-Buchungen, die direkt im System verarbeitet und gespeichert werden und die Off-line-Buchungen, die bei Rechnerausfall getätigt werden und nicht verarbeitet werden können.

Off-line-Buchungen werden mit Systemstart abgeholt und ohne Operating zeitgerecht nachverarbeitet. Die Speicherung von bereits verarbeiteten Buchungen in einem Ringpuffer ist äußerst wichtig, um bei einem Plattencrash die Daten wieder verfügbar zu haben. Mit der täglichen Datensicherung sind die Daten bis zum Zeitpunkt der Datensicherung wieder herzustellen, nicht jedoch die im Laufe des Tages angefallenen Buchungen. Mit der Speicherung und der Nachverarbeitung der Online-Buchungen ist dies aber auch möglich, so daß kein Datenverlust entsteht. Wenn der Ringpuffer groß genug dimensioniert wurde, können mehrere Tage überbrückt werden.

Diese zusätzliche Datensicherheit in den Erfassungsterminals bzw. Terminalcontrollern erspart aufwendige Software und Hardware für gespiegelte Dateien. Es besteht natürlich immer die Möglichkeit, daß auch ein Erfassungsterminal defekt wird. Die Erfahrung hat allerdings gezeigt, daß Störungen, wenn überhaupt, im Bereich der Leser und nicht beim RAM auftreten.

Fragen Sie gezielt nach diesem speziellen Leistungsmerkmal, da ein relativ großer Teil der Hersteller diese ungemein wichtige Funktion nicht anbietet. Mir sind einige Fälle aus der Praxis bekannt, wo durch versehentliche Platteninitialisierung oder durch Blitzschlag die Tagesdaten von mehreren tausend Mitarbeitern nicht mehr direkt verfügbar waren, aber durch Nachverarbeitung aus den Speichern der Terminals wieder ohne Probleme reorganisiert wurden.

Lückenloses Sicherheitskonzept

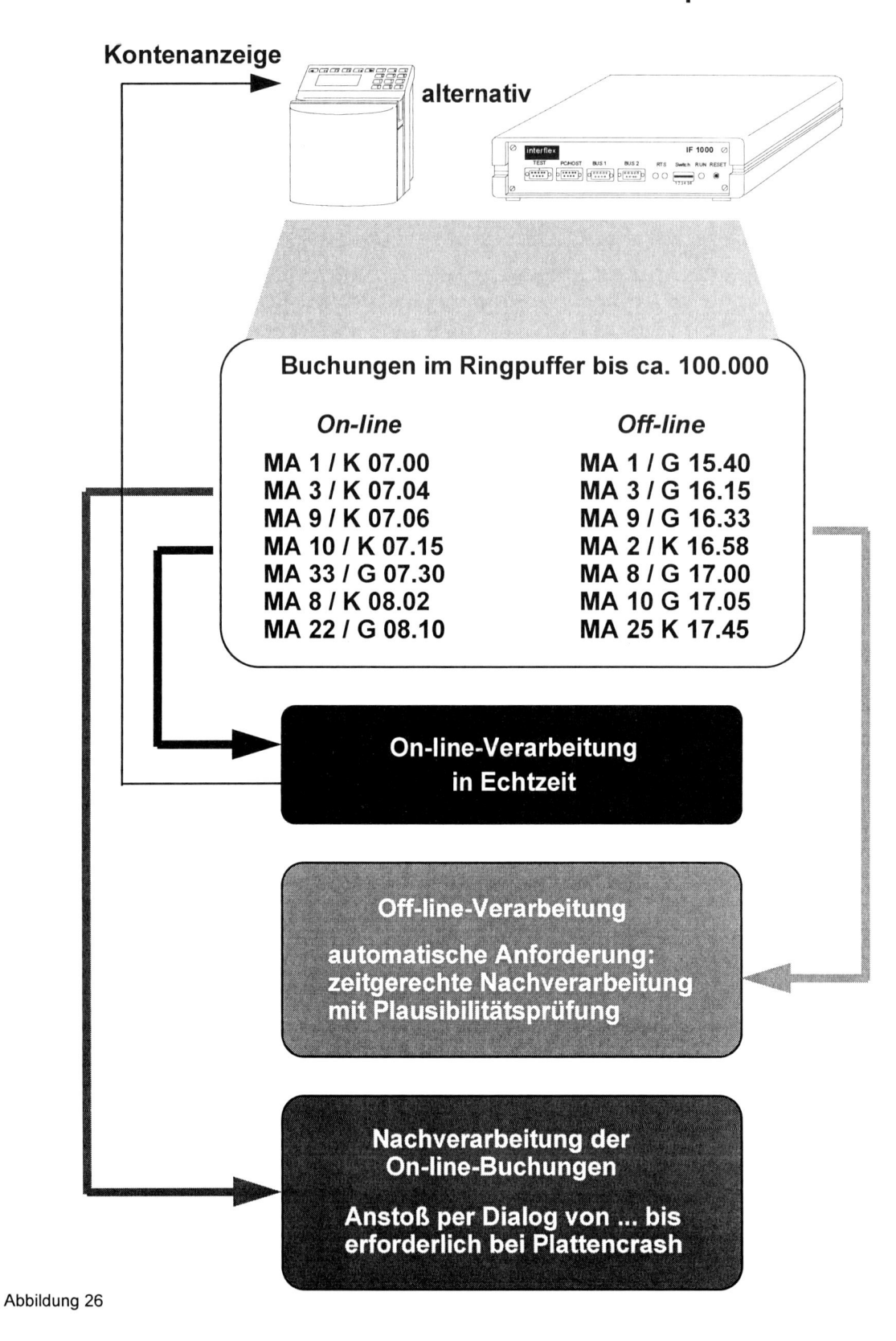

Kontenanzeige → alternativ

Buchungen im Ringpuffer bis ca. 100.000

On-line	*Off-line*
MA 1 / K 07.00	MA 1 / G 15.40
MA 3 / K 07.04	MA 3 / G 16.15
MA 9 / K 07.06	MA 9 / G 16.33
MA 10 / K 07.15	MA 2 / K 16.58
MA 33 / G 07.30	MA 8 / G 17.00
MA 8 / K 08.02	MA 10 G 17.05
MA 22 / G 08.10	MA 25 K 17.45

On-line-Verarbeitung in Echtzeit

Off-line-Verarbeitung

automatische Anforderung:
zeitgerechte Nachverarbeitung
mit Plausibilitätsprüfung

Nachverarbeitung der On-line-Buchungen

Anstoß per Dialog von ... bis
erforderlich bei Plattencrash

Abbildung 26

6.7 Ausweissystem und -handhabung

Der Ausweis ist zwar nicht unbedingt zur Hardware zu rechnen, da er als Zubehör aber für die Terminalhardware unerläßlich ist, wird er an dieser Stelle behandelt. Welches Ausweissystem gewählt wird, hängt sicherlich von der Anwendung ab. Das beste Ausweissystem schlechthin gibt es nicht. Ich möchte hier auch nicht alle Vor- und Nachteile sämtliches Codierungen aufführen, darüber gibt es genügend Schrifttum.

Grundsätzlich sollte man eine Codierung wählen, die robust und „unzerstörbar" ist, d.h. eine statische Codierung. Ausnahmen sind Anwendungen wie z.B. Kantinendatenerfassung mit Speicherung von Bewegungsdaten auf dem Ausweis. Hier benötigen Sie eine dynamische Codierung wie Magnetstreifen oder Chips. Auf jeden Fall sollte der Ausweis relativ hohen mechanischen Ansprüchen genügen, also unanfällig sein gegen verbiegen und zerbrechen. Ebenfalls müssen Temperaturschwankungen in vertretbarem Maß überstanden werden.

Man kann nicht genug darauf hinweisen, daß mit der Klärung der Ausweisgestaltung früh begonnen wird. Es gibt mehr als ein Beispiel, daß die termingerechte Inbetriebnahme des Systems aufgrund fehlender Ausweise verschoben werden mußte. Die Fertigung der Ausweise kann nur nach endgültiger Klärung aller erforderlichen Punkte beginnen und dauert in der Regel einige Wochen. Wenn die Art der Codierung festliegt, müssen für die Gestaltung folgende Einzelheiten berücksichtigt werden:

- Farbe Vorder- und Rückseite?

- Aufdruck ein- oder mehrfarbig?

- Rückseitendruck mit Findervermerk oder Mißbrauchsanweisung etc. erforderlich?

- Aufdruck von Firmenname und/oder -logo oder anonym?

- Personalisierung durch Name und Personalnummer des Mitarbeiters oder nur Ausweisnummer?

- Mit oder ohne Foto?

- Wenn ein Foto aufgebracht werden soll, ist die Form der Fotoerstellung und der Archivierung eventueller Ersatzfotos zu beachten.

- Einsatz als Multifunktionsausweis?
  Werden eventuell zwei oder gar drei Codierungen in einem Ausweis vereinigt, um unterschiedliche Systeme mit einem Ausweis bedienen zu können, z.B. Zeiterfassung mit Infrarotcodierung und Kantinendatenerfassung über Magnetstreifen?

- Dient der Ausweis als Sichtausweis und soll von den Mitarbeitern sichtbar getragen werden? In diesem Fall ist die Frage von Clips, Kettchen und Hüllen zu klären.

Ausweise gehen verloren, werden beschädigt oder schlicht zu Hause vergessen, so daß die Ersatzausweisregelung behandelt werden muß. Daß ein zweiter Ausweissatz vorgehalten werden muß, dürfte wohl mittlerweile der Vergangenheit angehören. Neuere Systeme sind in der Lage, eine beliebige Ausweisnummer als Ersatzausweis im Stammsatz zuzuordnen. Ob sinnvoll ein Ersatzausweis für heute bei vergessenen Ausweisen ausgegeben wird, ist letztlich eine Frage der Gesamtorganisation. Wenn der Ausweis nicht zur Zutrittskontrolle benötigt wird und die Mitarbeiter lediglich einmal Kommen und Gehen pro Tag buchen, ist der Aufwand der Ersatzausweiszuordnung und -rücknahme am nächsten Tag größer als die erforderliche Buchungskorrektur. Aber auch Ort und Person für die schnelle Ausgabe von Ersatzausweisen müssen zum Gesamtkonzept passen.

Seit einigen Jahren gibt es Ausweiserstellungssysteme, die in das Gesamtsystem integriert werden können. Dabei werden die vorhandenen Stammdaten genutzt und die Ausweisgestaltung nach beliebig erstellbaren Lay-out-Vorlagen vorgenommen. Mitarbeiterfotos werden über eine Videokamera aufgenommen, abgespeichert und sind beliebig oft verwendbar. Der Ausdruck erfolgt über einen Videoprinter. Die einzelnen Ausweiskomponenten werden mit einem Laminator homogen verschweißt. Dieses Verfahren ist sehr flexibel und eignet sich für fast alle Codierungen, ist aber aufgrund der benötigten Hardwareausstattung nicht billig. Der Anwender muß daher überprüfen, ob diese Anschaffung wirtschaftlich ist. Dabei ist nicht nur die Anzahl der verwendeten Ausweise maßgebend, sondern auch die Menge der jährlich neu zu fertigenden Ausweise.

7. Aufbau und Inhalt des Pflichtenheftes

Alle bis jetzt abgehandelten Kapitel berühren in irgendeiner Weise auch das Pflichtenheft, weil sich dort die benötigten Leistungsmerkmale widerspiegeln. Nachfolgend werden der schematische Aufbau und die inhaltlichen Punkte beschrieben, ohne daß nochmals auf die eigentlichen Inhalte wie unter Kapitel 5. eingegangen wird.

Entstehung und grundsätzlicher Aufbau eines Pflichtenheftes

```
┌─────────────────────────────────┐
│   Istaufnahme mit genauer       │
│   Schwachstellenanalyse         │
└─────────────────────────────────┘
                │
                ▽
┌─────────────────────────────────┐
│   Grobkonzept                   │
│   Sollkonzept                   │
└─────────────────────────────────┘
                │
                ▽
┌─────────────────────────────────┐
│   Permanente Abklärung          │
│   mit Betriebs-/Personalrat     │
└─────────────────────────────────┘
             △     │
             │     ▽
┌─────────────────────────────────┐
│   Pflichtenheft mit exakter     │
│   Darstellung aller gewünschten │
│   Funktionen und Auswertungen   │
└─────────────────────────────────┘
```

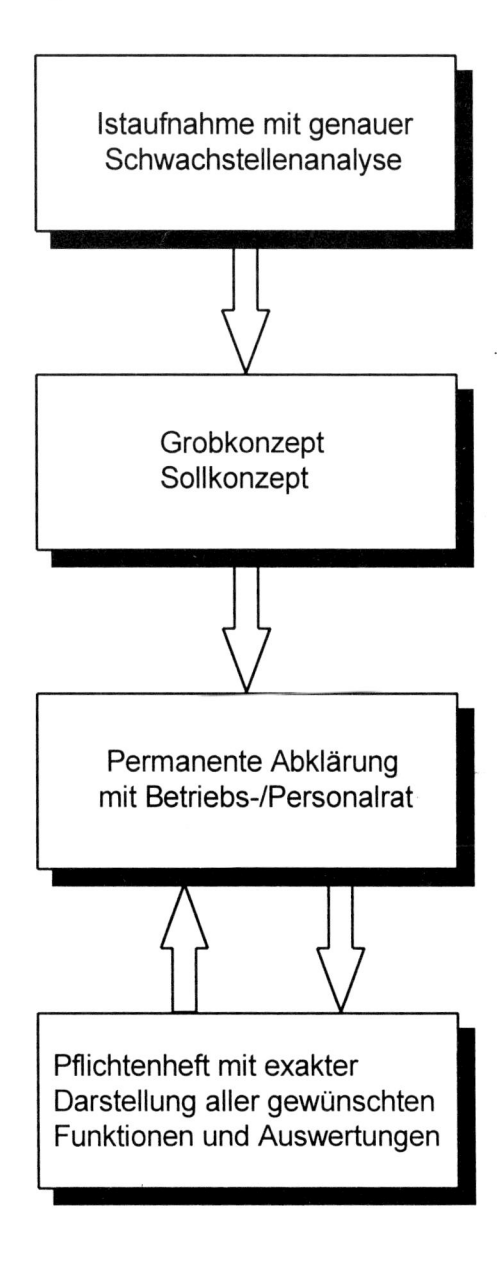

Abbildung 27

Bevor das Pflichtenheft erstellt wird, sollte ein Grobkonzept oder Sollkonzept erstellt werden. Erst nach der Genehmigung durch den Betriebs-/Personalrat entsteht daraus das Pflichtenheft als Feinkonzept. Wenn direkt am Feinkonzept gearbeitet wird, müssen viele Inhalte umgeschrieben oder neu gefaßt werden. Außerdem ist die Gefahr des Vergessens von wesentlichen Punkten einfach sehr groß. Selbstverständlich ist das Pflichtenheft individuell zu sehen und kann daher so gut wie nicht übertragen werden. Aber einige wesentliche Punkte müssen einfach enthalten sein.

Es ist nie verkehrt, wenn zuviel im Pflichtenheft steht, aber meist fatal, wenn einige Beschreibungen unzureichend sind oder fehlen.

Hauptpunkte des Pflichtenheftes sind daher:

- Zielsetzung

- Istanalyse mit Schwachstellenbewertung

- Benötigter Leistungsumfang mit Anwendungsbeispielen

- Hardwarevoraussetzungen

- Rahmenbedingungen wie Mengengerüst, Termine etc.

Folgende Auflistung könnte z.B. der Inhalt eines kompletten Pflichtenheftes sein:

1. Zieldefinition
1.1 Zeitwirtschaft
1.2 Zutrittskontrolle

2. Istanalyse Zeiterfassung
2.1 Ablauf Anwesenheitszeiterfassung
2.2 Mehrstundenerfassung
2.3 Karteikarten für Urlaub und Krankheit
2.4 Korrekturbelege
2.5 Dienstreisen
2.6 Arbeitszeiten
2.7 Sonstige praktizierte Verrechnungen
2.8 Zusätzliche manuelle Auswertungen in der Personalverwaltung
2.9 Erkennung und Darstellung von Schwachstellen
2.9.1 Aus der Sicht der Mitarbeiter
2.9.2 Aus der Sicht der Abteilungsleitung
2.9.3 Aus der Sicht der Systembedienung
2.9.4 Aus der Sicht des Beraters

3. Grundfunktionen
3.1 Systemstart und Bedienoberfläche
3.2 Karteieinträge
3.3 Help-Funktionen
3.4 Listgenerator
3.5 Parametrierung
3.6 On-line-Verarbeitung
3.7 Automatische Zeitaufträge

4. Archivierung und Rückrechnung
4.1 Datenarchivierung und Funktionsmöglichkeiten
4.2 Rückrechnung

5. Zeiterfassungsparameter
5.1 Zeitsteuerung und Arbeitszeitmodelle
5.1.1 Pausenregelung
5.1.2 Zeiten außer Rahmen
5.1.3 Monatsabrechnung und Saldokappung
5.2 Überstunden und Zuschläge
5.2.1 Überstunden und Gleitzeitverrechnung
5.3 Fehlzeitregelung
5.3.1 Fehlgründe und Fehlzeitkonten
5.3.2 Fehlzeitbewertung
5.3.3 Fehlzeitkartei
5.3.4 Kommen in Fehlzeit
5.3.5 Dezentrale Fehlgrunderfassung am Terminal
5.3.6 Arztbesuch
5.3.7 Urlaub
5.3.8 Überwachung der 42-Tage-Frist bei Krankheit für Lohnfortzahlung
5.3.9 Freistellungstage

6. Auswertungen durch Listen und Journale
6.1 Sortierkriterien
6.2 Statusjournale und Zeitjournale
6.3 Monatsjournal
6.4 Urlaubsplanung
6.5 Mitarbeiterinformation
6.5.1 Kontenabruf
6.5.2 Terminalbedienung
6.6 Stammsatzzusatzinformationen
6.7 Anlage Listmuster

7. Schnittstellen
7.1 Stammdatenübernahme aus Lohn- und Gehaltsprogramm
7.2 Lohnartenübergabe
7.2.1 Datensatzbeschreibung der Schnittstelle

8. Zutrittskontrolle
8.1 Örtliche und zeitliche Berechtigung
8.2 Speicherung
8.3 Anti-Passback
8.4 Alarme
8.5 Türliste
8.6 Schnittstelle zur Alarmanlage

9. Hardware
9.1 Integration in das vorhandene Netzwerk
9.2 Hardwarefunktion der Zeiterfassungsterminals
9.3 Funktion der Terminalcontroller
9.4 Terminalanschlußmöglichkeiten

10. Ausweise

11. Mengengerüst und Termine

12. Firmenporträt des Anbieters

13. Angebotsaufbau
13.1 Bemerkungen zum Pflichtenheft
13.2 Angebot
13.2.1 Software
13.2.2 Hardware
13.2.3 Dienstleistungen

Die beiden letzten Punkte 12 und 13 müssen nicht im Pflichtenheft stehen, sondern können auch in einer separaten Ausschreibung oder Angebotsaufforderung enthalten sein. Darüber wird im nächsten Kapitel noch einiges zu sagen sein.

Ich möchte noch ganz speziell auf das Thema Optionen eingehen. Halten Sie sich die Möglichkeiten von Optionen offen, auch wenn im Moment noch kein konkreter Bedarf vorhanden ist. Wenn beispielsweise Personaleinsatzplanung oder Kostenstellenerfassung in absehbarer Zeit akut werden könnten, nehmen Sie diese Themen mit in das Pflichtenheft auf und fordern Sie die Anbieter unter diesem Punkt auf, ihre Leistungen zu diesen Anwendungen zu definieren und zumindest pauschale Preise von Standardmodulen abzugeben. Wenn 2 Angebote weitgehend identisch sind, der eine Anbieter aber die bessere Leistung bei den angedachten Optionen bietet, wird dies Ihre Entscheidung sicherlich richtig beeinflussen.

8. Durchführung der Ausschreibung oder Angebotsanforderung

8.1 Angebotsaufbau

Als Grundlage zur Einholung von Angeboten dient natürlich das Pflichtenheft mit den detaillierten Leistungsbeschreibungen. Nun hat aber jeder Anbieter so seine eigene Art für die Ausarbeitung von Angeboten. Manche machen es sich recht einfach und bieten Pauschalpreise für ein Leistungsbündel an. Damit ist aber die Vergleichbarkeit der Angebote sehr erschwert. Es empfiehlt sich also, für die Angebote einen einheitlichen Aufbau festzulegen und auch so anzufordern. Auch da ist das Pflichtenheft wieder die Basis. Wenn nämlich im Pflichtenheft auf der rechten Seite eine Spalte mit vom Anbieter auszufüllenden Bemerkungen für z.B.

- S = im Standard enthalten
- M = zusätzliches kostenpflichtiges Modul
- Z = separat zu erstellende Zusatzsoftware oder Sondersoftware
- P = kostenpflichtiger Parametrieraufwand z.B. für Verfahrensregeln
- 1., 2., 3. etc. als Numerierung für zusätzliche Bemerkungen

vorgesehen wird, und sich diese Preise unter der Positionsnummer des Pflichtenheftes im Angebot wiederfinden, dann haben Sie transpartente Angebote und einen einheitlichen Aufbau. Ein von mir verwendetes Formular sieht so aus:

Adamski Consulting
Litschenbecher Str. 12 76829 Landau
Tel.: 06341/64365 FAX.: 06341/64279

Leistungsbeschreibung	S/M/Z
13. Angebotsaufbau **13.1 Pflichtenheft** Bitte füllen Sie die Spalte S/M/Z am rechten Rand des Pflichtenheftes genau aus. Wenn Ihre Leistung abweicht und Sie der Meinung sind, die Anforderungen anders erfüllen zu können, erläutern Sie Ihren Leistungsumfang genau unter der angegebenen Bemerkungsnummer. Es ist unbedingt erforderlich, daß Sie Ihr Firmenporträt umfassend und genau ausfüllen. Bei unvollständiger Beantwortung kann Ihr Angebot leider keine Berücksichtigung finden.	

Weiter können die Punkte für den einheitlichen Angebotsaufbau wie folgt definiert werden:

Software

Gliedern Sie Ihr Angebot nach Basis-Software, erforderliche Zusatzmodule, evtl. Sondersoftware und benötigte Dienstleistungen für Parametrierung von Verrechnungen und Auswertungen. Eventuelle Optionen sind als solche zu kennzeichnen und gehen nicht in den Gesamtpreis ein. Eine detaillierte Softwarebeschreibung sollte beiliegen.

Hardware

Geben Sie die benötigte Rechnerausstattung sowohl für den Server als auch für die Clients (Dialog-PCs) an, die eine akzeptable Performance ermöglicht. Bei den Erfassungsterminals sind die Ausstattungen einzeln anzubieten, so daß es ohneweiteres möglich ist, Änderungen in der Konfiguration vorzunehmen, ohne ein neues Angebot anzufordern. Dies gilt speziell für Notstrom, Gehäusearten, integrierte Sprechstellen, Netzanschlußkarten etc. Fügen Sie bitte Datenblätter mit den technischen Daten und Maßen bei.

Dienstleistungen

Dienstleistungen bieten Sie bitte gesondert im erforderlichen Umfang an, z.B. Schulung, Installation und Inbetriebnahme des Systems, Installation der Erfassungsterminals. Wenn Sie diese nicht als Festpreis anbieten können, geben Sie bitte den Stundensatz für die Montage und einen geschätzten Aufwand an. Dienstleistungen für Parametrierung gehören zur Software. Fügen Sie bitte das Muster eines Wartungsvertrages mit den genauen Wartungsbedingungen bei und geben die Wartungskonditionen an.

Dieser in einem Projekt geforderte Aufbau des Angebotes ist als Beispiel und Anregung zu verstehen und kann nicht verallgemeinert werden. Änderungen und Anpassungen sind immer in Abhängigkeit vom Projekt vorzunehmen.

8.2 Firmenporträt des Anbieters

Es ist wichtig zu wissen, mit wem man die nächsten 8 - 10 Jahre oder noch länger mit solch einem strategisch wichtigen Projekt zusammenarbeiten wird. Um auch mit den Informationen über die Anbieter vergleichbar zu sein, sollten Sie ein Firmenprofil anfordern, daß folgende Informationen enthalten muß:

Firmenporträt

Bitte füllen Sie dies Firmenporträt Ihres Unternehmens sorgfältig und vollständig aus:

1. Name des Unternehmens

2. Sitz des Unternehmens

3. Sitz der nächsten Niederlassung

4. Wieviel Mitarbeiter beschäftigt die Niederlassung?

5. Wieviel Mitarbeiter sind im Support insgesamt in der Niederlassung?

6. Wieviel Mitarbeiter für das angebotene Produkt?

7. Name des angebotenen Produktes

8. Seit wann ist dieses Produkt auf dem Markt?

9. Wird dieses Produkt von Ihnen selber hergestellt? Wenn nein, wer ist der Hersteller?

10 Wenn Sie nicht Hersteller sind, wer führt den Support durch?

11. Sind Sie nach ISO 9000 zertifiziert?

12. Wieviel Installationen gibt es in Deutschland von diesem Produkt?

13. Wieviel Installationen Zeiterfassung und Zutrittskontrolle hat Ihr Unternehmen insgesamt durchgeführt und in welchem Zeitraum und wie hoch ist Ihr letzter Jahresumsatz?

14. Führen Sie mindestens 3 Referenzen von vergleichbaren Installationen mit Ansprechpartner und Telefon auf!

Ich habe die Erfahrung gemacht, daß manche Hersteller ein eigenes Firmenporträt in Gestalt von farbenprächtigen Imageprospekten beilegen und damit die Beantwortung der gestellten Fragen umgehen. Sie sollten sich darauf nicht einlassen, denn die für Sie wesentlichen Informationen über die Chance eines gesicherten Projektablaufs und einer optimalen Kundenbetreuung finden Sie nicht in der Imagebroschüre.

8.3 Die Auswahl der Anbieter

Es gibt zZt ca. 160 Anbieter auf dem Gebiet der Zeitwirtschaft. Sie finden eine Aufstellung als Anhang zu diesem Leitfadens. Es ist so gut wie unmöglich, die unterschiedlichen Leistungsmerkmale von allen Anbietern zu kennen. Da hilft es auch nicht, durch umfangreiche Fragebogenaktionen eine genaue Übersicht zu erhalten. Vor 10 Jahren konnten noch Leistungsmerkmale bei den Herstellern abgefragt werden, weil die Erstellung neuer Software und Erweiterungen noch nicht in diesem rasanten Tempo erfolgten. Über die Zuverlässigkeit der Herstellerangaben kann man ein eigenes Buch schreiben. Häufig sind jedoch auch die Fragebögen schuld, da sie eben nicht genau genug sind. Und das ist genau der Punkt: Versuchen Sie einmal, die Verrechnungen von Überstunden mit Freizeitausgleich und Gleitzeit in Frageform zu klären. Ein Rechenbeispiel ist dafür einfach besser geeignet. Fragebögen sind sinnvoll und richtig zur Abklärung des generellen Leistungsumfangs. Ein Pflichtenheft ist jedoch eine genaue Spezifikation, sonst erfüllt es nicht seinen Zweck. Hinzu kommt, daß die Hersteller und Anbieter bei der Beantwortung von Fragen leider nicht immer ganz bei der Tatsache bleiben, sondern oftmals bereits in Planung befindliche

Module als vorhanden darstellen und zwar haargenau mit den abgefragen Leistungsmerkmalen.

Ich selbst habe einige Erfahrungen mit der Auswertung von Fragebögen gesammelt und leider nicht immer nur positive. Auf der CEBIT wurde mir von einem Anbieter bei der Überprüfung der beantworteten Leistungsmerkmale, von denen aber auch gar keine vorhanden waren, gesagt: „Wenn eine Kunde dies so will, dann realisieren wir das eben so."

Doch zurück zur Frage, wen fordert man zum Angebot auf? Zunächst sollten es nicht mehr als 5 bis max. 8 Firmen sein. Eine höhere Anzahl verführt dazu, alle eingegangenen Angebote aus Zeitgründen nicht mehr genau zu überprüfen und Schwachstellen in den Angeboten zu übersehen. Für die Auswahl der Anbieter sollten folgende Kriterien zu Rate gezogen werden:

- Größe und Marktpräsenz.
  Dabei ist aber die spezifische Anwendung zu berücksichtigen. Große Konzerne, die auch etwas Zeitwirtschaft vertreiben, bieten nicht unbedingt eine gute Marktpräsenz und einen dauerhaften Service. Wenn das Produkt nicht mehr gewinnträchtig ist, wird leicht über das „Aus" entschieden, wie die Vergangenheit eindeutig gezeigt hat.

- Fachkompetenz.
  Diese leitet sich aus der Dauer der Firma am Markt und aus der Anzahl der durchgeführten Installationen ab. Aber dazu ist es genauso wichtig, die Fachkompetenz der zuständigen Mitarbeiter vor Ort zu überprüfen.

- Referenzen.
  Je spezifischer Ihre Anwendung ist, desto wichtiger ist es, vergleichbare Referenzinstallationen zu überprüfen.

- Regionale Nähe.
  Auch im Zeitalter der weltumspannenden Netzwerke ist die regionale Nähe eines Servicestützpunktes nicht zu verachten. Viele Dinge lassen sich eben vor Ort leichter und schneller klären als per Datenleitung quer durch die Republik.

In der Praxis wird es häufig so sein, daß man durch die vertrieblichen Aktivitäten einiger Anbieter Verbindungen hat und diese zunächst auffordert. Darüberhinaus tun dann Marktübersichten mit den entsprechenden wie vorher beschriebenen Informationen gute Dienste.

9. Bewertung der Angebote

9.1 Aufbau, Darstellung und Inhalt

Ich bin der zugegebenermaßen subjektiven Meinung, daß ein Angebot auf Basis eines Pflichtenheftes

- umfassend und aussagefähig,

- dem Kundenwunsch entsprechend und keine Frage offen lassend,

- gut aufgebaut und strukturiert,

- attraktiv und ansprechend gestaltet

sein sollte. Leider ist die Praxis hier etwas anders, es sind häufig auch bei gut ausgearbeiteten Pflichtenheften Rückfragen und Ergänzungsangebote notwendig. Die äußere Form und Gestaltung des Angebotes ist für mich auch ein Indiz dafür, wieviel Mühe sich der Anbieter nach der Auftragserteilung mit der korrekten Projektabwicklung geben würde. Ein komplexes Angebot für eine umfassende Zeitwirtschaft sollte in einer vernünftigen Mappe oder einem Ordner mit Inhaltsverzeichnis überreicht werden. Folgende 10 Punkte haben sich für den Angebotsinhalt als gut und richtig erwiesen:

1. Lösungsvorschlag

2. Preiszusammenstellung, Angebot und Allgemeine Geschäftsbedingungen

3. Systemdokumentation (Leistungsbeschreibung)

4. Auswertungsbeispiele und Listmuster

5. Datenblätter der Erfassungsterminals

6. Konfigurationszeichnung und Systemvoraussetzung

7. Ausweisorganisation

8. Dienstleistungen (Schulung, Parametrierung, Installation, Projektmanagement) und Wartungsvertrag

9. Technische Installationsbedingungen (Verkabelung, Gehäusemaße etc.)

10. Referenzen und Firmenprofil

Innerhalb dieser 10 Register können alle erforderlichen Unterlagen einsortiert werden, so daß nur in absoluten Ausnahmefällen noch weitere Unterlagen angefordert werden müssen. Innerhalb des Registers Lösungsvorschlag können auch Alternativvorschläge gemacht werden, wenn der Anbieter meint, eine bessere Lösung als die angeforderte bieten zu können.

Eine Preiszusammenstellung aus den Langtexten des Angebotes heraus ist für den Kunden ein guter Service, weil bei späteren Verhandlungen über Mengenänderungen und Preise ein langwieriges Blättern in einem beispielsweise 20seitigen Angebot entfällt und die Positionen auf 2 oder 3 Seiten verfügbar sind.

Wenn in dem Register Dienstleistungen auch noch eine genaue Beschreibung der benötigten Dienstleistungen zu finden ist, also Ablauf der Schulung mit Schulungsinhalt oder Leistung des Projektmanagements, ist dies ein weiteres Plus in Richtung Fachkompetenz und gut geplantem Projektablauf. Der zukünftige Kunde muß das Gefühl haben, bei diesem Anbieter gut aufgehoben zu sein.

Ein weiteres Indiz ist das sorgfältig bearbeitet Pflichtenheft. Pauschale Aussagen, wie „alle im Pflichtenheft geforderten Leistungen werden von uns im Standard erfüllt", zeigen in den meisten Fällen, daß diese Anbieter das Pflichtenheft nur überflogen und nicht durchgearbeitet haben. Bei solchen Aussagen sollten Sie nochmals gezielt nachfragen und eventuell auf Besonderheiten hinweisen. Ich habe es häufig erlebt, daß dann Nachtragsangebote kamen. Die Praxis zeigt, daß eine genaue Überprüfung der Anforderungen des Pflichtenheftes mit den angebotenen Leistungen unumgänglich notwendig ist. Bei festgestellten Differenzen oder bei fehlenden Modulen muß einfach nachgefragt werden. Wenn diese Differenzen nicht frühzeitig bemerkt werden, führen sie später unweigerlich zu größeren und teureren Problemen.

9.2 Bewertungstabelle zur Nutzwertanalyse

Wenn mehrere Angebote bewertet werden müssen, kann eine einigermaßen objektive Bewertung nur nach vorher festgelegten Kriterien aufgrund des Pflichtenheftes erfolgen. Dazu ist es hilfreich, sich einer Tabelle zu bedienen, in der alle relevanten Bewertungskriterien aufgenommen wurden. Welche Kriterien tatsächlich in der Gewichtung vorrangig sind, schwankt je nach Art der Anforderung und des Unternehmens. Die Tabelle auf der nächsten Seite ist daher ein Anhaltspunkt, aber sollte der jeweiligen Situation angepaßt werden.

So ist z.B. der Punkt 2 Netzwerk/Anschluß weniger zu gewichten, wenn bei einem geplanten völlig autonomen System gar kein Netzwerkanschluß benötigt wird. Noch ein Wort zu den Kosten: m.E. sollten die Kosten mit max. 20 % in die Gesamtbewertung eingehen, weil sie auf die gesamte Nutzungsdauer verteilt gesehen werden müssen. So spielt z.B. eine Differenz von DM 10.000 auf 10 Jahre gesehen so gut wie gar keine Rolle, wenn dafür eine bessere Leistung geboten wird. Beinahe genau so hoch ist der Punkt 5 mit den Aussagen über den Anbieter zu bewerten. Eine eingeführte Zeitwirtschaft kann wegen der sensiblen Grundlagen eben nicht von heute auf morgen verändert werden, wenn sich herausgestellt hat, daß man den falschen Anbieter gewählt hat.

Unter Punkt 4 Anwendungssoftware sollten Sie die Optionen einzeln aufführen und mit anderer Punktzahl bewerten, wenn die einzelnen Optionen oder Zusatzanwendungen schon Gestalt angenommen haben. Man kann auch für jede Anwendung einzeln, wenn der Leistungsumfang bekannt ist, den Punkt 4 jeweils zur Bewertung heranziehen.

Beispiel einer Bewertungstabelle

Bewertungskriterien	Gewichtung		System 1		System 2	
	% pro Gruppe	% eff.	% pro Gruppe	% eff.	% pro Gruppe	% eff.
1. Erfassungsterminals	15					
off-line-Fähigkeit, Speicherung		6,0				
Funktionalität, Programmierbakeit, Tasten		4,5				
Schnittstellen und Anschlußmöglichkeiten		3,0				
Leseverfahren, Codierung		1,5				
2. Netzwerk/Anschluß	10					
Nutzung vorhandener Netzwerke		3,0				
Verkabelungskosten		2,0				
Einbindung von Außenstellen		2,5				
Antwortzeitverhalten		2,5				
3. Rechnerkonzept	10					
Nutzung vorhandener Hardware		3,0				
Systemplattform, Betriebssystem		2,0				
Verarbeitungsart, real-time		3,0				
Client-Server-Architektur		2,0				
4. Anwendungssoftware	30					
Erfüllungsgrad der Anforderungen		15,0				
Bedienungskomfort, Oberfläche		5,0				
parametrierbarer Standard		6,0				
Optionen, Erweiterungsmöglichkeiten		4,0				
5. Anbieter	15					
Fachkompetenz		6,0				
Referenzen		3,0				
Supportmöglichkeiten		3,0				
Größe/Marktpräsenz		1,5				
Schlung/Zusatzleistung		1,5				
6. Kosten	20					
Kaufpreis/Miete		12,0				
Installation und Inbetriebnahme		2,0				
Dienstleistungen		2,0				
Wartungskosten Hardware/Software		4,0				
Gesamtbeurteilung	100	100				

Bei annähernd gleichen Ergebnissen erweitern Sie die Tabelle bitte mit eigenen Kriterien, um zu einer Entscheidung zu gelangen. Wenn auch dann noch die Ergebnisse gleich sind, hilft nur noch die gefühlsmäßige Entscheidung über die Mitarbeiter der Anbieter, mit denen Sie später zu tun haben werden. Deshalb ist es gut, wenn man nicht nur den Vertriebsbeauftragten, sondern auch Vertriebsleiter oder Geschäftsstellenleiter und System- und Servicetechniker kennenlernt.

10. Präsentation und Systemvorführung

Aufgrund der Bewertung der Angebote sollten max. 3, besser 2 Anbieter in die endgültige Auswahl kommen. Zu diesen Firmen muß man zu einer Präsentation oder Systemvorführung gehen. Was ist der Unterschied? Zu einer Präsentation gehört wesentlich mehr als zu einer Systemvorführung. Hier können die Unterschiede in Richtung Fachkompetenz deutlich gemacht werden. Die nachstehende Abbildung unterteilt daher nach Systempräsentation und Firmenpräsentation. Beide Faktoren sollten in der richtigen Gewichtung zueinander stehen, d.h. die Firmendarstellung darf nicht überproportional vorgenommen werden, wie es bei manchen Konzernen üblich ist.

Bewertung der Präsentation

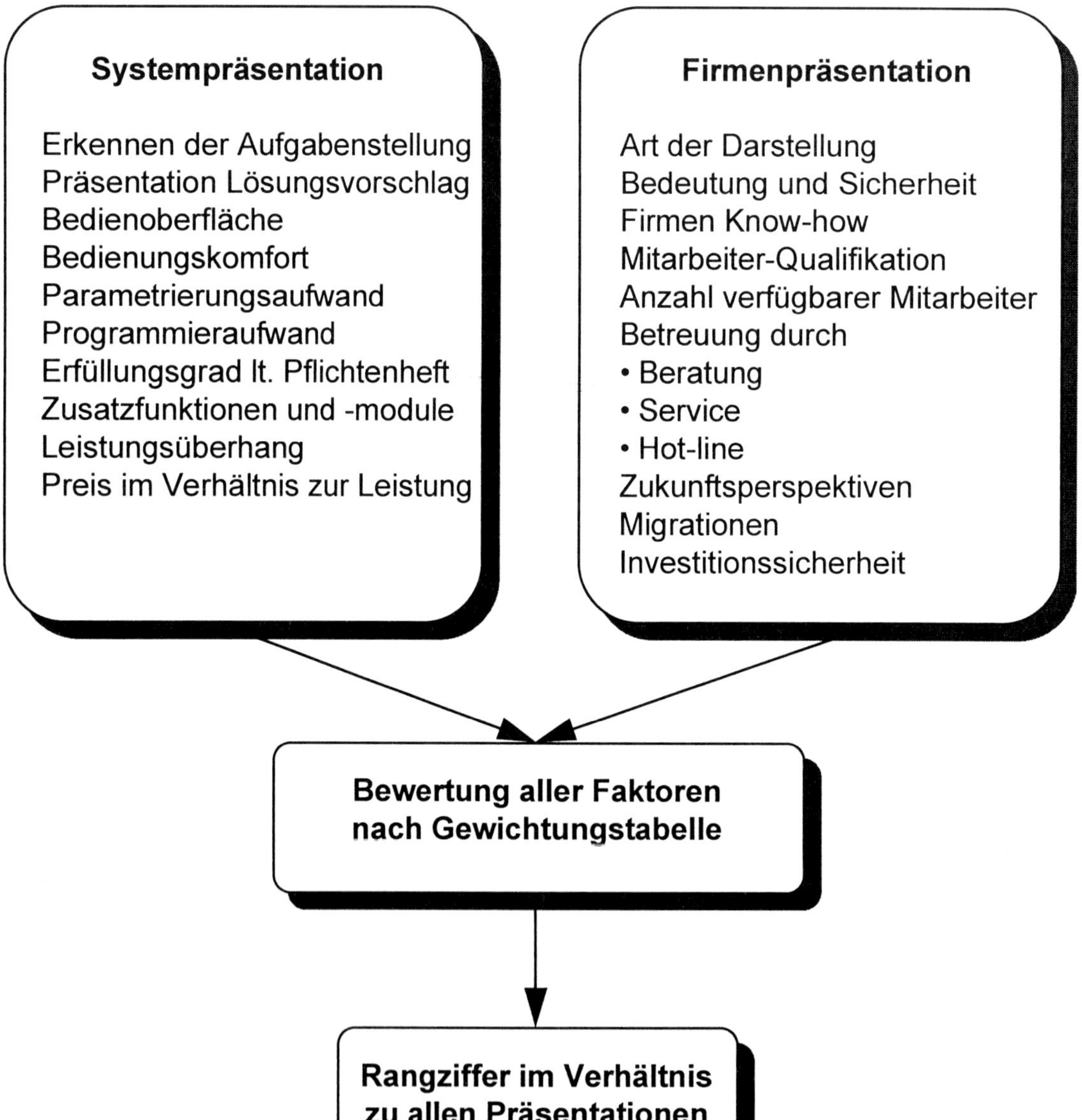

Systempräsentation

Erkennen der Aufgabenstellung
Präsentation Lösungsvorschlag
Bedienoberfläche
Bedienungskomfort
Parametrierungsaufwand
Programmieraufwand
Erfüllungsgrad lt. Pflichtenheft
Zusatzfunktionen und -module
Leistungsüberhang
Preis im Verhältnis zur Leistung

Firmenpräsentation

Art der Darstellung
Bedeutung und Sicherheit
Firmen Know-how
Mitarbeiter-Qualifikation
Anzahl verfügbarer Mitarbeiter
Betreuung durch
• Beratung
• Service
• Hot-line
Zukunftsperspektiven
Migrationen
Investitionssicherheit

Bewertung aller Faktoren nach Gewichtungstabelle

Rangziffer im Verhältnis zu allen Präsentationen

Abbildung 28

Ganz wesentlich bei der Systempräsentation ist das Erkennen, ob die angebotenen Leistungen lt. Pflichtenheft auch so weit wie möglich gezeigt werden oder ob auf sog. Nebenkriegsschaupätzen ausgewichen wird. Es ist klar, daß im Regelfalle nicht alle benötigten Funktionen präsentiert werden können, zumal, wenn viele Funktionen durch die Verfahrensregeln bestimmt und erst programmiert oder parametriert werden müssen. Diese Dienstleistung kostet Geld und kann daher nicht kostenlos zur Verfügung gestellt werden.

Bei einer Präsentation aufgrund eines genauen Pflichtenheftes kann der Anwender aber erwarten, daß die Präsentation sehr nahe an seiner Lösung liegt und der Anbieter sich vorher Gedanken über die Lösung gemacht hat. Ich habe leider viel zu oft erlebt, daß „Standardvorführungen" gemacht werden, die eben nicht auf die anwendungsspezifischen Anforderungen eingehen. Unbedarfte Kunden sehen das häufig nicht und schauen nur auf schöne farbige Bildschirmmasken. Die wesentlichen Punkte des Pflichtenheftes müssen methodisch abgearbeitet werden. Kann eine Lösung nicht direkt gezeigt werden, muß der Anbieter zumindest einen Lösungsweg aufzeigen. Wenn er das bei der Vorführung nicht kann, ist er schlecht vorbereitet oder, was wahrscheinlicher ist, Anforderung lt. Pflichtenheft und Angebot stimmen nicht überein.

Sie können sich auch leider nicht darauf verlassen, daß alle als im Angebot unter „im Standard vorhandene" Leistungsmerkmale tatsächlich vorhanden sind. Ich habe bei Präsentationen erleben müssen, daß beharrliches Nachfragen dazu führte, daß das Leistungsmerkmal dann „im nächsten Release" oder „nicht in dieser Form, aber so ähnlich" oder „so haben wir das nicht verstanden" dargestellt wurde.

Nach erfolgter Präsentation sollten Sie Ihre Bewertungstabelle nach Kapitel 9.2 wieder zur Hand nehmen und neu bewerten. Eventuell müssen Sie die Tabelle erweitern. Sie werden feststellen, daß einige Punkte nun völlig anders zu gewichten sind als vorher. Diese Unterschiede zwischen Theorie (Angebot) und Praxis (Systemvorführung) können bei manchen Herstellern gewaltig sein. Daran ist auch die Seriosität eines Angebotes und damit des Anbieters erkennbar.

11. Vorgehensweise bei der Auftragsvergabe

Wenn letztlich die Entscheidung zugunsten eines Anbieters gefallen ist, beginnen die Auftragsverhandlungen, die nicht nur den Preis zum Ziel haben sollten, sondern auch einige andere Punkte berücksichtigen müssen. Es ist eine klare Abgrenzung zwischen den eigenen Leistungen und der Leistung des Lieferanten zu treffen. Nur so können spätere Unstimmigkeiten und Probleme in der Projektabwicklung vermieden werden. Kleine Probleme und Mißverständnisse wird es bei derart komplexen Systemen immer geben, die aber bei einer vernünftigen Zusammenarbeit aufgrund einer für beide Partner akzeptablen Auftragsgestaltung schnell zu beseitigen sind.

Vorgehensweise bei der Auftragsvergabe

Lieferantenleistung

genaue Systemausstattung
evtl. Optionen
Softwaremodule
Erweiterungsoptionen
Dienstleistungen
• Installation
• Inbetriebnahme
• Parametrierung
• Schulung
• Wartung
• Hot-line
• Service
Ausweiserstellung
Termine

eigene Leistungen

Installationsvorbereitungen
• Kabelverlegung
• Netzanschlüsse
Rechnerbereitstellung
Installationsleistungen
• Terminalmontage
• Terminalteilmontage
Parametrierung
Schulung
Ausweisdaten
Ausweiserstellung
Ausweisverteilung
Termine

↓

Preisfindung
Lieferungs- und Zahlungsbedingungen
Garantieleistungen

↓

Auftragsvergabe

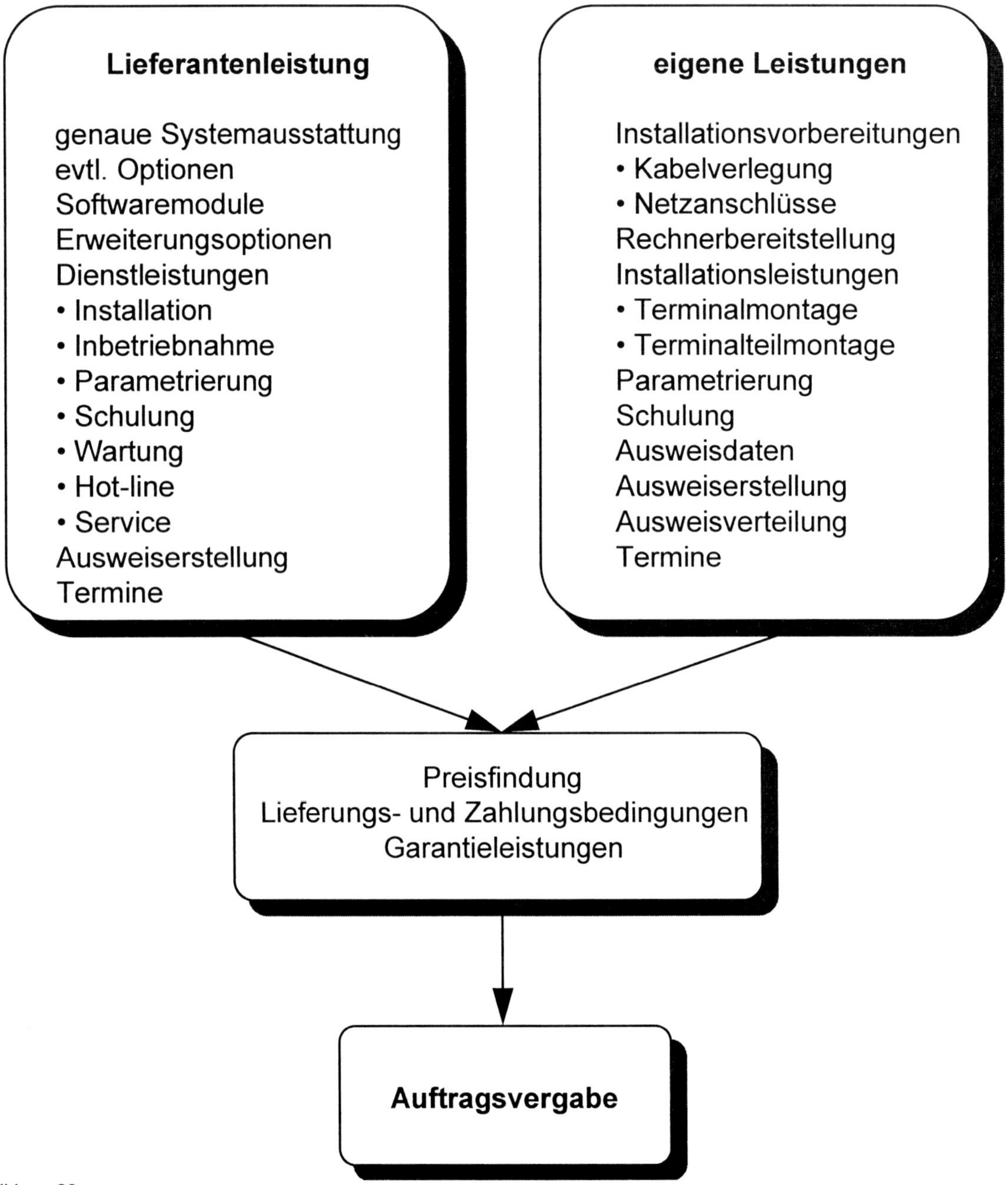

Abbildung 29

Die in der Abbildung 29 dargestellten Punkte unter Lieferanten- bzw. eigenen Leistungen sind als Aufzählung zu verstehen. Eine Verschiebung von einem in den anderen Bereich wird sich in der Praxis immer ergeben und richtet sich natürlich auch nach

- verfügbaren Mitarbeitern

- verfügbarer Qualifikation

- Kostensituation

- Terminsituation

Gerade die Termine sollten nicht zu eng gesetzt werden, weil die Erfahrung gezeigt hat, daß fast immer Verzögerungen auftreten. Diese sind dadurch bedingt, daß die mit der Abwicklung beauftragten eigenen Mitarbeiter zumeist nicht von anderen Aufgaben befreit werden, sondern die Einführung der Zeitwirtschaft zusätzlich als „Nebenbeschäftigung" betreiben (müssen). Wenn dann noch krankheitsbedingte Ausfälle hinzu kommen, sind die gesetzten Termine nicht mehr zu halten.

Denken Sie bei den Terminen aber auch an die Personalsituation Ihres Lieferanten. Wenn dieser zu stark unter Druck gesetzt wird, sagt er möglicherweise Termine zu, von denen er weiß, daß er sie nicht halten kann, aber er möchte ja den Auftrag nicht gefährden. Fordern Sie von ihm eine ehrliche Terminplanung mit entsprechender Sicherheit. Sollten sich trotzdem Verschiebungen ergeben müssen, sollten diese rechtzeitig vorgenommen werden. Wenn Erfassungsterminals schon 9 Monate im Betrieb hängen ohne daß die Mitarbeiter buchen, fördert dies nicht gerade die Akzeptanz bei den Mitarbeitern.

12. Betriebs- oder Dienstvereinbarung

Im Kapitel 4.4 unter Mitbestimmung wurde bereits der Ablauf der Mitbestimmungsphase mit dem Ziel des Abschlusses einer Betriebsvereinbarung erläutert. Es ist nicht Ziel dieses Leitfadens, die Betriebsvereinbarung an sich zu beschreiben, sondern den Teil, der für die Einführung der computergesteuerten Zeitwirtschaft zuständig ist, im Normalfall also eine Ergänzung zu einer bestehenden Betriebsvereinbarung.

12.1 Betriebsvereinbarungen aus der Sicht der Gewerkschaften

Als Information und Handlungsmöglichkeit für Betriebsratsmitglieder werden von verschiedenen Gewerkschaften schon seit einigen Jahren Broschüren zum Thema Zeiterfassung und Zutrittskontrolle herausgegeben. So wie sich die Haltung der Gewerkschaften zum Thema Arbeitszeitflexibilisierung gewandelt und den Erfordernissen angepaßt hat, ist aus den neuesten Veröffentlichungen eine wesentlich moderatere Vorgehensweise für Betriebsräte erkennbar.

Die von der DGB Technologieberatung e.V. Berlin 1990 herausgegebene Broschüre mit dem Titel "Pünktlich ... im Computer"bedient sich zum Teil noch einer beinhahe klassenkämpferischen Ausdrucksweise: "Der allgemein übliche Gebrauch des Begriffs "Fehlzeit" für Abwesenheitsgründe vom Arbeitsplatz wie beispielsweise Urlaub, Mutterschutz, Weiterbildungsmaßnahme usw. zeigt, was Arbeitgeber im Endeffekt davon halten, wenn Arbeitnehmerinnen und Arbeitnehmer ihre legitimen Rechte wahrnehmen. Diese, in Jahrzehnten erkämpften Rechte gelten einfach als "Fehlen" im Betrieb!"

Folgerichtig wird für den Abschluß einer Betriebsvereinbarung empfohlen, daß als Abwesenheitsgründe ausschließlich Urlaub, Krank, sonstige bezahlte Abwesenheiten und unbezahlte Abwesenheit eingegeben werden dürfen. Hier wurde wohl verkannt, daß je nach Art der Abwesenheit unterschiedliche Lohnarten zum Teil mit unterschiedlichen Zuschlägen (z.B. Hätteschicht) je nach Tarifvertrag erforderlich sind. An anderer Stelle heißt es in der erwähnten Broschüre unter dem Titel Vorteile für Arbeitnehmerinnen und Arbeitnehmer: "Doch neben Arbeitgebern haben auch Arbeitnehmerinnen und Arbeitnehmer ein Interesse an der richtigen und genauen Erfassung ihrer Arbeitszeit. Für sie ist dies besonders wichtig, weil so die geleisteten Arbeits- und Überstunden genauestens festgehalten und entsprechend entlohnt werden können sowie ein Nachweis über das Einhalten der tarif- und einzelvertraglichen Regelungen des Arbeitsverhältnisses möglich wird. Exakte Zeiterfassung ist somit eine der wesentlichen Grundvoraussetzungen für das ordnungsgemäße Durchführen der Lohn- und Gehaltsabrechnungen in den Betrieben und Verwaltungen. Diese Erfassung kann jedoch auf den unterschiedlichsten Wegen erfolgen und ist keineswegs an irgendwelche computergestützten Zeiterfassungssysteme gebunden." (Ende des Zitats.)

In der im April 1994 von der Hans-Böckler-Stiftung in Zusammenarbeit mit der Gewerkschaft Nahrung-Genuss-Gaststätten 2. überarbeiteten Auflage der Broschüre "Zeiterfassung und Zugangskontrolle" wird den heutigen Anforderungen schon wesentlich mehr Rechnung getragen. Im Kapitel "Möglichkeiten zur organisatorischen

Veränderung durch Zeiterfassungs- und Zugangskontrollsysteme" heißt es: " Zeiterfassungs- und Zugangskontrollsysteme können einerseits eingesetzt werden, um im Betrieb bereits vorhandene Arbeitszeitformen (wie z.B. Gleitzeit oder Schichtarbeit) zu verwalten oder andererseits um neue flexible Arbeitszeitmodelle einzuführen bzw. deren Einführung zu unterstützen. Bei zahlreichen, sehr stark differierenden Arbeitszeitformen (mehr als 30 verschiedene Arbeitszeiten in einem Betrieb sind mittlerweile keine Seltenheit mehr), bei denen zusätzlich die Länge und Lage der täglichen und wöchentlichen Arbeitszeiten variiert, ist ein riesiger Verwaltungsaufwand erforderlich, nicht nur zur

- Verwaltung der erfaßten Zeiten, sondern vor allem zur

- zeitlich optimalen Steuerung des Personaleinsatzes.

Ohne den Einsatz der EDV wäre dies wirtschaftlich kaum möglich. Darum sind Zeiterfassungssysteme (Zugangskontrollsysteme haben hierbei noch einen anderen Stellenwert) die technische Voraussetzung zur (wirtschaftlichen) Einführung flexibler Arbeitszeiten." (Ende des Zitats)

Im Kapitel über die möglichen Folgen für die Arbeitnehmer/innen, speziell der möglichen Nachteile wird jedoch der "Kontrollaspekt" als "deutlich im Vordergrund stehend" hervorgehoben. Die als Möglichkeit bei entsprechender technischen Ausstattung (Abfragesprache) aufgeführten Beispiele sind leider m.E. tendenziös und schmälern den guten Gesamteindruck der Broschüre, weil sie relativ neutral gehaltenen wurde und eindeutig informativen Charakter hat.

In meiner langjährigen Praxis habe ich Wünsche an die Auswertungen mit diesen Inhalten noch nicht vernommen:

- "seit 5 Jahren drei Fehltage vor oder nach dem Hochzeitstag (Geburtstag)",

- "seit November auffällig viele Gänge in Abteilung X mit rund halbstündigen Aufenthalt (Arbeitsplatz der Ehefrau/Freundin)",

- "alleinerziehende Elternteile haben die geringste Überstundenbereitschaft",

- "die Mitarbeiterin Ziegler, alleinerziehende Mutter, hat hohe Fehlzeiten durch Kurzerkrankungen und Kernarbeitszeitverletzungen",

- "der Facharbeiter Meier war im März 1994 13mal für durchschnittlich 47 Minuten in dem Gebäudeteil, in dem sich das Betriebsratsgebäude befindet."

Die Aussage bleiben, daß "diese Systeme jedoch auch Einblicke in die privaten Lebensgewohnheiten der Arbeitnehmer/innen und Auskünfte über private Kontakte im Betrieb ermöglichen," kann allerdings so nicht stehen bleiben. Wie sollen über Buchungen an Erfassungsterminals im Betrieb private Kontakte oder Lebensgewohnheiten nachweisbar sein?

Positiv ist folgende Aussage zu bewerten, obwohl sie noch unter mögliche Nachteile eingeordnet ist: "Daten der Zeiterfassungs- und Zugangskontrollsysteme werden jedoch nicht nur zur Kontrolle des Verhaltens der Arbeitnehmer eingesetzt. Transparente Arbeitsabläufe ermöglichen eine permanente "Schwachstellenanalyse" und zeigen neben den Rationalisierungseffekten der Zeiterfassungssysteme selbst zusätzliche Rationalisierungspotentiale auf. Insbesondere beim gemeinsamen Einsatz von Zeiterfassung und Betriebsdatenerfassungssystemen zur Auftragsdatenerfassung werden Rationalisierungspotentiale durch

- die Umgestaltung von Arbeitsplätzen und betrieblichen Abläufen,

- die Offenlegung und Herausnahme von unproduktiven Zeiten,

- den Abbau von "sozialen Schutznischen" wie Schubladenzeiten

- oder der Produktivitätserhöhung durch eine permanente Leistungssteigerung

möglich." (Ende des Zitats)

In den vorher erwähnten beiden Broschüren wird der wünschenswerte Inhalt einer Betriebsvereinbarung als äußerst umfangreich dargestellt. So soll z.B. "die Festschreibung der eingesetzten Hard- und Software mit allen Bestandteilen und Ausbaustufen" innerhalb der Betriebsvereinbarung gefordert. In Beispielen wird erläutert, was darunter zu verstehen ist:

- Rechnerart, Betriebssystem und Hersteller

- Kapazität des Arbeitsspeichers und der Platte

- Anzahl und Art der Bedienterminals

- Hardwareschnittstelle zum vorhandenen Entgeltabrechnungssystem

- Anzahl, Typ und Hersteller der Zeiterfassungsterminals

- Schnittstelle der Zeiterfassungsterminals

- Programmname, Version und Hersteller

- Eingesetzte Datenbank und Schnittstellenmodule

Die vom System benötigten Stamm- und Bewegungsdaten sollen als Anlage beigefügt und "sinnvollerweise folgende Informationen enthalten":

- Datensatz des Erfassungsterminals

- Name der Datenbankdateien

- Name, Art und Länge der Datenfelder

- Inhalt der Schlüsselfelder, z.B. Abwesenheitsgründe

Wörtlich heißt es dann: "Natürlich ist es auch möglich, die Daten direkt in der Betriebsvereinbarung zu regeln oder eine bestehende Systemdokumentation zum Inhalt der Betriebsvereinbarung zu machen."Zur Regelung von Zugriffen sollen Bildschirmmasken mit allen Anzeigefeldern, der Zugriffsberechtigung und der Zweck des Zugriffs dargestellt werden. Ebenfalls sollen alle Auswertungen in Form von Listen und Bildschirmanzeigen als Anhang beigefügt werden.

Eine Betriebsvereinbarung mit diesen Inhalten würde bei den heutigen systemtechnischen Möglichkeiten ein mehrhundertseitiges Werk darstellen. Das größte Problem besteht aber darin, daß die Leistung damit eingefroren ist. Hardwareaustausch aus technischen Gründen mit Nachfolgemodellen (weil die alten Modelle nicht mehr verfügbar sind) sind ohne Änderung der Betriebsvereinbarung nicht möglich. Softwarereleasewechsel aus funktionalen oder rechtlichen bzw. tariflichen Gründen haben die gleichen Probleme. Hier müssen einfach andere Regelungen gefunden werden, die dem Sicherheitsbedürfnis des Betriebsrates entgegenkommen; Regelungen, die jedoch auch praktikabel sind und das Miteinander fördern.

12.2 Vorschlag zur Betriebsvereinbarung

Die folgenden, aus verschiedenen Betriebsvereinbarungen, auch aus den Vorschlägen der Gewerkschaften, entnommenen Formulierungen bieten m.E. einen guten Kompromiß. Sie erheben jedoch keinen Anspruch auf Vollständigkeit.

§ 1   Regelungsgegenstand

Gegenstand dieser Vereinbarung ist die Einführung der computergesteuerten Personalzeiterfassung in den Werksbereichen A, B und C.

§ 2   Geltungsbereich

Diese Betriebsvereinbarung gilt für alle Mitarbeiter der Werksbereiche A, B und C mit Ausnahme von X,Y und Z.

§ 3   Grundsatz

Die Anwendung des Systems erfolgt in Übereinstimmung mit allen geltenden Tarifverträgen und Betriebsvereinbarungen sowie gesetzlichen Regelungen. Die zum Zwecke der Anwesenheitserfassung und Lohn- und Gehaltsfindung erfaßten und gespeicherten Daten und deren Auswertungen werden nicht zur Leistungs- oder Verhaltenskontrolle herangezogen. Darüberhinaus besteht Einigkeit, daß Zugriff auf die gespeicherten Daten neben den betroffenen Beschäftigten, die jederzeit dfie Möglichkeit haben, ihre Daten einzusehen, nur diejenigen Mitarbeiter haben, deren Aufgabe unmittelbar mit der Nutzung der Daten zusammenhängt.

§ 4   Systemeinführung

Die computergesteuerte Zeiterfassung wird zunächst in ausgewählten Bereichen eingeführt. Nach Sicherstellung des störungsfreien Betriebes und Festlegung der erforderlichen Ablauforganisation erfolgt die Einführung in allen Teilen der Werksbereiche lt. § 1 und 2. Erkenntnisse aus dem Probelauf, die zu Änderungen führen könnten, werden mit dem Betriebsrat vereinbart. Nach dem derzeitigen Stand ist der Echtbetrieb zum Datum oder Quartal 199x vorgesehen.

§ 5 Software des Systems

Die Software des Systems entspricht den gemeinsam mit dem Betriebsrat festgelegten Leistungsmerkmalen des Pflichtenheftes. Änderungen in der Leistung durch neue Release- oder Versionsstände sind dem Betriebsrat unverzüglich anzuzeigen.

§ 6 Hardware des Systems

Die Hardware des Systems entspricht den gemeinsam mit dem Betriebsrat festgelegten Leistungsmerkmalen des Pflichtenheftes. (Eventuell Hersteller und Typ der Erfassungsterminals) Die Standorte der Erfassungsterminals sind in der Anlage 1 geregelt. Die Aufstellung von weiteren Geräten erfordert die Zustimmung des Betriebsrats.

§ 7 Mitarbeiterzeitkonto

Jeder Mitarbeiter erhält mit der monatlichen Entgeldabrechnung sein Zeitkonto für den abgeschlossenen Monat für die Dauer von zunächst 6 Monaten. Mit dem Betriebsrat zusammen wird der weitere Bedarf überprüft. Unabhängig davon kann jeder Mitarbeiter sowie der Abteilungsleiter zur ordnungsgemäßen Erfüllung seiner Leitungsfunktion zu Kontrollzwecken und zur Klärung von Unstimmigkeiten einen Zwischenausdruck erhalten.

§ 8 Kontrollrechte des Betriebsrats

Der Betriebsrat hat das Recht, sich jederzeit darüber zu informieren, ob beim Einsatz des Systems die gesetzlichen und die in dieser Betriebsvereinbarung geregelten Bestimmungen eingehalten werden. Vom Betriebsrat bestimmte Mitglieder werden zur Erledigung dieser Kontrollaufgaben durch Schulungsmaßnahmen qualifiziert.

§ 9 Schlußbestimmungen

Inkrafttreten und Gültigkeit.

Ich bin mir bewußt, daß solch eine Betriebsvereinbarung nur bei einem guten Verhältnis der Sozialpartner zustande kommt, aber gerade das sollte doch wohl das Ziel in jedem Unternehmen sein. Eine 20seitige Betriebsvereinbarung bietet auch keine Sicherheit vor Auseinandersetzungen. Letztlich kann beinahe jede Formulierung auch anders gedeutet werden. Bei der Betriebsvereinbarung ist es wie mit jedem Vertrag: das beste ist, man braucht ihn nicht.

13. Das organisatorische Umfeld

Es ist eigentlich eine Binsenweisheit, daß ein DV-System ohne die dazugehörende Organisation in seiner Wirkungsweise nicht optimal sein kann. Trotzdem wird leider in der Praxis oft genug zu wenig Augenmerk auf das organisatorische Umfeld gelegt. Anders als jeder andere Organisationsablauf mit Ausnahme der Entgeltabrechnung innerhalb eines Unternehmens betrifft die Zeitwirtschaft alle Mitarbeiter. Fehler bzw. Schwachstellen im Ablauf haben also weitaus größere Folgen als in einem anderen organisatorischen Teilbereich. Gerade für die Zeit der Einführung des Systems trägt die organisatorische Vorbereitung zum reibungslosen Ablauf erheblich bei und muß unter dem Gesichtspunkt der Akzeptanz gesehen werden.

13.1 Festlegen von Verantwortlichkeiten

Ohne eine klare Definition der verantwortlichen Aufgaben und der dazugehörigen Mitarbeiter wird sich immer einer auf den anderen verlassen. Die Folge ist vielfach, daß Aufgaben gar nicht oder nur halbherzig erledigt werden. Dies kann katastrophale Auswirkungen haben, wenn Sie nur an die notwendige Datensicherung denken. Es ist mir in meiner früheren Praxis im Vertrieb solcher Systeme gar nicht so wenig passiert, daß Kunden bei Systemausfall mit Plattencrash keine aktuelle Datensicherung hatten und auf die letzte Sicherungskopie bei Releasewechsel, die durch die Servicetechniker durchgeführt wurde, zurückgreifen mußten.

Zum Teil wurden die einzelnen Aufgabenbereiche bereits in den zugehörigen Kapiteln besprochen, sie sollen an dieser Stelle jedoch nochmals im Zusammenhang aufgeführt werden.

- Gesamtsystemverantwortlicher

- Systembedienung und Ersatzkräfte
  Abstimmung zwischen Korrektureingaben, Stammdatenänderungen und Parametrieraufgaben

- Schulungsplan und -umfang beim Hersteller

- Schulungssplan und -umfang im Hause für Systembediener mit Teilaufgaben und eventuell Zeitbeauftragte

- Festlegung der Teilaufgaben und Paßworte

- Zeitbeauftragte
  Werden Zeitbeauftragte als dezentrale Auskunftsstellen und zur Weitergabe von Informationen benötigt?

- Wer führt die Datensicherung durch?
  Wenn die Datensicherung durch eine Funktion automatisiert werden kann, muß der rechtzeitige Wechsel des Datenträgers zwingend vorgenommen werden.

- Wer ist zuständig bei Störungen für eventuellen Austausch eines Erfassungsterminals, Meldung an den Lieferanten, Hochfahren des Rechners oder Netzes etc.?

- Wer gibt neue Ausweise aus und verwaltet die Ersatzausweise?

13.2 Ausdruck und Verteilung von Auswertungen und Listen

Welche Auswertungen und Listen benötigt werden, ist im Pflichtenheft eindeutig geregelt. Es steht auch noch fest, wer die Informationen erhält. Der Betriebsrat hat sicherlich ein Interesse daran zu erfahren, wie die enthaltenen Informationen weiterverwertet werden. Kaum geregelt wird jedoch, wie die Listen zum Empfänger gelangen.

Für das Monatsjournal des Mitarbeiters gilt folgender Klärungsbedarf:

- Wird der Ausdruck generell vorgenommen oder nur auf Anforderung des Mitarbeiters?

- Erfolgt der Ausdruck offen oder verdeckt wie z.B. die Entgeltabrechnung?

- Wie ist die Versandart zum Mitarbeiter?
  offen mit der Hauspost (Probleme mit dem Datenschutz?)
  im verschlossenen Umschlag mit oder ohne Fenster (bei Fensterumschlag ist die Form des Ausdrucks zu beachten)
  über den Vorgesetzten mit Möglichkeit der Einsichtnahme?

- Anforderung des Ausdrucks durch die Mitarbeiter selbst an einem speziell dafür vorgesehen Drucker?
  In diesem Falle sind der oder die Aufstellungsorte, Druckerart, Papierführung, Verantwortlichkeit für Nachfüllung von Druckerpapier zu beachten.

Für die Verteilung von Abteilungsinformationen und Statistiken gilt sinngemäß das gleiche. Es empfiehlt sich, diese Fragen mit dem betrieblichen Datenschutzbeauftragten zu erörtern.

13.3 Korrekturbelege und Genehmigungsverfahren

Korrekturbelege dienen zur Definition und als Vorlage zur Dateneingabe bei Abwesenheiten. Sie können gleichzeitig sinnvollerweise die entsprechenden Genehmigungsvermerke durch Vorgesetzte tragen. Reine Genehmigungsbelege kann es beispielsweise für Dienstreisen oder Überstunden geben. Die eigentliche Erfassung dieser Zeitarten kann in beiden Fällen automatisch vom System vorgenommen werden. Bei der Dienstreise setzt dies allerdings eine pauschale Stundengutschrift pro Tagesart voraus. Um mehrere unterschiedlichen Belegen zu vermeiden, hat sich in der Praxis der kombinierte Beleg mit der Möglichkeit des Ankreuzens durch den Mitarbeiter bewährt. Je nach Anzahl der Fehlgründe werden alle oder nur die wesent-

Muster	Abwesenheitsmeldungen Urlaubsanträge	Datum
Personalnummer	Name	Abteilung

I. Urlaubsantrag

	am / von Datum	bis Datum
☐ 15 Tarifurlaub		
☐ 16 Bildungsurlaub		
☐ 17 Erziehungsurlaub		

Mitarbeiter	Abteilungsleitung	Personalverwaltung

II. Abwesenheitsmeldungen

	Datum von	Datum bis	Uhrzeit von ...bis
☐ 1 Dienstgang			
☐ 2 Dienstreise			
☐ 3 Freizeitausgleich			
☐ 4 Gleittag			
☐ 5 Arztbesuch			
☐ 6 indiv. Brückentag			
☐ 7 tarifliche Freistellung			
☐ 8 Krankheit Kind			
☐ 9 Krank			
☐ 10 Kur			
☐ 11 Nachkur			
☐ 12 Mutterschutz			
☐ 13 Wehrübung			
☐ 14 Aus- und Fortbildung			

Mitarbeiter	Abteilungsleitung	Personalverwaltung

III. Korrekturbuchungen

		Uhrzeit von	Uhrzeit bis
☐ Kommt vergessen	☐ Geht vergessen		
☐ Kommt/Geht verg.	☐		

Mitarbeiter	Pförtner	Personalverwaltung

Abbildung 20

lichsten vorgedruckt, so daß der Mitarbeiter nur die Zeitspanne eintragen muß. Ein ausgefülltes Muster auf der Rückseite erleichtert zusätzlich die Handhabung und bewahrt vor zeitraubenden Rückfragen. Als Kombination für Urlaubsantrag, Abwesenheitsmeldung und Korrekturbuchung ist der überwiegende Teil der Korrekturen mit einem Beleg abzuarbeiten. Als Ausnahme werden Dienstreisegenehmigungen vielfach mit der Reisekostenabrechnung in einem anderen Beleg zusammengefaßt.

Die Abbildung 30 zeigt als Beispiel die Möglichkeit eines solchen kombinierten Beleges. Die Gegenzeichnung durch den Pförtner bei nicht durchzuführenden Buchungen aufgrund vergessener Ausweise bietet einmal die Kontrollmöglichkeit der tatsächlichen Uhrzeit, ist aber nur möglich, wenn z.B. in einem größeren Verwaltungsgebäude die Terminals in Sichtweite der Pförtner installiert sind. Die Korrekturbelege können in diesem Fall in Blockform direkt beim Pförtner ausliegen.

Der gesamte Bereich der beinflußten Umfeldorganisation wird in der Abbildung 31 verdeutlicht. Es empfiehlt sich, spätestens während der Testphase alle angesprochenen Abläufe eindeutig zu klären und festzuschreiben. Wenn innerhalb des Echtbetriebs noch Unklarheiten bestehen, so führen diese meist zu Reibungsverlusten im betrieblichen Ablauf und zu Akzeptanzverlusten bei den Mitarbeitern.

Personalzeitwirtschaft und Umfeldorganisation

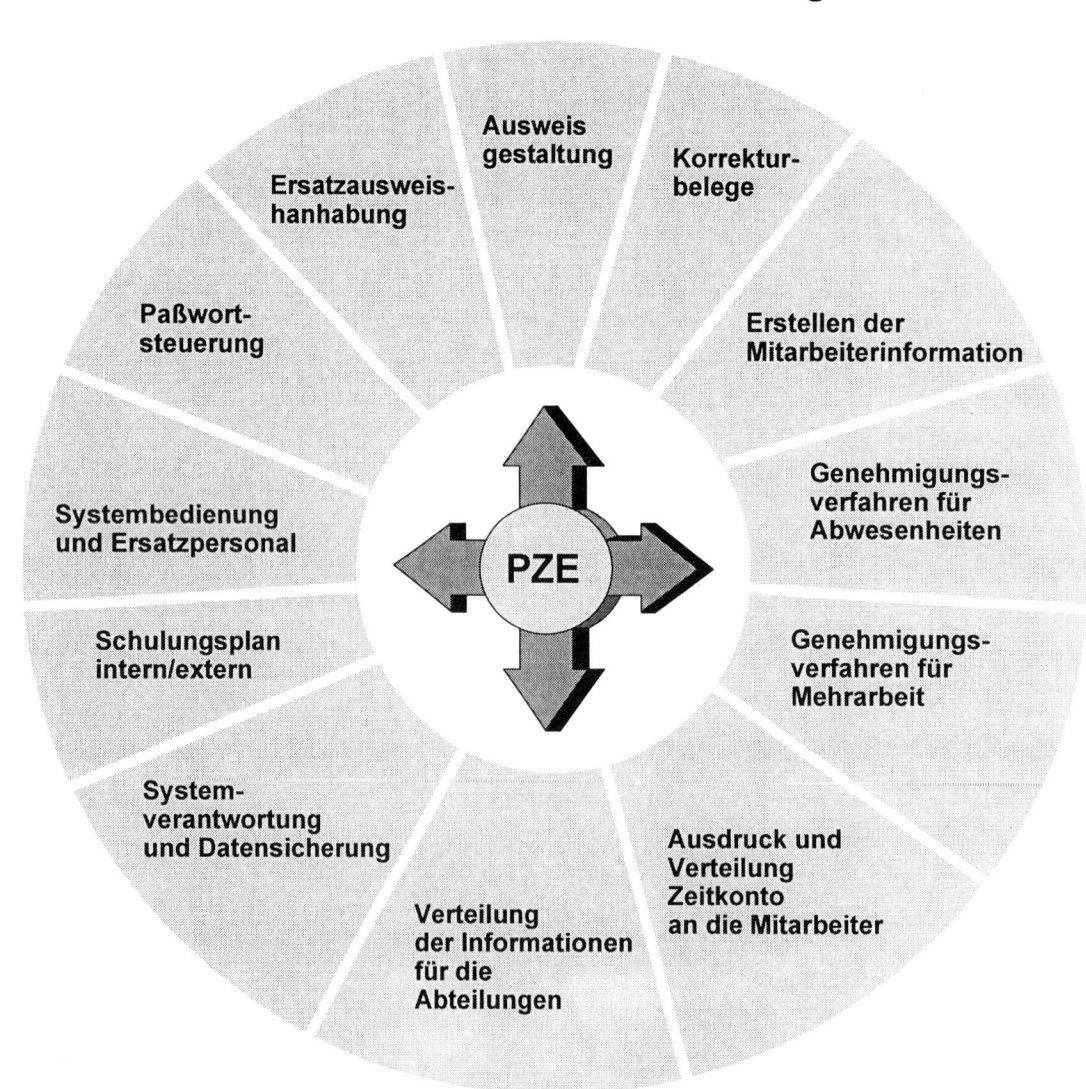

Abbildung 31

14. Projektmanagement

14.1 Systeminstallation

Damit der Auftragnehmer die Hard- und Software installieren kann, müssen die entsprechenden Vorbereitungen getroffen werden und abgeschlossen sein. Dies ist natürlich selbstverständlich wie viele von mir angeführten Punkte, aber leider aus langjähriger praktischer Erfahrung oftmals doch nicht so, sondern so:

Der Haustechniker/elektriker versichert Ihnen, „morgen liegen alle Kabel". Sie geben dies dem Lieferanten so weiter, der kommt und stellt fest, daß einmal nicht alle Kabel liegen, daß sie zum Teil nicht abgeschirmt sind oder die Abschirmung nicht aufgelegt ist, daß der zugesagte Rangierverteiler nicht installiert ist usw. usw. Die Installationstechniker ziehen wieder ab, sie bekommen später eine Rechnung über Fahrtkosten und Wartezeiten, der festgelegte Termin ist nicht mehr zu halten und der Ärger ist da.

Wer hat hier Schuld? Eigentlich alle Beteiligten. Der Verantwortliche beim Anwender hat die Installationsvorbereitungen nicht überprüft, vielleicht auch deshalb, weil er von der Technik keine Ahnung hat, und der Verantwortliche beim Lieferanten hat zu wenig oder keine aussagefähigen Unterlagen zur Installationsvorbereitung zur Verfügung gestellt. Mit einem Wort: es fehlt das Projektmanagement.

Immer größer werdende Anforderungen an den organisatorischen Ablauf und die Integration in viele Unternehmensbereiche setzen immer komplexer werdende Systeme voraus. Diese Entwicklung macht es zwingend notwendig, Projekte systematisch zu planen, zu koordinieren und abzuwickeln, also ein wirksames Projektmanagement durchzuführen. Dies ist umso wichtiger, je mehr unterschiedliche Lieferanten bzw. Informanten an einem Projekt beteiligt sind. Welche Aufgaben müssen vom Projektmanagement erfüllt werden?

- Klärung der Terminalstandorte und der Montageart

- Klärung der Kabeldimension und -verlegung mit Technischer Abteilung oder Fremdfirma

- Zurverfügungstellung von spezifischen Kabelplänen

- Unterstützung bei der Auswahl von elektrischen Türöffnern etc. bei Zutrittskontrolle

- Klärung der elektrischen Kontakte und Wertigkeiten von Türöffnern, Schranken, Drehtüren, Rolltoren etc.

- Klärung der Notstromversorgung

- Klärung von Kontakten und Schnittstellen zu Alarmanlagen und Zentraler Leittechnik (ZLT), Videokameras und Schleusensysteme

- Einbindung in vorhandene oder zukünftige Netzwerktopologie
- Bidirektionaler Datentransfer zu HOST-Systemen
- Schnittstellen zu Lohn- und Gehaltsprogrammen, BDE, PPS und Leitstand

Folgende Ziele sollen mit einem wirkungsvollen Projektmanagement erreicht werden:

- Definition eines Projektverantwortlichen beim Anwender und beim Lieferanten
- Koordination aller Aktivitäten
- Sichere Entscheidungshilfen
- Sichere Terminplanung
- Kostentransparenz
- Permanente Übersicht über den Projektfortschritt
- Frühzeitiges Erkennen von auftretenden Problemen
- Erkennen von Abweichungen von der Planung
- Dokumentation des Projektablaufes

Um auf den zu Anfang dieses Kapitels geschilderten Fall zurückzukommen, was hätte anders laufen müssen? Zunächst sollte es klar sein, daß der Lieferant eindeutige verständliche Unterlagen zur Verlegung der Datenkabel zur Verfügung stellt. Installationszeichnungen mit eingezeichneten max. Kabellängen, Kabeldimensionen, Verteilungskästen etc. sind hier sehr hilfreich. Im Rahmen des Projektmanagements werden diese Unterlagen mit den ausführenden Mitarbeitern oder Fremdfirmen besprochen und eventuelle Unklarheiten beseitigt. Eine Checkliste wird übergeben, in der alle durchzuführenden Arbeiten aufgeführt sind. Der durchführende Installateur hakt die erledigten Arbeiten und Beschaffungen von z.B. elektrischen Türöffnern für die Zutrittskontrolle ab und schickt diese Checkliste als Fertigmeldung an den Lieferanten. Je nach Komplexität der Installation kann vor Beginn der Systeminstallation eine Abnahme durch den Lieferanten im Rahmen des kostenpflichtigen Projektmanagements sinnvoll sein.

Checklisten haben auch Sinn für die Überprüfung der Systemvoraussetzungen innerhalb des Netzwerkes, sowohl für die Hardware als auch für die Software. Bei der Installation der Software auf vorhandenen Rechnern oder im Netz ist es zwingend erforderlich, daß der Netzwerkverantwortliche dabei ist und die Zuteilung der Ressourcen überwacht bzw. bestimmt. Es darf einfach nicht passieren, daß der Lieferant zur Softwareinstallation anrückt und z.B. zu wenig freier Speicher verfügbar ist. Die Systemvoraussetzungen müssen bekannt sein (siehe Kapitel über Angebotsaufbau) und eingehalten werden.

14.2 Inbetriebnahme

Die Inbetriebnahme und mängelfreie Übergabe des Systems ist Aufgabe des Lieferanten. Der Anwender sollte überprüfen, ob alle bestellten Module und Funktionen im Lieferumfang enthalten sind. Dies trifft vor allem für die definierten und im Pflichtenheft enthaltenen Listen und Auswertungen sowie die parametrierten Verfahrensregeln zu. Der Lieferant muß ja entsprechende Tests gefahren haben, so daß Testausdrucke zur einer ersten Kontrolle herangezogen werden können. Bei der Installation in einem vorhandenen Netzwerk müssen auch die allgemeinen Netzwerkfunktionen getestet werden.

Es ist sinnvoll, wenn der Lieferant eine Checkliste zur Überprüfung und Systemabnahme vorlegt.

15. Systemschulung

Bedienungskomfort, wie Menütechnik, Karteieinblendungen, Helpfunktionen und Bedienungshinweise sind leider kein Ersatz für eine umfassende Schulung der Bedienungskräfte und Systemverantwortlichen. Dabei ist die reine Systembedienung der kleinere Teil und wird durch die genannten Hilfen wesentlich unterstützt und vereinfacht. Je komplexer ein System ist, je mehr Parameter müssen beachtet werden. Das Zusammenspiel aller wichtigen Systemeinstellungen muß dem Anwender vermittelt werden, damit er in die Lage versetzt wird, sein System zu pflegen und den größtmöglichen Nutzen zu erzielen.

Systemschulung

beim Lieferanten

welche Mitarbeiter

welche Aufgaben
  Parametrierung
  Systembedienung

wie lange

Unterlagen vorbereiten
  Arbeitszeitmodelle
  Fehlgründe
  Tarifvertrag
  Betriebsvereinbarung

im Betrieb

welche Mitarbeiter

Systembedienung
  Teilaufgaben

wie lange

Schulungssystem/
Netzwerk vorbereiten

Abbildung 32

Grundsätzlich müssen die kompletten Schulungen beim Lieferanten und die In-house-Schulungen unterschieden werden. Parametrierung und grundsätzliche Systemkenntnisse werden wohl immer vom Hersteller geschult werden. Teilaufgaben der Systempflege, also Korrektureingaben und Fehlgrundbearbeitung auf Abteilungs- oder Zeitbeauftragten-Ebene, können relativ gut im Hause geschult werden. Aber auch hier ist eine gewissenhafte Vorbereitung mit Beispielabläufen aus der Praxis zwingend.

Zur Schulung beim Lieferanten sollten Sie Ihre Daten mitbringen. Einmal ist es für die Mitarbeiter leichter, mit gewohnten Daten umzugehen, zu anderen können die eingegebenen Daten später direkt verwendet werden. Lassen Sie sich nicht auf die sog. Spieldaten der Lieferanten ein, die häufig zu einfach strukturiert sind.

Der Inhalt der Schulung wird von der Anwendung bestimmt. Grundsätzlich sollten jedoch folgende Punkte behandelt werden, die im Inhalt variieren und angepaßt werden müsse:

- Grundaufbau des Systems und allgemeiner Überblick

- Zuordnung von Mitarbeitern zu Selektionsbegriffen

- Zeitsteuerung: Definition von Tagesprogrammen
  Definition von Wochenprogrammen
  Definition des Jahresprogramms

- Anlegen von Mitarbeiterstammsätzen

- Erweiterung der Zeitsteuerung: Tagesprogramme für Schichtarbeit
  Mehrarbeit und Überstunden
  Zuschläge

- Definition der benötigten Konten (Lohnarten)

- Fehlgrundparametrierung

- Buchungskorrekturen und Fehlzeitverwaltung

- Aufbau der Fehlzeitkartei

- Gruppendefinition

- Auswertungsarten, Listen und Journale

- On- und Offline-Betrieb und Datensicherung

16. Genereller Projektablauf für Teilbereiche

Der nachstehende Ablauf soll die Planung von Aktivitäten innerhalb des Projektablaufs verdeutlichen. Der Anstoß erfolgt durch einen Aktivitätenplan immer von der Projektgruppe aus. Dabei sollten die Leistungsmerkmale der vorhandenen Systeme

Genereller Ablauf für Projektteile

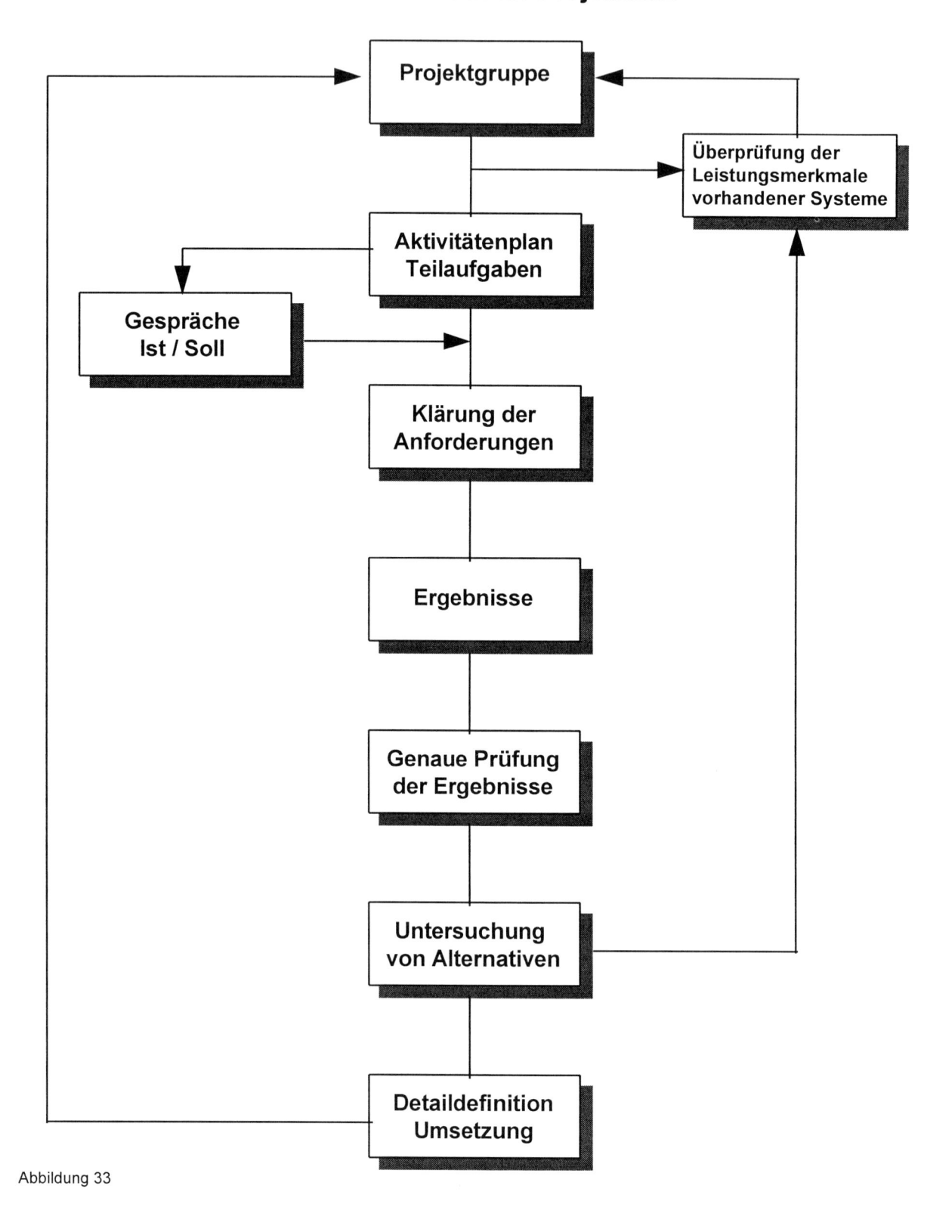

```
                    ┌──────────────┐
      ┌────────────▶│ Projektgruppe│◀────────────┐
      │             └──────┬───────┘             │
      │                    │                     │
      │                    │           ┌──────────────────┐
      │                    ├──────────▶│ Überprüfung der  │
      │                    │           │ Leistungsmerkmale│
      │                    │           │ vorhandener Systeme│
      │                    ▼           └──────────────────┘
      │           ┌──────────────┐              ▲
      │      ┌───▶│ Aktivitätenplan│             │
      │      │    │ Teilaufgaben │              │
      │      │    └──────┬───────┘              │
      │  ┌───┴──────┐    │                      │
      │  │ Gespräche│    │                      │
      │  │ Ist/Soll │────┤                      │
      │  └──────────┘    │                      │
      │                  ▼                      │
      │           ┌──────────────┐              │
      │           │ Klärung der  │              │
      │           │ Anforderungen│              │
      │           └──────┬───────┘              │
      │                  │                      │
      │                  ▼                      │
      │           ┌──────────────┐              │
      │           │  Ergebnisse  │              │
      │           └──────┬───────┘              │
      │                  │                      │
      │                  ▼                      │
      │           ┌──────────────┐              │
      │           │ Genaue Prüfung│             │
      │           │ der Ergebnisse│             │
      │           └──────┬───────┘              │
      │                  │                      │
      │                  ▼                      │
      │           ┌──────────────┐              │
      │           │ Untersuchung │──────────────┘
      │           │ von Alternativen│
      │           └──────┬───────┘
      │                  │
      │                  ▼
      │           ┌──────────────┐
      └───────────│ Detaildefinition│
                  │  Umsetzung   │
                  └──────────────┘
```

Abbildung 33

berücksichtigt werden. Dies erfordert gewisse Kenntnisse, die erworben werden müssen oder die Hinzuziehung eines Beraters erfordern. Durch den Aktivitätenplan, der die zu erledigenden Aufgaben den dafür verantwortlichen Mitarbeitern zuteilt, werden nach den notwendigen Gesprächen im Hause Ergebnisse vorgelegt, die mit den Zielen verglichen und auf Machbarkeit überprüft werden.

Eventuelle Alternativen können zu einem neuen Aktivitätenplan und zu anderen Ergebnissen führen. Diese Alternativen können auch von außen durch z.B. neue verfügbare Leistungsmerkmale erzeugt werden.

Grundsätzlich sollte dieser Organisationsablauf für alle Teilbereiche des Gesamtprojektes eingehalten werden. Das Projektteam wäre überfordert, wenn es alle Aufgaben selbst erledigen würde. Über den Aktivitätenplan werden die Sachgebiete mit ihren Spezialkenntnissen einbezogen. Eine Alternative wäre eine sehr große Projektgruppe, was aber häufig zu nicht effektiver Arbeitsweise führt. Außerdem wird durch die schriftliche Form des Aktivitätenplans eine gezieltere und genauere Ergebnisdarstellung gefördert.

17. Testphase und Echtbetrieb

Sukzessive mit der Schulung werden die Parameter festgelegt und damit beginnt auch die Testphase. Es wäre fatal, erst fertig zu parametrieren und dann zu testen. Zwangsläufige Fehler fallen im Test auf und können bei der weiteren Parametrierung entsprechend berücksichtigt werden. Einige Aufgaben können auch parallel abgewickelt werden.

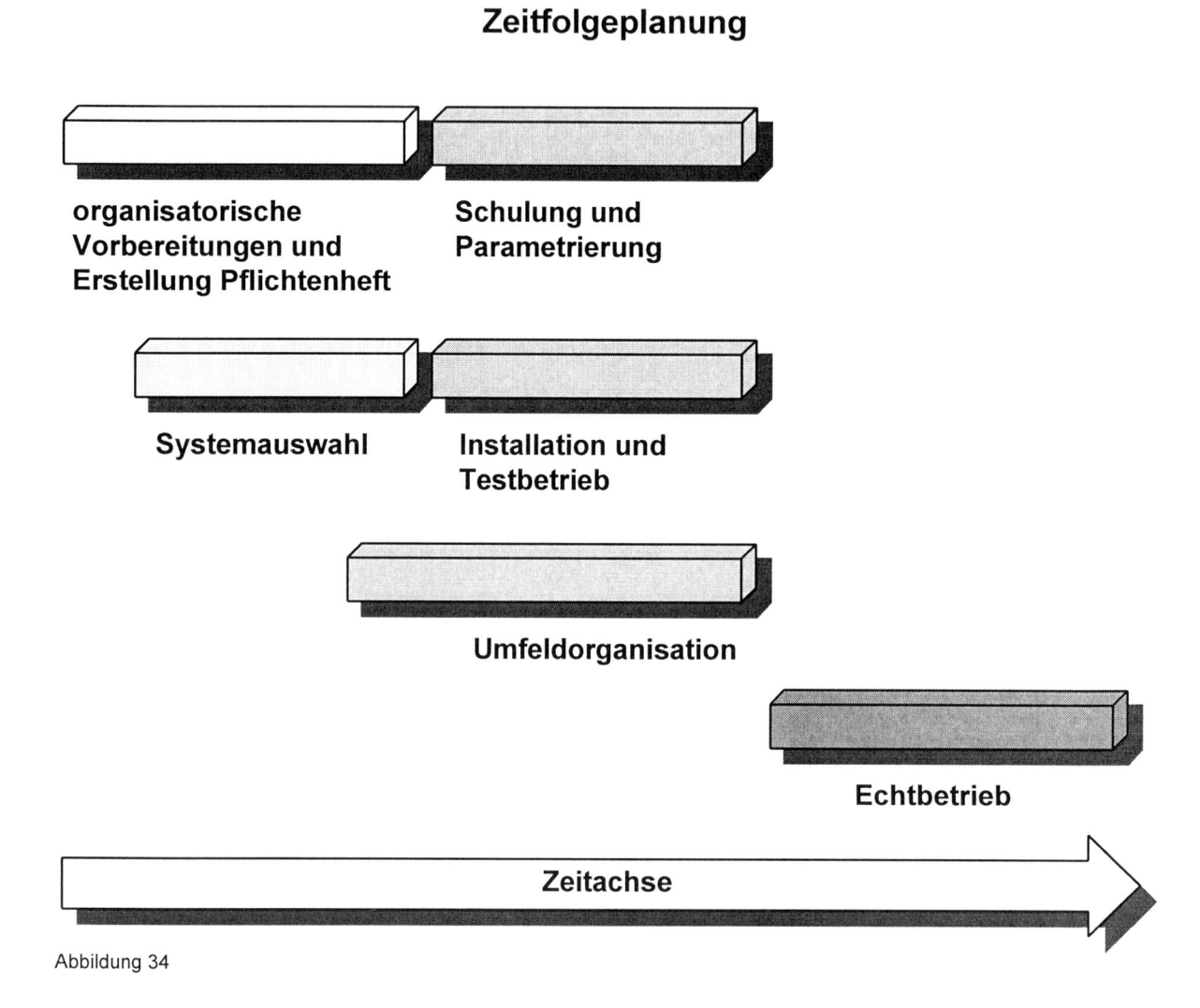

Zeitfolgeplanung

organisatorische Vorbereitungen und Erstellung Pflichtenheft

Schulung und Parametrierung

Systemauswahl

Installation und Testbetrieb

Umfeldorganisation

Echtbetrieb

Zeitachse

Abbildung 34

Für den Testbetrieb reserviert man sich einige Stammsätze, die dauerhaft als Teststammsätze zur Verfügung stehen, auch später im Echtbetrieb für die erforderlich werdenden Anpassungen. Sie werden in die Gruppierung „Test" genommen und daher nicht zu den Listen und Auswertungen herangezogen. Der Testbetrieb sollte mit wenigen ca. 20 - 30 Mitarbeitern beginnen und kontinuierlich auf weitere Mitarbeiter ausgeweitet werden. Alle Arbeitszeitmodelle müssen nacheinander in den Test einbezogen werden. Dabei ist es sinnvoll, nicht gleich mit den komplexesten Überstundenregelungen zu beginnen, sondern mit den einfacheren Tagesprogrammen, um Erfahrung in der Parametrierung zu sammeln.

Wenn Abrechnungsfunktionen und Verfahrensregeln vorhanden sind, müssen diese alle überprüft werden. Dazu kann man sich der Rückrechnung in den Systemen bedienen, in dem man für vergangene Zeiträume Werte und Bedingungen ändert und die Auswirkungen auf Monats- oder Wochenabschlüsse überprüft. Die im Pflichtenheft vorhandenen Rechenbeispiele leisten dazu gute Hilfestellung.

Der Echtbetrieb ergibt sich zwangsläufig dann, wenn alle Mitarbeiter übernommen wurden. Der Unterschied zum Testbetrieb besteht darin, daß die alte vorhandene Organisationsform als Sicherheit abgeschaltet wird. Test- und Echtbetrieb können bei größeren Mitarbeiterzahlen durchaus auch in mehreren Losgrößen vorgenommen werden. Auch die verschiedenen Anwendungen innerhalb der integrierten Zeitwirtschaft können teilweise voneinander abgekoppelt werden.

Der Echtbetrieb sollte auf jeden Fall erst dann erfolgen, wenn man sicher ist, daß alle Fehler beseitigt sind. Es werden auch dann noch Fehler bei gewissen Funktionen und Konstellationen auftreten, die aber keine großen Auswirkungen mehr haben. Es muß ganz eindeutig vermieden werden, daß eine größere Anzahl von Mitarbeitern mit Fehlern in der Zeitwirtschaft konfrontiert wird. Fehler im Testbetrieb werden, auch durch vernünftige Informationspolitik, von den Mitarbeitern toleriert, im Echtbetrieb dagegen setzt gleich großer Akzeptanzverlust ein.

18. Die wichtigen Informationen für die Mitarbeiter

Im Kapitel 5 wurde über die Mitarbeiterinformation durch die Anzeige der aktuellen für den Mitarbeiter wichtigen Konten und über das Monatsjournal gesprochen. Dem Mitarbeiter müssen aber auch der Gesamtablauf und die Ziele bekannt sein. Dazu eignet sich am besten eine kleine Informationsschrift, die alle wichtigen Abläufe beinhaltet und die neue Betriebsvereinbarung. Folgende wichtige Punkte müssen angesprochen und erläutert werden:

- **Terminalbedienung**
  Die vom Mitarbeiter durchzuführenden Funktionen müssen eingehend erläutert und dargestellt werden. Zusätzlich ist es sinnvoll, für die Anfangszeit ein Poster im A3-Format über jedes Terminal zu hängen.

- **Handhabung des Ausweises**
  Erläutert werden müssen: Leserichtung des Ausweises, eventuell Hinweis auf aufgedruckten Richtungspfeil, Art und Weise des Einsteckens oder Durchziehens, richtige Behandlung des Ausweises zur Erzielung einer langen Lebensdauer.

- **Korrekturbelege**
  Alle eingesetzten Korrekturbelege sollten als Beispiel ausgefüllt abgebildet sein mit Hinweisen, wo die Formulare erhältlich sind und wer sie abzeichnen muß.

- **Was tue ich bei Ausnahmesituationen, z.B.**
  vergessenem Ausweis
  verlorenenem Ausweis
  Ausweis wird nicht mehr gelesen
  Erfassungsterminal ist defekt
  Kontenanzeige stimmt nicht

- **Monatsjournal**
  Es ist nicht ausreichend, das Monatsjournal ohne weitergehende Erläuterungen einfach auszuhändigen. Eine Legende mit der Erklärung der Spalten und den vorgenommenen Verrechnungen sowie der Abschlußzeile tut gute Dienste und erspart vielfach nachträgliche Beseitigung von Mißverständnissen.

Beispiele von m.E. gelungenen Mitarbeiterinformationen als Originalabdruck finden Sie auf den nächsten Seiten, und zwar sowohl als Vorinformation, als gedrucktes Heftchen bei Beginn des Echtbetriebs und als Poster als Bedienungsanleitung der Terminals.

Beispiel 1: Stadt Frankfurt/M

Beispiel 2: 3M, Neuss

Beispiel 3: Diehl GmbH, Blankenheim

Städtische ZEITUNG

Herausgeber:
Presse- und Informationsamt
Redaktion:
Tel.: 212-37809, -36954,
Fax: -37763
Redaktionsbüro:
Römerberg 32
60311 Frankfurt am Main

Nummer 7 — Für die Mitarbeiterinnen und Mitarbeiter der Stadt Frankfurt am Main — September 1995

Chipkarte für flexible Arbeitszeit

Elektronische Stechuhren werden installiert

Elektronische Arbeitszeiterfassungsgeräte am Eingang von Dienstgebäuden werden bald zum vertrauten Inventar gehören. Erste „dienstliche" Tätigkeit dann am Morgen: Stechen. Nachdem die Magistratsvergabekommission zugestimmt hat, werden - voraussichtlich zwischen Mitte Oktober und Anfang November - die ersten drei elektronischen Arbeitszeiterfassungsgeräte im Technischen Rathaus installiert.

Stechen und flexibel arbeiten

Nach und nach werden alle dort Beschäftigten in das System der Computer-Stechuhr einbezogen und kommen somit in den Genuß der im Juli in Kraft getretenen flexiblen Arbeitszeitregelungen. Sie können dann monatlich bis zu 20 Arbeitsstunden als Zeitguthaben, bis zu zehn Fehlstunden als Zeitschuld ansammeln, an zwölf - davon jeweils drei aufeinanderfolgenden - Tagen pro Jahr Überstunden „abfeiern" oder die Mittagspause auf zweieinhalb Stunden ausdehnen.

Jede Mitarbeiterin und jeder Mitarbeiter erhält im Hauptamt eine eigene Chipkarte. Im Zeitalter der Elektronik dient diese nicht nur zum Erfassen der Arbeitszeit, sondern auch als Kantinenkarte sowie als Haus- oder Dienstausweis - deshalb enthält sie ein Foto des Inhabers.

Am Monatsende Zeitausweis

Das Erfassungsgerät registriert Beginn bzw. Ende der Arbeitszeit. Ein Knopfdruck, und das Gerät zeigt das aktuelle Arbeitszeitsaldo an, also die zuviel oder zu wenig geleisteten Stunden.

Ein weiterer Knopfdruck, und der Benutzer erfährt, wieviele Urlaubstage er für das laufende Jahr noch hat. Macht eine Mitarbeiterin einen Dienstgang, muß sie Gehen und Kommen ebenfalls eingeben. Geht ein Mitarbeiter von einem dienstlichen Termin am Nachmittag direkt nach Hause oder morgens erst nach einem Arbeitsgespräch in sein Dienstgebäude, wird dies in seiner Personalstelle manuell in die Datenverarbeitung eingetragen; dasselbe gilt für Urlaubs- und Krankheitstage. Am Monatsanfang erhält jeder Nutzer einen Zeitausweis, der für den abgelaufenen Monat alle automatisch erfaßten Zeiten und manuell eingegebenen Korrekturen ausweist.

Verstärkung für Personalstelle

„Damit die Personalsachbearbeiter sich in das System einarbeiten können, werden die Personalstellen befristet mit einer Verstärkungskraft besetzt", verspricht Helmut Zerlik, zuständiger Sachbearbeiter im Personal- und Organisationsamt. Ob die neue Zeiterfassung in den Personalstellen langfristig zu Arbeitsentlastung oder -mehrbelastung führt, sei noch nicht abzusehen, meint Zerlik. Das hänge auch davon ab, welche Möglichkeiten des Systems genutzt würden.

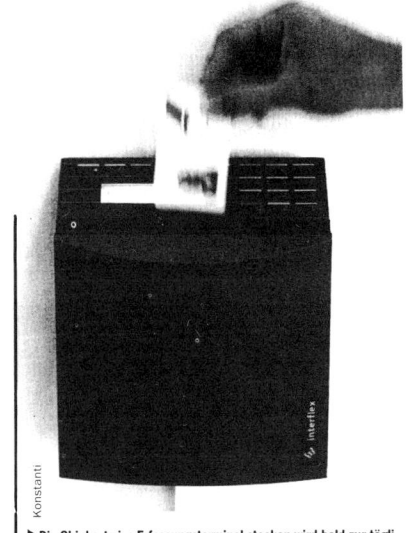

▶ Die Chipkarte ins Erfassungsterminal stecken wird bald zur täglichen Handbewegung vieler Mitarbeiter ◀

Verwendung von Daten

Zunächst will man sich mit nur wenigen Funktionen begnügen. Die Computer-Zeiterfassung ermöglicht jedoch die Verwendung anonymisierter Daten, beispielsweise für Personalbemessung oder weitere Überlegungen zur Arbeitszeitgestaltung, erläutert Ralf Sagroll, Projektleiter Personalverwaltungssysteme im POA. Nicht nur Personalausfallquoten durch Krankheit könnten ermittelt werden, sondern auch Überstundenzahlen oder die Nutzung von Fortbildung festgestellt werden. Über eine solche Verwendung der Daten aus dem Erfassungssystem wird derzeit mit dem Personalrat verhandelt. *pb*

STADT FRANKFURT AM MAIN

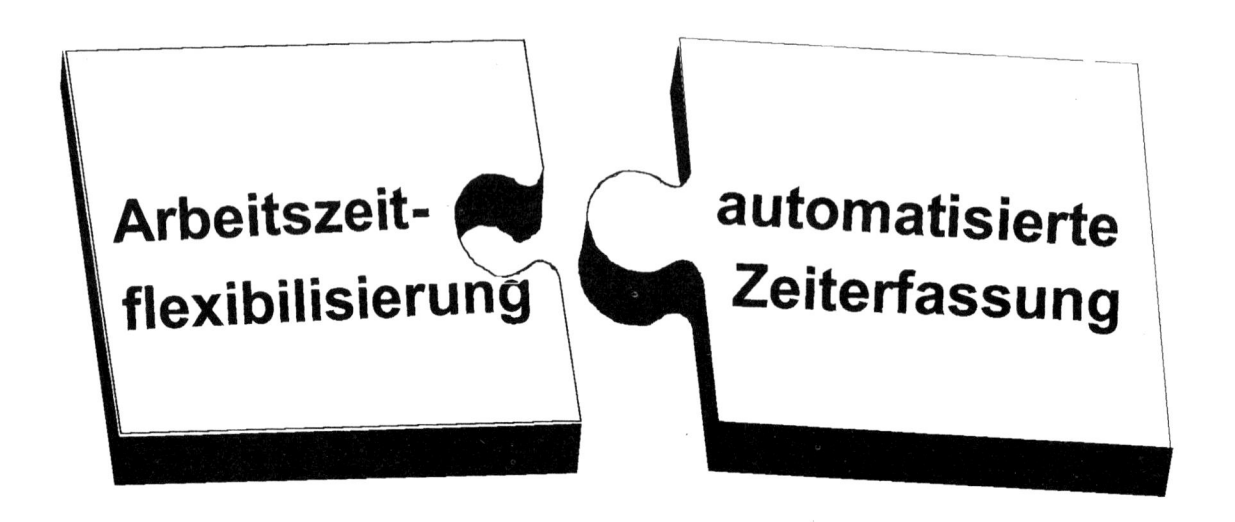

Arbeitszeit-flexibilisierung — **automatisierte Zeiterfassung**

so geht's

so funktioniert's

Ein Leitfaden zur Anwendung des
automatisierten Zeiterfassungssystems

Personal- und Organisationsamt
11.22 + 11.40
1. Ausgabe - Stand: Dez. 1995

Vorwort

Sehr geehrte Mitarbeiterinnen,
sehr geehrte Mitarbeiter,

wieder kommen wir einen bedeutenden Schritt in der Modernisierung der Stadtverwaltung Frankfurt am Main voran.
Mit der Inbetriebnahme der automatisierten Zeiterfassung eröffnen sich für Sie völlig neue Möglichkeiten, Ihre Arbeitszeiten flexibler zu gestalten.
Sicher, dadurch muß niemand weniger arbeiten, aber die in der Dienstvereinbarung Nr. 188 zur Flexibilisierung der Arbeitszeit und zur Einführung automatisierter Zeiterfassung zwischen dem Magistrat und dem Gesamtpersonalrat getroffenen Vereinbarungen schaffen Freiräume, die jeder von Ihnen individuell nutzen und gestalten kann.

Um die sich nun bietenden Möglichkeiten der individuellen Arbeitszeitgestaltung mit vertretbarem Aufwand erfassen zu können, haben wir uns für die Einführung der automatisierten Arbeitszeiterfassung entschieden. Damit fallen für Sie nicht nur die lästigen Rechnereien auf Ihrer bisher manuell geführten Arbeitszeitkarte am Ende einer Woche bzw. am Ende des Monats weg, sondern Sie erhalten nach Ablauf eines Monats automatisch einen Ausdruck, in dem alle Ihre "Zeiten" dargestellt sind, in dem Ihr Zeitguthaben oder die Zeitschuld errechnet ist und aus dem Sie den Ihnen noch zustehenden Urlaub ablesen können. Im übrigen können Sie sich einige dieser Informationen jederzeit auch an den Erfassungsterminals anzeigen lassen.

Wie Ihnen sicher bekannt ist, sind Sie die ersten, die die Arbeitszeitflexibilisierung in Anspruch nehmen können und auch die ersten, deren Zeiten automatisiert erfaßt werden.

Es handelt sich um ein Pilotprojekt, das meines Wissens bei keiner Verwaltung in dieser Vielfältigkeit installiert worden ist.

Aus diesem Grunde möchte ich besonders um Ihr Verständnis bitten, wenn nicht gleich alles völlig reibungslos funktioniert - Anlaufschwierigkeiten lassen sich bei einem solchen Projekt leider nie ganz vermeiden.
Ich bitte Sie, in dieser Anfangsphase mit Ihren Personalstellen zusammenzuarbeiten, sie zu unterstützen, denn dort wird der Aufwand anfangs am größten sein.

Gemeinsam mit Ihnen werden wir das Pilotprojekt sicherlich positiv abschließen und die Arbeitszeitflexibilisierung in Verbindung mit der automatisierten Zeiterfassung nach und nach auf die gesamte Stadtverwaltung ausdehnen können.

(H e m z a l)
Stadtrat

Inhaltsverzeichnis

Das automatisierte Zeiterfassungssystem 4

    Rechtsgrundlagen 4
    System 4
    Systemsicherheit 5
    Ansprechpartner 5
    Codekarten 5
    Erfassungsterminals 6
    Wenn es dann soweit ist 10
    Der ZEITSCHECK 10
    Ausdrucke 13

Welche wesentlichen Inhalte ergeben sich für Sie aus der neuen Dienstvereinbarung zur Flexibilisierung der Arbeitszeit (sofern Sie an der Gleitenden Arbeitszeit teilnehmen)? 14

    Kernarbeitszeit (Art. 3 § 7 DV Nr. 188) 14
    Vor- und Nachgleitzeit (Art. 3 § 6 und § 9 DV Nr. 188) 14
    Mittagspause (Art. 3 § 8 DV Nr. 188) 14
    Wöchentliche Mindestarbeitszeit (Art. 3 § 10 DV Nr. 188) 15
    Zeitausgleichstage (Art. 3 § 13 DV Nr. 188) 15
    Zeitguthaben, Zeitschulden (Art. 3 § 14 DV Nr. 188) 16
    Erholungsurlaub (Art. 3 § 16 DV Nr. 188) 16
    Dienstbefreiungen (Art. 3 § 17 DV Nr. 188) 16
    Arbeitsfreier Tag (F-Tag) i.S.d. § 15 a BAT, § 14 a BMT-G II oder § 1 a ArbZVO (Art. 3 § 18 DV Nr. 188) 18
    Erkrankung (Art. 3 § 19 DV Nr. 188) 18
    Überstunden-, Mehrarbeitsausgleich (Art. 3 § 20 DV Nr. 188) 19
    Dienstreise, Dienstgang (Art. 3 § 21 DV Nr. 188) 19

Das automatisierte Zeiterfassungssystem

Rechtsgrundlagen

Die Einführung der automatisierten Zeiterfassung bei der Stadtverwaltung Frankfurt am Main (zunächst im Rahmen eines Pilotprojekts im Technischen Rathaus) fußt auf zwei Dienstvereinbarungen, die zwischen dem Magistrat der Stadt Frankfurt am Main und dem Gesamtpersonalrat abgeschlossen wurden:

1. Dienstvereinbarung Nr. 188 zur Flexibilisierung der Arbeitszeit und zur Einführung automatisierter Zeiterfassung (NaSt. 1995 S. 470 ff.)

2. Dienstvereinbarung Nr. 191 über das bei der Stadt Frankfurt am Main eingesetzte automatisierte Zeiterfassungssystem (AZE)

Wir haben für Sie dieses Merkblatt erarbeitet, um Ihnen zum einen den Inhalt der o.g. Dienstvereinbarung Nr. 188 näherzubringen und zum anderen die Bedienung der in Ihrer Dienststelle installierten Zeiterfassungsterminals zu erleichtern.
Bitte machen Sie sich mit den in diesem Merkblatt enthaltenen Bestimmungen vertraut. Sie sind unbedingt zu beachten.

Einleitend möchten wir auf eine ganz wesentliche Aussage in der Präambel zu der Dienstvereinbarung Nr. 188 aufmerksam machen:

> "Automatisierte Zeiterfassung einerseits und gesteigerte individuelle Zeitsouveränität andererseits sind untrennbar miteinander verbunden"

Ausgehend von diesem Leitgedanken ergibt sich zwangsläufig für Sie die Notwendigkeit, <u>jedes</u> **Betreten und Verlassen Ihres Dienstgebäudes -gleich aus welchem Grund und für welche Dauer- im automatisierten Verfahren zu erfassen** (Art. 2 § 5 Abs. 1 der DV Nr. 188).

System

Zum Einsatz kommt das System

INTERFLEX 5000,

das von der

Firma LORENZ Datensysteme GmbH, Frankfurt am Main,

installiert, gewartet und betreut wird.

Das System besteht im wesentlichen aus den Erfassungsterminals, die im Eingangsbereich des Dienstgebäudes angebracht sind, einem Zentralcomputer und den Bearbeitungs-PCs in den Personalstellen.

Bei jedem Betreten oder Verlassen des Dienstgebäudes müssen Sie mittels der Ihnen ausgehändigten Codekarte an den Erfassungsterminals die Zeit erfassen.
Aus den so registrierten Zeiten errechnet das System Ihre jeweils geleisteten Arbeitsstunden, die abzuziehenden Mittagspausen, die entstehenden Zeitguthaben oder -schulden. Für die Zeiten, die nicht direkt erfaßt werden können (z.B. Beendigung des Dienstes nach einem Dienstgang direkt nach Hause), füllen Sie ein gesondertes Erfassungsblatt (ZEITSCHECK, vgl. Seite 10 und Anlage) aus. Von den Personalstellen werden Ihre Angaben dann manuell eingegeben und ebenso berücksichtigt.
Arbeitszeiten werden minutengenau erfaßt; die Rundung auf fünf Minuten entfällt.

Neben der Erfassung der Arbeitszeiten verwaltet das AZE den jeder/jedem Bediensteten zustehenden bzw. bereits in Anspruch genommenen Urlaub.

Systemsicherheit

Sollten innerhalb des Systems irgendwelche Störungen auftreten, sind Datenverluste durch eingebaute Sicherheitsmechanismen so gut wie ausgeschlossen.
- Die Daten werden täglich auf Bändern gesichert.
- Zum Schutz vor Datenverlusten wegen Stromausfalls am Zentralrechner ist eine Notstromversorgung eingebaut.
- Die Erfassungsterminals am Eingang verfügen ebenfalls über eine Batteriepufferung, so daß bei Problemen am Zentralrechner trotzdem Zeiten weiter erfaßt werden können.

Ansprechpartner

Sollten sich für Sie irgendwelche Probleme, Unklarheiten oder Fragen im Zusammenhang mit der AZE oder der Arbeitszeitflexibilisierung ergeben, wenden Sie sich bitte in jedem Fall an Ihre Personalstelle. Dort wird Ihnen in aller Regel weitergeholfen. 
Sollten sich Probleme grundsätzlicher organisatorischer oder technischer Art ergeben, wird Ihre Personalstelle Kontakt entweder zur Systembetreuung, der Fa. LORENZ oder dem Personal- und Organisationsamt aufnehmen, um umgehende Klärung bzw. Behebung herbeizuführen.

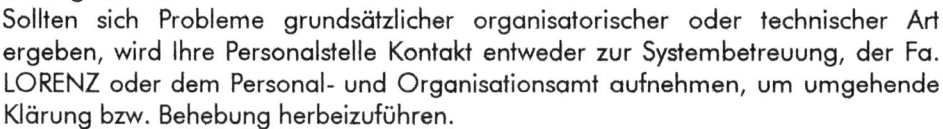

Codekarten

Damit an den Erfassungsterminals Ihre Zeiten überhaupt erfaßt werden können, bedarf es besonderer Codekarten. Jeder/Jedem von Ihnen wird eine solche persönliche Codekarte im Scheckkartenformat ausgehändigt. Aus Vereinfachungsgründen wird diese Codekarte multifunktional sein und zugleich als Dienst- oder Hausausweis und auf Wunsch als Kasinokarte dienen. 
Es befindet sich also neben dem Aufdruck von Text (Name, Dienststelle, Funktion/Dienstbezeichnung etc.) in jedem Fall Ihr (mit einer Videokamera aufgenommenes digitalisiertes) Lichtbild und im Falle eines Dienstausweises auch Ihre (mit einer Unterschriftenkamera digitalisierte) Unterschrift auf den Codekarten.
Für die AZE ist in der Karte eine unsichtbare Infrarotcodierung enthalten. Über diese Codierung kann das System bei der Benutzung der Erfassungsterminals die erfaßten Zeiten Ihrem Zeitkonto zuordnen. Auf der Karte selbst werden keine "Zeiten" gespeichert; dies erfolgt ausschließlich im System.

Um die Flut der bereits jetzt schon in größerem Umfang vorhandenen "Plastikkärtchen" etwas zu begrenzen, bieten wir Ihnen an, die neuen Codekarten mit einem Magnetstreifen auszurüsten, damit Sie die Karten auch für das Kantinenabrechnungsverfahren GiroVend nutzen können.
Für eine Nutzung als Kasinokarte muß der Magnetstreifen auf der Rückseite der Codekarte "in jedem Fall" zunächst von den Küchenbetrieben aktiviert werden. Es ist nicht möglich, gleichzeitig sowohl eine mit Magnetstreifen versehene neue Codekarte als auch die alte Kasinokarte im GiroVend-Verfahren zu nutzen.

Die Aktivierung des Magnetstreifens kann durch Übertragung des Guthabens von Ihrer alten Kasinokarte auf die neue Codekarte oder durch Registrierung als Neukunde erfolgen.

Dies können Sie
- arbeitstäglich in der Zeit zwischen 9⁰⁰ und 11⁰⁰ Uhr,
- im Gebäude des Rathauskasinos, Zimmer 150 (direkt über dem Rathauskasino; zu erreichen über den Eingang Bethmannstraße 3 -> durch das Treppenhaus in den 2. Stock -> nach rechts den Flur entlang (durch zwei verglaste Türen) -> wieder nach rechts (vorbei an der Wandelhalle) zum Barocktreppenhaus -> durch das Treppenhaus in den 1. Stock -> erneut nach rechts bis zum Zimmer 150 -Stahltüre-),
- bei Frau Nickel (Küchenbetriebe, Tel. 36559)
erledigen.

Sollten Sie auf der neuen Codekarte auf den GiroVend-Magnetstreifen verzichten und Ihre alte Kasinokarte weiternutzen wollen, ergibt sich für Sie insoweit keine Änderung.

> Wir weisen Sie darauf hin, daß Ihr Guthaben im GiroVend-Verfahren ausschließlich direkt auf dem Magnetstreifen der Codekarte gespeichert wird. Die Codekarte hat insofern Bargeldcharakter. Bitte schützen Sie die Codekarte vor magnetischen und mechanischen Einflüssen.
> Sie können Ihr aktuelles Guthaben jederzeit an den GiroVend-Anlagen abrufen und bei Bedarf wieder erhöhen. **!**

Die verschiedenen auf den Codekarten vorhandenen Codierungen stehen nicht miteinander in Verbindung.

Die neuen kombinierten Codekarten müssen von Ihrer Personalstelle beim Hauptamt beantragt werden. Mit diesem Antrag (falls dieser nicht bereits vorab an das Hauptamt übersandt worden ist) müssen Sie sich zur Erstellung des Lichtbildes -nach vorheriger Terminabsprache durch Ihre Personalstelle- zum Hauptamt begeben. Dort wird dann Ihr alter Ausweis gegen die neue Codekarte ausgetauscht.
Da alle auf der Codekarte vorhandenen Informationen incl. Lichtbild und ggf. Unterschrift im Ausweiserstellungssystem gespeichert werden, ist es z.B. bei Verlust Ihrer Codekarte nicht mehr erforderlich, beim Hauptamt zur Erstellung einer Ersatz-Codekarte persönlich zu erscheinen - Antrag genügt.

Für den Fall des Verlustes oder bei einem technischen Defekts an Ihrer Codekarte wenden Sie sich bitte unmittelbar an Ihre Personalstelle. Dort wird ggf. sofort die Ihnen zugeordnete Codierung im AZE-System gesperrt.
Bis Sie über Ihre Ersatz-Codekarte verfügen, müssen Sie die für Sie maßgebenden kommen- und gehen-Zeiten manuell auf einem ZEITSCHECK (vgl. Erläuterung weiter unten) notieren. Diese Zeiten werden dann von Ihrer Personalstelle manuell in das System eingegeben.

Erfassungsterminals

Die Erfassungsterminals befinden sich jeweils in unmittelbarer Nähe zu den Eingängen in die Dienstgebäude.

Es handelt sich um eine "graue Box" mit einer abgeschrägten Bedienfläche, einer Digitalanzeige und einer Öffnung zum Einstecken Ihrer Codekarte.

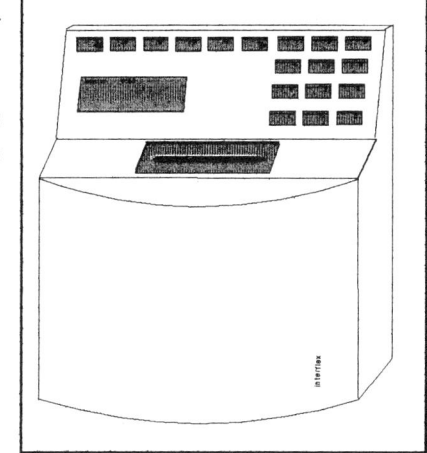

Über der Digitalanzeige befinden sich sechs Folientasten (F1 - F4, Pfeil links, Pfeil rechts), rechts davon die numerischen Tasten (0 - 9, C, E).

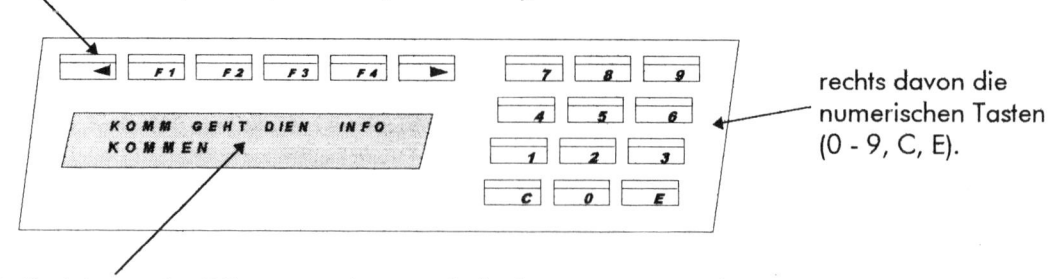

Die Funktionen der F-Tasten werden unterhalb der Tasten im Display angezeigt.

Die Folientasten sind mit folgenden Funktionen belegt:

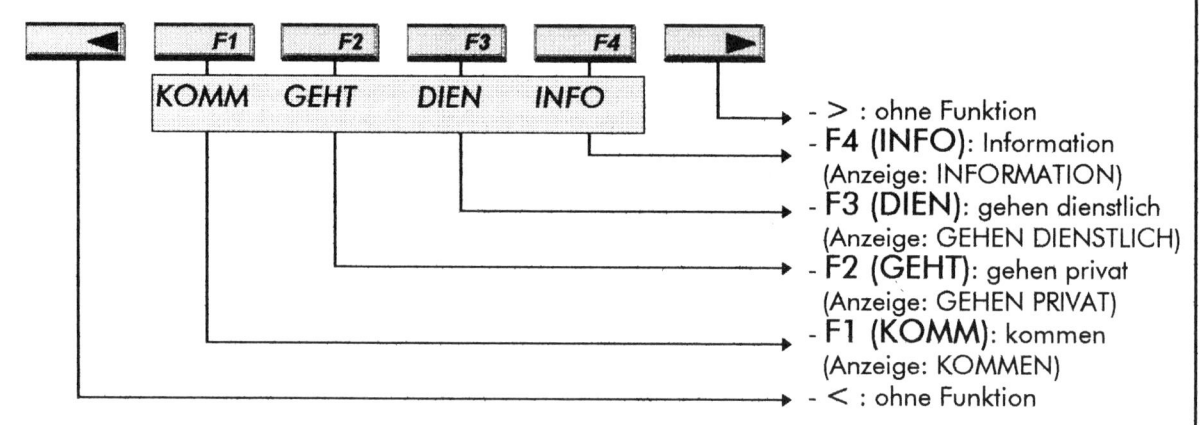

- **>** : ohne Funktion
- **F4 (INFO)**: Information (Anzeige: INFORMATION)
- **F3 (DIEN)**: gehen dienstlich (Anzeige: GEHEN DIENSTLICH)
- **F2 (GEHT)**: gehen privat (Anzeige: GEHEN PRIVAT)
- **F1 (KOMM)**: kommen (Anzeige: KOMMEN)
- **<** : ohne Funktion

Im Nummernblock sind die Tasten mit folgenden Funktionen belegt:

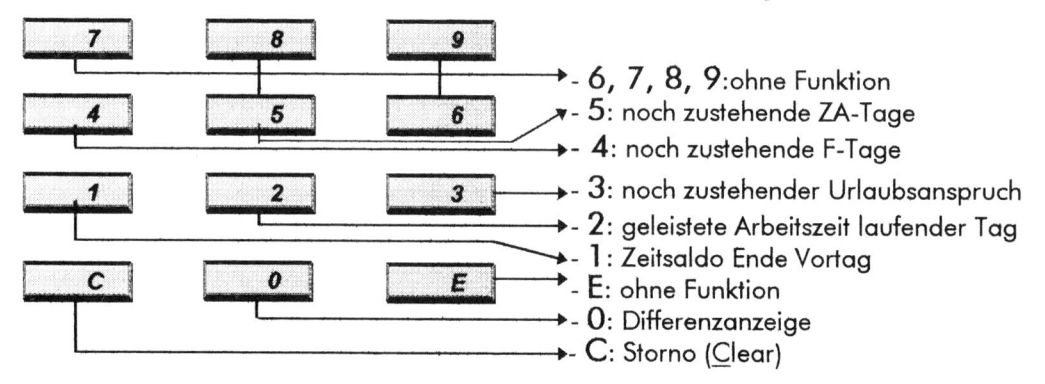

- **6, 7, 8, 9**: ohne Funktion
- **5**: noch zustehende ZA-Tage
- **4**: noch zustehende F-Tage
- **3**: noch zustehender Urlaubsanspruch
- **2**: geleistete Arbeitszeit laufender Tag
- **1**: Zeitsaldo Ende Vortag
- **E**: ohne Funktion
- **0**: Differenzanzeige
- **C**: Storno (Clear)

Bevor Sie durch Einstecken Ihrer Codekarte eine Funktion aktivieren, müssen Sie diese durch drücken der entsprechenden Taste vorwählen. Das Akzeptieren Ihres Tastendrucks erkennen Sie an dem im Display erscheinenden Text "KOMMEN", "GEHEN DIENSTLICH", "GEHEN PRIVAT" oder "INFORMATION"). Nachdem der Text im Anzeigenfeld erschienen ist, stecken Sie Ihre Codekarte in die dafür vorgesehene Öffnung des Erfassungsterminals.

Hinweis:
Bitte beachten Sie, daß Sie Ihre Codekarte so einstecken, daß der auf der Vorderseite der Codekarte aufgedruckte **Pfeil nach unten in das Gerät** und die **Vorderseite der Codekarte (Lichtbild) in Richtung des Erfassungsterminals** zeigt. Sie sehen also beim Einstecken die Rückseite Ihrer Codekarte.

Hat das System die Kennung Ihrer Codekarte gelesen und die erfaßte Zeit in Ihrem Zeitkonto notiert, liefert es als Bestätigung der Zeiterfassung eine sogenannte **"Differenzanzeige"** an das Display des Erfassungsterminals zurück. Diese Differenzanzeige stellt die am laufenden Tag noch zu leistende Arbeitszeit unter Berücksichtigung Ihres Vortagessaldos dar.

Beispiele zur "DIFFERENZANZEIGE":

1. Ihr Vortagessaldo beträgt +/-0 Stunden. Bei der ersten "kommen-Buchung" des laufenden Tages erscheint als "Differenzanzeige" -7.42 Std., da Ihre Sollarbeitszeit für diesen Tag 7 Stunden und 42 Minuten beträgt. Bei weiteren Buchungen während des laufenden Tages reduziert sich diese "Differenzanzeige" jeweils um die an diesem Tag bereits geleistete Arbeitszeit.

2. Ihr Vortagessaldo beträgt +2 Stunden und 30 Minuten (Zeitguthaben). Als Differenzanzeige bei der ersten Buchung des laufenden Tages wird der Wert -5.12 Std. geliefert (7 Std. 42 Min. abzgl. 2 Std. 30 Min.). Das heißt, daß Sie an diesem Tag -sofern keine Regelungen über z.B. Kern- oder Wochenmindestarbeitszeit entgegenstehen- nur noch 5 Stunden und 12 Minuten arbeiten müßten, damit Ihr Zeitkonto am Tagesende auf 0 steht. Arbeiten Sie mehr, füllen Sie Ihr Zeitguthaben auf.

3. Ihr Vortagessaldo beträgt -3 Stunden und 17 Minuten (Zeitschuld). Differenzanzeige: - 10.59 Std. (7 Stunden, 42 Minuten zzgl. 3 Stunden, 17 Minuten). Dies bedeutet, daß Sie an diesem Tag 10 Stunden und 59 Minuten bis zum Ausgleich Ihres Zeitkontos arbeiten müßten. (Dabei wäre allerdings zu berücksichtigen, daß die tägliche Höchstarbeitszeit bei 10 Stunden liegt, ein Ausgleich am laufenden Tag gar nicht möglich wäre, und eine solche Differenzanzeige als Ergebnis einer letzten Buchung in einem Monat gegen die Regel verstoßen würde, maximal 10 Stunden als Zeitschuld übertragen zu dürfen.)

Die "Differenzanzeige" wird Sie anfangs vermutlich etwas verwirren. Es handelt sich jedoch um die bei modernen "on-line-fähigen" Zeiterfassungssystemen "übliche" Standardanzeige, die Sie bereits nach kurzer Gewöhnungsphase schätzen werden.

> Merken Sie sich bitte:
> - Zuerst durch Tastendruck Funktion auswählen -> im Anzeigenfeld erscheint der entsprechende Text
> - Danach die Codekarte einstecken -> im Anzeigenfeld erscheint die "Differenzanzeige"
> - Zum Schluß Codekarte entnehmen

Beispiele für Zeitbuchungen:

1. Dienstbeginn 7.30 Uhr
   <u>"kommen-Buchung"</u> durch 1. Drücken der F1-Taste (Anzeige: „kommen 7.30")
                                                 2. Karte einstecken (Anzeige: "Differenzanzeige")
                                                 3. Karte entnehmen

2. Private genehmigte Abwesenheit von 10.30 bis 11.00 Uhr
   <u>"gehen-Buchung"</u> durch 1. Drücken der F2-Taste (Anzeige: "gehen privat 10.30")
                                                 2. Karte einstecken (Anzeige: "Differenzanzeige")
                                                 3. Karte entnehmen
   <u>"kommen-Buchung"</u> durch 1. Drücken der F1-Taste (Anzeige: "kommen 11.00")
                                                 2. Karte einstecken (Anzeige: "Differenzanzeige")
                                                 3. Karte entnehmen

3. Mittagspause von 11.45 bis 12.30 Uhr
   <u>"gehen-Buchung"</u> durch 1. Drücken der F2-Taste (Anzeige: "gehen privat 11.45")
                                                 2. Karte einstecken (Anzeige: "Differenzanzeige")
                                                 3. Karte entnehmen
   <u>"kommen-Buchung"</u> durch 1. Drücken der F1-Taste (Anzeige: "kommen 12.30")
                                                 2. Karte einstecken ("Differenzanzeige")
                                                 3. Karte entnehmen

4. **Dienstgang von 14.15 bis 15.00 Uhr**
   "gehen-Buchung" durch
   1. Drücken der F3-Taste (Anzeige: "gehen dienstlich 14.15")
   2. Karte einstecken ("Differenzanzeige")
   3. Karte entnehmen

   "kommen-Buchung" durch
   1. Drücken der F1-Taste (Anzeige: "kommen 15.00")
   2. Karte einstecken ("Differenzanzeige")
   3. Karte entnehmen

5. **Dienstende um 16.30 Uhr**
   "gehen-Buchung" durch
   1. Drücken der F2-Taste (Anzeige: "gehen privat 16.30")
   2. Karte einstecken ("Differenzanzeige")
   3. Karte entnehmen

Jeder Tastendruck wird durch ein akustisches Signal (Piepton) und durch die entsprechende Anzeige im Display bestätigt. Eine Fehlbedienung wird durch mehrmaliges Piepen und eine entsprechende Fehlermeldung im Display angezeigt.

Fehlbedienungen können beispielsweise sein:
- *Versuch einer "kommen-Buchung", obwohl vorangegangene Buchung bereits eine "kommen-Buchung" war.*
- *Versuch einer "gehen-Buchung", obwohl vorangegangene Buchung keine "kommen-Buchung" war.*

Wenn Sie sich einmal vertippt haben:

Ein "Tippfehler" kann jederzeit rückgängig gemacht werden, solange Sie noch nicht Ihre Codekarte gesteckt haben. **!**

Sie können, wenn Sie beispielsweise statt der F2-Taste ("gehen privat") die F3-Taste ("gehen dienstlich") gedrückt haben, entweder warten, bis im Display nach wenigen Sekunden wieder die Standardanzeige erscheint, oder sofort die **C-Taste** drücken, um Ihre Auswahl rückgängig zu machen.

Sollte Sie Ihren "Tippfehler" erst nach Stecken Ihrer Codekarte bemerken, können Sie die damit erfolgte Buchung zunächst nicht mehr rückgängig machen. Eine nachträgliche Korrektur kann entweder per ZEITSCHECK erfolgen (siehe Erläuterung weiter unten) oder, um beim o.g. Beispiel zu bleiben, Sie warten nach erfolgter Buchung wenige Sekunden, bis im Display wieder die Standardanzeige erscheint, veranlassen durch Drücken der F1-Taste und Stecken Ihrer Codekarte sofort eine "kommen-Buchung" und buchen anschließend durch Drücken der F2-Taste und Stecken Ihrer Codekarte zutreffend "gehen privat".

Die Informationstaste [F4]

Wie Sie aus der oben dargestellten Tastenbelegung ersehen können, sind **weitere Informationen** für Sie am Erfassungsterminal abrufbar.

Durch Betätigen der Informationstaste **F4** in Verbindung mit einer Taste aus dem numerischen Block (zuerst **F4**, dann **Codekarte** einstecken, danach z.B. **1** drücken) erhalten Sie Informationen über

FUNKTION	TASTE zuerst	dann Codekarte stecken danach
- die Differenzanzeige,	F4	0
- Ihr "Zeitsaldo am Ende des vorangegangenen Arbeitstages",	F4	1
- über die "am laufenden Tag bereits geleistete Arbeitszeit,	F4	2
- den Ihnen noch zustehenden Urlaubsanspruch (wobei nur der bisher tatsächlich in Anspruch genommene Urlaub berücksichtigt wird und nicht für die Zukunft gestellte Urlaubsanträge berücksichtigt werden können),	F4	3
- die Ihnen noch zustehenden F-Tage (als Jahresanzeige) und	F4	4
- die verbleibenden ZA-Tage.	F4	5

Zusätzlicher Hinweis:
Bereits nach Drücken der **F4**-Taste und Einstecken der Codekarte erhalten Sie die "Differenzanzeige" und Ihren Status (Anwesend, Abwesend, Dienstgang) angezeigt.
Es besteht die Möglichkeit die Informationen **0 - 4** nacheinander abzurufen, wenn die Codekarte gesteckt bleibt.

Wenn es dann soweit ist

Ihre Personalstellen werden Ihnen mitteilen, ab welchem Zeitpunkt Sie konkret Ihre Zeiten an den Erfassungsterminals erfassen.

Aufgrund der relativ großen Anzahl der in das System aufzunehmenden Bediensteten können nicht alle Kolleginnen/Kollegen auf einmal integriert werden. Die Integration wird gruppenweise (jeweils ca. 30 - 70 Personen) -verteilt über mehrere Tage- erfolgen.

Aus nachvollziehbaren Gründen ist es unmöglich, alle Integrationstage jeweils auf den Ersten eines Monats zu legen. Aus diesem Grund müssen Sie Ihre Arbeitszeitkarte zum Zeitpunkt Ihrer Integration abschließen und an Ihre Personalstelle leiten. Dort werden die entsprechenden Werte in das System übertragen.

Bitte haben Sie Verständnis dafür, daß möglicherweise in den ersten Tagen nach Ihrer Aufnahme in das Zeiterfassungssystem die Anzeigen am Erfassungsterminal noch nicht die korrekten Zeitsalden anzeigen. Ihnen gehen keinesfalls irgendwelche Zeiten verloren. Nach spätestens zwei bis drei Tagen wird das System die zutreffenden Anzeigen liefern.

Der ZEITSCHECK

Das diesem Merkblatt als Anlage beigefügte Formblatt erfüllt mehrere Funktionen. Zum einen ersetzt es die bisherige Urlaubskarte, da Ihr Urlaub jetzt auch mit dem Zeiterfassungssystem verwaltet wird, zum anderen dient es als Korrekturblatt für die Zeiterfassung (ZEITSCHECK).

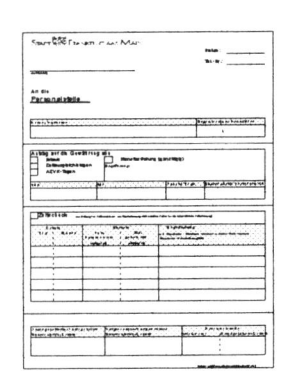

Mit dem Formblatt können Sie künftig Ihren Urlaub, die Inanspruchnahme von Zeitausgleichstagen, Arbeitszeitverkürzungstage (F-Tage) sowie von ganztägigen Dienstbefreiungen beantragen. In dem dafür vorgesehenen Bereich tragen Sie wie bisher den Zeitraum und die Anzahl der Tage ein. Rechts daneben muß, falls erforderlich, Ihr/Ihre Vertreter/-in unterschreiben. Ihre eigene Unterschrift sowie die Unterschrift d. Vorgesetzten ist im Bereich ganz unten auf dem Formblatt zu leisten.

Die wesentliche Verwendung des Formblatts ist die Nutzung als ZEITCHECK. Mittels dieses ZEITCHECKS müssen Sie Ihrer Personalstelle alle Umstände bzw. Zeiten mitteilen, die entweder nicht von dem AZE-System registriert werden konnten und deshalb nacherfaßt werden müssen, die korrigiert oder die durch Eingabe eines Kennzeichens erläutert werden müssen.

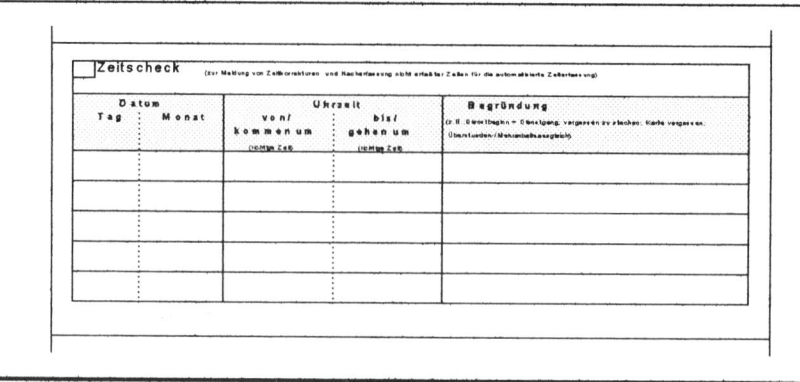

> **Hinweis:**
> Ihre Personalstelle darf Änderungen an registrierten Zeiten oder Nacherfassungen ausnahmslos nur dann vornehmen, wenn ein entsprechender Beleg (ZEITSCHECK) vorliegt. Änderungen durch die Personalstelle werden systemintern kenntlich gemacht, vom System gelistet und müssen revisionsfähig belegt sein.

Als Beispiele, wann Sie den ZEITSCHECK ausfüllen müssen, nachfolgende -nicht abschließende- Aufzählung:

- Codekarte vergessen
- vergessene Zeitbuchung
- Dienstbeginn nicht im Amt, sondern z.B. im Rahmen eines Dienstgangs auf einer Baustelle
- Dienstende nicht im Amt, sondern z.B. von einem Dienstgang direkt nach Hause
- akute Erkrankung während der Dienstzeit
- private Abwesenheit während der Kernarbeitszeit
- verspäteter Dienstbeginn nach Beginn der Kernarbeitszeit
- verfrühtes Dienstende vor Ende der Kernarbeitszeit
- Überschreiten des Mittagspausenrahmens
- Überschreiten der maximal zulässigen Arbeitszeit von 10 Std./Tag
- Überschreiten des Nachgleitzeitrahmens
- Ausfall der Erfassungsterminals
...

Beispiel 1:
Sie haben am 28.12.1995 bei Dienstbeginn um 7.15 Uhr vergessen, Ihre Zeit zu erfassen.
Sie bemerken dieses Versäumnis spätestens, wenn Sie in die Mittagspause gehen, da das Erfassungsterminal Ihre Zeitbuchung "gehe privat" nicht akzeptiert und mit Pieptönen reagiert. Für das System sind Sie noch gar nicht am Arbeitsplatz (da Sie ja Ihre "kommen-Buchung" vergessen haben), folglich können Sie auch nicht "gehen". Erst Ihre Rückkehr aus der Mittagspause wird vom System akzeptiert -als erste "kommen-Buchung" des Tages-.

Beachten Sie bitte:
Das System akzeptiert eine "gehen-Buchung" nur, wenn Sie zuvor Ihre Anwesenheit durch eine "kommen-Buchung" mitgeteilt haben. Während eines Tages können nie zwei "kommen-" oder zwei "gehen-Buchungen" aufeinanderfolgen.

> **Regel:**
> **Wer kommt, muß zuvor gegangen sein - wer geht, muß zuvor gekommen sein.**
>
> Einzige Ausnahme von dieser Regel ist der Tageswechsel. Trotz einer unterlassenen "gehen-Buchung" am Ende des Vortages (d.h. als letzte Buchung wurde am Vortag eine "kommen-Buchung" -z.B. aus der Mittagspause- registriert) akzeptiert das System Ihre "kommen-Buchung" für den laufenden Tag. Der Grund dafür liegt darin, daß das System bei einer unterlassenen "gehen-Buchung" als letzte Buchung eines Tages bei Tagesabschluß automatisch die letzte "kommen-Buchung" auch als "gehen-Buchung" setzt (das System hat intern eine "gehen-Buchung" und Sie können am folgenden Tag wieder mit einer "kommen-Buchung" beginnen, müssen aber die am Vortag nachmittags geleistete Arbeitszeit ebenfalls per ZEITSCHECK nacherfassen lassen).

Für das Beispiel bedeutet das für Sie, die nicht registrierten Zeiten auf dem ZEITSCHECK zu notieren, ihn von d. Vorgesetzten abzeichnen zu lassen und anschließend an die Personalstelle weiterzuleiten. Dort werden Ihre Zeiten "nacherfaßt".

☐ Zeitscheck	(zur Meldung von Zeitkorrekturen und Nacherfassung nicht erfaßter Zeiten für die automatisierte Zeiterfassung)		
Datum	**Uhrzeit**		**Begründung**
Tag / Monat	von/ kommen um (richtige Zeit)	bis/ gehen um (richtige Zeit)	(z.B. Dienstbegnn + Dienstgang, vergessen zu stechen, Karte vergessen, Überstunden-/Mehrarbeitsausgleich)
28. Dez.	7.15		vergessen zu stechen
28. Dez.		11.45	Beginn Mittagspause

Sollten Sie bereits während des Vormittags bemerken, daß Sie vergessen haben, Ihren Dienstbeginn zu erfassen, können Sie selbstverständlich sofort mit einem entsprechend ausgefüllten und abgezeichneten ZEITSCHECK eine entsprechende Korrekturbuchung bei Ihrer Personalstelle veranlassen, so daß Ihr Zeitkonto bis zum Beginn Ihrer Mittagspause voraussichtlich wieder auf dem aktuellen Stand ist.
Auf dem oben abgebildeten Zeitscheck wäre dann nur die erste Eintragung erforderlich.

Beispiel 2:
Sie beginnen am 28.12.1995 Ihren Dienst morgens nicht im Amt, sondern im Rahmen eines Dienstgangs auf einer Baustelle um 8.00 Uhr, zu der Sie direkt von Ihrer Wohnung gefahren sind. Sie verlassen die Baustelle um 9.00 Uhr und erfassen bei Ankunft im Amt um 9.20 Uhr Ihre erste "kommen-Zeit" im AZE-System.
Um Ihre Arbeitszeit von 8.00 Uhr bis 9.20 Uhr ebenfalls erfassen zu können, müssen Sie den ZEITSCHECK wie nachfolgend dargestellt ausfüllen, ihn abzeichnen lassen und Ihrer Personalstelle zuleiten.
(Erforderliche Eintragungen z.B. in Abwesenheitsbüchern bleiben von der Nutzung des ZEITSCHECKS unberührt.)

☐ Zeitscheck	(zur Meldung von Zeitkorrekturen und Nacherfassung nicht erfaßter Zeiten für die automatisierte Zeiterfassung)		
Datum Tag / Monat	**Uhrzeit** von/kommen um (richtige Zeit)	bis/gehen um (richtige Zeit)	**Begründung** (z.B. Dienstbeginn = Dienstgang, vergessen zu stechen, Karte vergessen, Überstunden-/Mehrarbeitsausgleich)
28. Dez.	8.00	9.20	Dienstgang

Beispiel 3:
Sie haben am 28.12.1995 Ihre Codekarte vergessen. Dienstbeginn morgens um 7.15 Uhr, Mittagspause von 11.45 - 12.55 Uhr, private (von Ihrem Vorgesetzten) genehmigte Abwesenheit von 14.45 - 15.15 Uhr, Dienstende um 17.30 Uhr. Ihre Eintragung im ZEITSCHECK muß folgendermaßen aussehen:

☐ Zeitscheck	(zur Meldung von Zeitkorrekturen und Nacherfassung nicht erfaßter Zeiten für die automatisierte Zeiterfassung)		
Datum Tag / Monat	**Uhrzeit** von/kommen um (richtige Zeit)	bis/gehen um (richtige Zeit)	**Begründung** (z.B. Dienstbeginn = Dienstgang, vergessen zu stechen, Karte vergessen, Überstunden-/Mehrarbeitsausgleich)
28. Dez.	7.15		Dienstbeginn: Codekarte vergessen
28. Dez.	11.45	12.55	Mittagspause
28. Dez.	14.45	15.15	Privattermin
28. Dez.		17.30	Dienstende

Ausdrucke

- Monatsausdruck

Sie erhalten nach jedem abgelaufenen Monat über d. Vorgesetzte(n) automatisch einen Ausdruck, aus dem sich alle in dem betreffenden Monat für Sie erfaßten "Zeiten" ergeben.
Es werden alle Zeitbuchungen, die entstandenen Zeitsalden, die Kennzeichen für evtl. Abwesenheiten, in Anspruch genommener Urlaub mit Urlaubssaldo etc. aufgelistet. Besonders gekennzeichnet werden die Daten, die von Ihrer Personalstelle manuell (aufgrund vorgelegter ZEITSCHECKS) geändert worden sind und Abwesenheiten während der Kernarbeitszeit, die noch nicht durch Setzen eines Kennzeichens begründet sind (z.B. Kernarbeitszeitverletzungen).
Bei Vorliegen besonderer Gründe kann Ihnen Ihre Personalstelle einen solchen Ausdruck jederzeit erstellen.

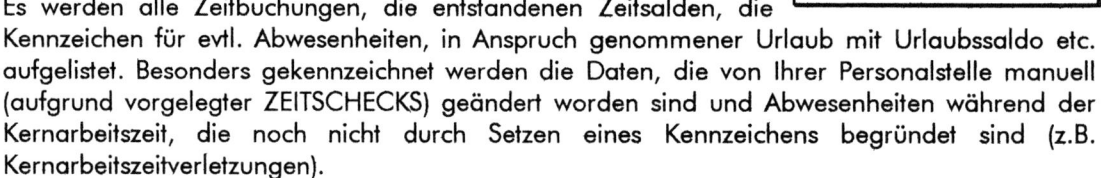

- **Tägliche Liste der Kernarbeitszeitverletzungen**

Bei Ihrer Personalstelle wird täglich automatisch eine Liste ausgedruckt, aus der sich ergibt, wer am Vortag privat während der Kernarbeitszeit abwesend war und dies nicht durch Vorlage eines ausgefüllten ZEITSCHECKS begründet und damit die Genehmigung des Vorgesetzten nachwiesen hat.
Ihre Personalstelle ist verpflichtet, diese Liste vollständig aufzuklären. Es darf keine unbegründete (ungenehmigte) private Abwesenheit während der Kernarbeitszeit offen bleiben.

- **Jährliche Liste der Arbeitstage, an denen eine bestimmte Arbeitszeit überschritten wurde**

Auf Wunsch kann Ihnen Ihre Personalstelle einen solchen Ausdruck zur Vorlage beim Finanzamt fertigen.

- **Weitere Auswertungen**

Aus der DV Nr. 191 ergibt sich eine ganze Reihe von weiteren Auswertungen bzw. Ausdrucken aus dem AZE-System.
Diese i.d.R. anonymisierten Ausdrucke sind ausschließlich für die Personalstellen, die Personalvertretung bzw. das Personal- und Organisationsamt bestimmt und dienen der Wahrnehmung der Fürsorgepflicht, der Personalausfallstatistik, der Personalbedarfsplanung und ähnlichen organisatorischen Zwecken.

Welche wesentlichen Inhalte ergeben sich für Sie aus der neuen Dienstvereinbarung zur Flexibilisierung der Arbeitszeit (sofern Sie an der Gleitenden Arbeitszeit teilnehmen)?

Grundsatz:
Auch die neue Dienstvereinbarung sieht vor, daß dienstliche und betriebliche Belange bei der Festsetzung Ihrer persönlichen Arbeitszeit Vorrang haben.

Kernarbeitszeit (Art. 3 § 7 DV Nr. 188)
An der Lage der Kernarbeitszeit hat sich nichts verändert.
Wenn es jedoch zur Erledigung persönlicher Angelegenheiten erforderlich ist, können Sie mit vorheriger Zustimmung d. Vorgesetzten die Kernarbeitszeit unterbrechen (vgl. Art. 3 §12 Abs. 2 Nr. 3 DV Nr. 188).

Vor- und Nachgleitzeit (Art. 3 § 6 und § 9 DV Nr. 188)
An der Lage der Vor- und Nachgleitzeit hat sich nichts geändert. In begründeten Fällen kann Ihr Amt/Betrieb eine Verlängerung der Nachgleitzeit über 19.30 Uhr hinaus festsetzen.

Mittagspause (Art. 3 § 8 DV Nr. 188)
An dem Gleitbereich der Mittagspause - 11.30 Uhr bis 14.00 Uhr - hat sich nichts geändert.
Die Mindestdauer beträgt 30 Minuten. Diese Zeit wird Ihnen automatisch abgebucht, wenn Sie mittags das Dienstgebäude nicht verlassen.

Die bisherige Höchstdauer der Mittagspause von einer Stunde ist entfallen, d. h. Sie können Ihre **Mittagspause maximal bis auf 2 1/2 Stunden ausdehnen**. *neu!*

Kann die Mittagspause aus dienstlichen Gründen nicht innerhalb des Pausenrahmens genommen werden, ist dies per ZEITSCHECK der Personalstelle umgehend mitzuteilen, um Fehlbuchungen zu vermeiden.

> Beachten Sie bitte, daß freitags zwischen dem Ende der Mittagspause und Ihrem Dienstende eine Arbeitszeit von mindestens einer Stunde liegen muß. **neu!**

> Freitags kann die Mittagspause dann entfallen, wenn Sie an diesem Tag mindestens 5, aber nicht mehr als 6 Stunden durchgehend arbeiten. Bitte beachten Sie, daß Sie Ihren Dienst jedoch nicht vor 13.30 Uhr beenden können. **neu!**

Beispiel a):
Mitarbeiter M. kommt freitags um 7.54 Uhr und möchte keine Mittagspause in Anspruch nehmen. Er arbeitet bis 13.32 Uhr durch.

Buchungen am Terminal:

"Kommen"	7:54 Uhr
"Gehen privat"	13:32 Uhr
Arbeitszeit	5 Stunden 38 Minuten.,

Er kann ohne Mittagspause um 13.32 Uhr ins Wochenende gehen.

Beispiel b):
Mitarbeiterin K. kommt freitags um 7. 44 Uhr und möchte keine Mittagspause in Anspruch nehmen. Sie arbeitet bis 13.50 Uhr durch.

Buchungen am Terminal:

"Kommen"	7:44 Uhr
"Gehen privat"	13:50 Uhr
Arbeitszeit 6 Stunden 06 Minuten.	

Die im AZE-System gesetzte Schwelle von 6 Stunden, nach denen automatisch eine 30minütige Mittagspause am Beginn des allgemeinen Pausenrahmens gesetzt wird, wurde überschritten.

Das System zieht entsprechend der arbeitszeitrechtlichen Vorgabe eine halbstündige Pause ab mit der Folge, daß die als geleistet anrechenbare Arbeitszeit nur 5 Stunden und 36 Minuten beträgt. (Der Pausenabzug wird im Monatsausdruck kenntlich gemacht.)

Wöchentliche Mindestarbeitszeit (Art. 3 § 10 DV Nr. 188)

Als Gegenpol zu der gesteigerten individuellen Zeitsouveränität war es erforderlich, eine **wöchentliche Mindestarbeitszeit von 27 Stunden für Vollzeitbeschäftigte** in der Fünf-Tage-Woche festzulegen. Erholungsurlaub, Krankheit etc. gehen mit dem Wert der regelmäßigen täglichen Arbeitszeit in die Summe der geleisteten Wochenarbeitszeit ein. Die wöchentliche Mindestarbeitszeit ist eigenverantwortlich einzuhalten.

Sofern Sie teilzeitbeschäftigt sind, erhalten Sie von Ihrer Personalstelle über die für Sie maßgebliche wöchentliche Mindestarbeitszeit gesonderte Informationen.

Zeitausgleichstage (Art. 3 § 13 DV Nr. 188)

> Nach der neuen Dienstvereinbarung können Sie mit vorheriger Zustimmung d. zuständigen Vorgesetzten an **12 Arbeitstagen** im Kalenderjahr ganztägig dem Dienst fern bleiben (Zeitausgleichstage). **neu!**

Durch die Inanspruchnahme eines Zeitausgleichstages (ZA-Tag) dürfen Ihnen **keine Zeitschulden** entstehen.

Wenn Sie über ein ausreichendes Zeitguthaben verfügen, haben Sie die Möglichkeit, **zusammenhängend maximal drei ZA-Tage** in Anspruch zu nehmen. Eine Verknüpfung mit Erholungsurlaub oder mit arbeitsfreien Tagen i.S.d. § 15 a BAT, § 14 a BMT-G II oder § 1 a ArbZVO ist nicht zulässig.

Eine Übertragung von Zeitausgleichstagen in das Folgejahr ist ausgeschlossen.

Darüber hinaus können Sie Zeitguthaben im Rahmen des dienstlich oder betrieblich Möglichen auch am 24. Dezember oder am 31. Dezember ausgleichen.

Beispiel c):
Als Vollbeschäftigter in der Fünf-Tage-Woche benötigen Sie ein Zeitguthaben von 7 Stunden und 42 Minuten, um einen ZA-Tag nehmen zu können.

Beispiel d):
Eine Teilzeitbeschäftigte hat ein Zeitguthaben von 4 Stunden. Sie arbeitet montags 8 Stunden und dienstags bis freitags jeweils 3 Stunden. Montags wäre die Inanspruchnahme eines Zeitausgleichstages nicht möglich, da sie über das für diesen Tag erforderliche Zeitguthaben nicht verfügt. Für einen anderen Wochentag reicht das vorhandene Zeitguthaben aus.

Zeitguthaben, Zeitschulden (Art. 3 § 14 DV Nr. 188)

> Neu ist, daß Sie nicht mehr nur wie bisher 8 Stunden Zeitguthaben in den Folgemonat übertragen können, sondern nunmehr 20 Stunden. An Zeitschulden dürfen höchstens 10 Stunden am Monatsende angesammelt werden.

neu!

Sollten Sie aus dem städtischen Dienst ausscheiden, so gilt weiterhin, daß Zeitschulden nicht vorliegen dürfen. Eventuelle Zeitguthaben verfallen.

Erholungsurlaub (Art. 3 § 16 DV Nr. 188)

Nehmen Sie Erholungsurlaub in Anspruch, erhalten Sie als Gutschrift die auf d. Urlaubstag/e entfallende zu leistende Arbeitszeit. Ihr Urlaubsanspruch wird nicht mehr über die Urlaubskarte abgewickelt, sondern im AZE-System verwaltet. Zur Beantragung von Erholungsurlaub verwenden Sie bitte den ZEITSCHECK.

Beispiel e):
Vollbeschäftigte Mitarbeiterin P. in der Fünf-Tage-Woche erhält eine Zeitgutschrift von täglich 7 Stunden und 42 Minuten.

Beispiel f):
Teilzeitbeschäftigter Mitarbeiter H. mit einer regelmäßigen wöchentlichen Arbeitszeit von 20 Stunden. Die regelmäßige tägliche Arbeitszeit ist auf montags und dienstags jeweils 8 Stunden und mittwochs 4 Stunden festgesetzt. Die Gutschrift beträgt entsprechend 8 bzw. 4 Stunden je nachdem für welchen Wochentag Urlaub genommen wird.

Dienstbefreiungen (Art. 3 § 17 DV Nr. 188)

Steht Ihnen nach den einschlägigen Bestimmungen eine ganztägige Dienstbefreiung zu, wird Ihnen ein Zeitguthaben in Höhe der an diesem Tag zu leistenden Arbeitszeit gutgeschrieben.

Beispiel g):
Montag, 02.10., Eheschließung d. Bediensteten.

Für diesen Anlaß stehen grundsätzlich 2 Arbeitstage Dienstbefreiung zu. Da der 03.10. (Tag der Deutschen Einheit) als gesetzlicher Feiertag arbeitsfrei ist, vermindert sich der Anspruch auf einen Arbeitstag.

Am 02.10. wird ganztägig Dienstbefreiung gewährt und die auf diesen Arbeitstag entfallende zu leistende Arbeitszeit gutgeschrieben. Bei vollbeschäftigten Mitarbeiterinnen und Mitarbeitern werden als Gutschrift 7 Stunden 42 Minuten angesetzt.

> Steht Dienstbefreiung nur in unvermeidbarem Umfang zu, wird lediglich die jeweilige Kernarbeitszeit gutgeschrieben.

neu!

Beispiel h):
Montag, 02.10., ganztägige Abwesenheit mit erteilter Dienstbefreiung zur Ausübung einer Beisitzertätigkeit beim Arbeitsgericht Frankfurt am Main. Es kann nur die Kernarbeitszeit abzüglich einer halbstündigen Mittagspause für diesen Tag gutgeschrieben werden, dies sind 6 Stunden.

> Wird der Dienst wegen Dienstbefreiung innerhalb der Kernarbeitszeit aufgenommen oder beendet, ist als Dienstbeginn oder -ende d. für diesen Tag festgelegte Beginn bzw. Ende der Kernarbeitszeit anzusetzen.

neu!

Beispiel i):
Montag, 02.10., Arbeitsbeginn 8.30 Uhr, Mittagspause von 11.40 Uhr bis 12.22 Uhr, Termin als ehrenamtlicher Stadtrat in einer Umlandgemeinde, Ende des Dienstes deshalb 14.00 Uhr. Die Sitzung dauert bis in den späten Nachmittag, der Dienst wird nicht mehr aufgenommen.

Als Dienstende wird das Ende der Kernarbeitszeit, montags 15.00 Uhr, fiktiv angesetzt.

Ist der Dienst innerhalb der Kernarbeitszeit wegen Dienstbefreiung unterbrochen worden, wird die Dauer der Unterbrechung gutgeschrieben. Ist eine Mittagspause nicht erfaßt worden, mindert sich die Gutschrift um 30 Minuten.

Beispiel j):
Montag, 02.10., Arbeitsbeginn 6.41 Uhr, Unterbrechung des Dienstes am Vormittag zur Wahrnehmung eines Schöffenamtes am Amtsgericht Frankfurt am Main um 9.00 Uhr, Wiederaufnahme des Dienstes um 14.31 Uhr, Zeitgutschrift 5 Stunden und 01 Minute (9.00 Uhr - 14.31 Uhr = 5 Stunden und 31 Minuten - 30 Minuten für die fiktiv abzuziehende Mittagspause).

> Bedenken Sie bitte, daß die erweiterten Möglichkeiten, Ihre Arbeitszeit selbst zu bestimmen, untrennbar mit dem Grundsatz verbunden sind, daß Ihnen Dienstbefreiung, also erlaubte Abwesenheit mit einer entsprechenden Zeitgutschrift im Gegensatz zu den bisherigen Festlegungen nur noch im tariflich bzw. gesetzlich garantierten Umfang gewährt werden kann. Persönliche Angelegenheiten, wie beispielsweise Behördentermine, ärztliche Routineuntersuchungen, Beschaffung von Zahnersatz, können Sie, ohne auf Ihren Erholungsurlaub zurückgreifen zu müssen, durch die Inanspruchnahme von Zeitausgleichstagen oder eine genehmigte Abwesenheit innerhalb der Kernarbeitszeit nun ohne weiteres tagsüber erledigen.

!

Beispiel k):
Montag, 02.10., Arbeitsbeginn 7.20 Uhr, Unterbrechung des Dienstes am Vormittag 9.00 Uhr wegen einer ärztlichen Kontrolluntersuchung, die erforderliche Zustimmung d. zuständige/n Vorgesetzte/n wurde eingeholt, Dienstaufnahme 14.00 Uhr, Dienstende 15.30 Uhr.

Dienstbefreiung für diesen Arztbesuch steht nicht zu. Die Unterbrechung des Dienstes innerhalb der Kernarbeitszeit wurde gem. Art. 3 § 12 Abs. 2 Nr. 3 der DV Nr. 188 genehmigt.

Es wird nur die tatsächliche Arbeitszeit erfaßt (7.20 Uhr- 9.00 Uhr = 1 Stunde und 40 Minuten und von 14.00 Uhr bis 15.30 Uhr = 1 Stunde und 30 Minuten), insgesamt für den 02.10. also 3 Stunden und 10 Minuten. In diesem Fall unterbleibt eine Minderung der Arbeitszeit um eine fiktive Mittagspause, da für die Dauer der Abwesenheit auch keine Arbeitszeit gutgeschrieben wird.

Arbeitsfreier Tag (F-Tag) i.S.d. § 15 a BAT, § 14 a BMT-G II oder § 1 a ArbZVO (Art. 3 § 18 DV Nr. 188).

Für diesen grundsätzlich halbjährlich zustehenden arbeitsfreien Tag erhalten Sie als Gutschrift ein Fünftel der für Sie geltenden regelmäßigen wöchentlichen Arbeitszeit, jedoch nicht mehr als die Arbeitszeit, die an diesem Tag zu leisten gewesen wäre.

Beispiel l):
Montag, 04.12.1995, Mitarbeiter/in vollbeschäftigt in der Fünf-Tage-Woche.

Zeitgutschrift 7 Stunden 42 Minuten.

Beispiel m):
Dienstag, 20.02.1996, Fastnachtsdienstag, Mitarbeiter/in vollbeschäftigt in der Fünf-Tage-Woche.

Zeitgutschrift 5 Stunden.

Beispiel n):
Montag, 04.12.1995, Teilzeitbeschäftigung in der Fünf-Tage-Woche, regelmäßige wöchentliche Arbeitszeit 20 Stunden.

Zeitgutschrift 4 Stunden.

Beispiel o):
Montag, 04.12.1995, Teilzeitbeschäftigung in der 2 1/2-Tage-Woche mit einer regelmäßigen wöchentlichen Arbeitszeit von 20 Stunden, montags ist als regelmäßige tägliche Arbeitszeit 8 Stunden festgelegt worden.

Zeitgutschrift 4 Stunden. Die fehlenden Stunden sind an anderen Tagen vor- bzw. nachzuarbeiten.

Beispiel p):
Montag, 04.12.1995, Teilzeitbeschäftigung mit einer regelmäßigen wöchentlichen Arbeitszeit von 18 Stunden, montags beträgt die regelmäßige tägliche Arbeitszeit 3 Stunden und 10 Minuten.

Zeitgutschrift 3 Stunden und 10 Minuten. Der nicht verbrauchte Rest verfällt.

Erkrankung (Art. 3 § 19 DV Nr. 188)

Die Zeitgutschrift erfolgt entsprechend der Verfahrensweise beim Erholungsurlaub. Die Buchung wird von Ihrer Personalstelle aufgrund Ihrer Krank- und Gesundmeldung vorgenommen.

Müssen Sie den Dienst wegen einer akuten Erkrankung vor Ende der Kernarbeitszeit beenden, wird die an dem Tag geltende Kernarbeitszeit als fiktives Dienstende angesetzt. Die so errechnete Zeitgutschrift ist ggf. noch um eine halbstündige Mittagspause zu mindern.

Überstunden-, Mehrarbeitsausgleich (Art. 3 § 20 DV Nr. 188)

Bei der Festlegung des Ausgleichszeitraums gibt die neue Dienstvereinbarung Ihnen einen wesentlich größeren Gestaltungsspielraum.

> Möchten Sie durch den Ausgleich von Überstunden oder Mehrarbeit ganztägig frei nehmen, bestimmen Sie den zu berücksichtigenden Umfang. Er muß lediglich die Kernarbeitszeit umfassen.

neu!

Beispiel q):
Montag, 04.12.1995, Vollbeschäftigter in der Fünf-Tage-Woche. Der Überstunden- oder Mehrarbeitsausgleich muß mindestens 6 Stunden betragen, kann aber bis zur arbeitszeitrechtlichen Höchstgrenze von 10 Stunden selbst disponiert werden. So kann ggf. ein Zeitguthaben im Gleitzeitsaldo erwirtschaftet werden, um damit in Kürze einen ZA-Tag nehmen zu können.

Beispiel r):
Bei vollbeschäftigten Mitarbeiterinnen und Mitarbeitern in der Fünf-Tage-Woche reichen freitags bereits 4 Stunden und 30 Minuten für eine ganztägige Freistellung aus.

> Beginnen oder beenden Sie den Dienst wegen des Ausgleichs von Überstunden oder Mehrarbeit innerhalb der Kernarbeitszeit, bestimmen Sie den Umfang der zu berücksichtigenden Zeit. Beachten Sie hierbei bitte, daß die Summe aus der tatsächlich geleisteten Arbeitszeit und der Gutschrift aus den abgefeierten Überstunden oder Mehrarbeitsstunden nicht mehr als 10 Stunden beträgt und nicht zu einem fiktiven Überschreiten der Rahmenzeiten für die Vor- oder Nachgleitzeit führt. Im übrigen darf keine Kernarbeitszeitverletzung entstehen.

Beispiel s):
Mitarbeiterin F. nimmt um 08.00 Uhr den Dienst auf, Mittagspause von 11.30 bis 12.10 Uhr, Dienstende wegen Überstundenausgleich 12.30 Uhr. Tatsächlich geleistete Arbeitszeit 3 Stunden 50 Minuten. Somit stehen für den Überstundenausgleich 6 Stunden und 10 Minuten zu ihrer Disposition. Wird der Ausgleich im vollen Umfang genutzt, ergibt sich 18 Uhr 40 Minuten als fiktives Dienstende. Diese Zeit liegt noch in der Spanne der Nachgleitzeit und ist somit zulässig.

Dienstreise, Dienstgang (Art. 3 § 21 DV Nr. 188)

Bei einer ganztägigen Dienstreise erhalten Sie als Gutschrift die auf diesen Tag entfallende Arbeitszeit. Bei Vollbeschäftigten in der Fünf-Tage-Woche sind dies 7 Stunden und 42 Minuten.

Überschreitet die Dauer des Dienstgeschäfts diese Arbeitszeit, kann ausnahmsweise die Dauer des Dienstgeschäfts angesetzt werden. **Der Grundsatz, daß Reisezeit keine Arbeitszeit ist, ist zu beachten.**

Wird der Dienst am Arbeitsplatz wegen einer Dienstreise oder eines Dienstganges während der Kernarbeitszeit beendet, wird als Zeitpunkt des Dienstendes das für diesen Tag festgelegte Ende der Kernarbeitszeit angesetzt.

Beispiel t):
Mitarbeiterin D. beendet am Montag, 02.10., ihren Dienst am Arbeitsplatz um 13.15 Uhr und tritt eine mehrtägige Dienstreise an, ihr Zug nach Hamburg geht um 14.08 Uhr, sie kommt um 16.52 Uhr dort an. Eine Berücksichtigung als Arbeitszeit kann nur bis zum Ende der Kernarbeitszeit erfolgen, montags 15.00 Uhr.

Endet das Dienstgeschäft nach diesem Zeitpunkt, wird das tatsächliche Ende des Dienstgeschäfts berücksichtigt.

Beispiel u):
Mitarbeiterin D. beendet am Montag, 16.10., ihren Dienst am Arbeitsplatz um 13.15 Uhr und nimmt in der Zeit von 13.30 Uhr bis 17.00 Uhr an einer Besprechung im Revisionsamt teil, im Anschluß an diesen Dienstgang nimmt sie die Arbeit nicht mehr auf. Per ZEITSCHECK ist das tatsächliche Ende des Dienstgeschäftes (17.00 Uhr) der Personalstelle am nächsten Tag umgehend mitzuteilen, so daß die Dauer des Dienstganges als Arbeitszeit berücksichtigt werden kann.

Wird der Dienst am Arbeitsplatz wegen einer Dienstreise oder eines Dienstganges innerhalb der Kernarbeitszeit aufgenommen, wird entsprechend verfahren.
Wird der Dienst am Arbeitsplatz wegen einer Dienstreise oder eines Dienstganges unterbrochen, wird die Dauer der Unterbrechung als Zeitguthaben erfaßt. Wird an diesem Tag keine Mittagspause erfaßt, mindert sich das Zeitguthaben um 30 Minuten.

Wir hoffen, Ihnen hiermit einige nützliche Hinweise zum Umgang mit dem automatisierten Zeiterfassungssystem gegeben zu haben.

Evtl. auftauchende Zweifelsfragen richten Sie bitte an die Personal- oder Verwaltungsstelle Ihres Amtes oder Betriebes.

Mit freundlichen Grüßen
Ihr

Personal- und Organisationsamt

Stadt Frankfurt am Main

Datum: _____

Tel.-Nr.: _____

(Amt/Betrieb) _____

An die Personalstelle

Name, Vorname	Organisationskennziffer

Antrag auf die Gewährung von

- [ ] Urlaub
- [ ] Zeitausgleichstagen
- [ ] AZVK-Tagen
- [ ] Dienstbefreiung (ganztägig)

Begründung:

von	bis	Anzahl Tage	Unterschrift Vertreter/-in

[ ] Zeitscheck
(zur Meldung von Zeitkorrekturen und Nacherfassung nicht erfaßter Zeiten für die automatisierte Zeiterfassung)

Datum		Uhrzeit		Begründung
Tag	Monat	von/ kommen um (richtige Zeit)	bis/ gehen um (richtige Zeit)	(z.B.:Dienstbeginn = Dienstgang; vergessen zu stechen; Karte vergessen; Überstunden-/Mehrarbeitsausgleich)

Antragstellerin/Antragsteller Unterschrift/Datum	Vorgesetzte/Vorgesetzter Unterschrift/Datum	Personalstelle erfaßt am:	Handzeichen/Datum

Datei:n:\ref22\org\zeiterf\merkblat\scheck2.wk4

Anlage zum "Leitfaden zur Anwendung des automatisierten Zeiterfassungssystems"
hier: Erläuterungen zum "Monatsausdruck" (Monatsjournal) - Leitfaden S. 13

In dem Ihnen monatlich zugehenden "Monatsausdruck" sind eine Menge Informationen enthalten, die anhand des nachfolgend abgedruckten Beispiels erläutert werden.
Bitte fügen Sie diese Anlage Ihrem "Leitfaden" bei, so daß Ihnen die nachfolgenden Informationen jederzeit zur Verfügung stehen.
Bitte überprüfen Sie Ihren Monatsausdruck genau, damit insbesondere in der Pilotphase nicht ganz auszuschließende Differenzen umgehend behoben werden können.

```
------ Monatsjournal ------                                          1.2.96    08:15   Seite 1
                                                                     vom 1.1.96 bis 14.1.96
Name                       Pers.-Nummer      Ausweisnummer    Saldoübertrag
Mustermann, Magdalena      012345            000000123        0.00

                                    K   Tages-  Tages-  Pausen-  Außer   Kappung  Abwes.  Über-    Wochen-  fortl.
Datum      Buchungen          V   ist     soll    abzug    Rahmen  > 10 h           stunden  zeit     Saldo

Mo  01. 01.                                       0.00
Di  02. 01.    7:20   12:20               9.25    7.42    0.00    0.00    0.00    0.00    0.00     9.25    1.43
              12:50   17:15
Mi  03. 01.    7:15   12:40               8.00    7.42    0.00    0.00    0.00    0.00    0.00    17.25    2.01
              13:10   15:45
Do  04. 01.    7:20   12:35              10.00    7.42    0.00    0.10    1.13    0.00    0.00    27.25    4.19
              13:32   19:40
Fr  05. 01.    7:20   12:37               8.45    7.42    0.11    0.00    0.00    2.37    0.00    36.10    5.22
              12:56   13:58
              13:58 k 16:35 k  DG
Sa  06. 01.                               0.00    0.00    0.00    0.00    0.00    0.00    0.00    36.10    5.22
So  07. 01.                               0.00    0.00    0.00    0.00    0.00    0.00    0.00    36.10    5.22
Mo  08. 01.    6:20   12:32               7.58    7.42    0.00    0.10    0.00    0.19    0.00     7.58    5.38
              13:04   14:41
              14:41 k 15:00 k  DB
Di  09. 01.    7:15   13:15               7.20    7.42    0.00    0.00    0.00    0.20    0.00    15.18    5.16
              14:10   15:10
              15:10   15:30   DG
              15:30   15:30 s
Mi  10. 01.   10:10   16:15      (1)      5.35    7.42    0.30    0.00    0.00    0.00    0.00    20.53    3.09
Do  11. 01.                       K       7.42    7.42    0.00    0.00    0.00    7.42    0.00    28.35    3.09
Fr  12. 01.    8:00   13:35               5.35    7.42    0.00    0.00    0.00    0.00    0.00    34.10    1.02
Sa  13. 01.                               0.00    0.00    0.00    0.00    0.00    0.00    0.00    34.10    1.02
So  14. 01.                               0.00    0.00    0.00    0.00    0.00    0.00    0.00    34.10    1.02
```

- Spalte "**Buchungen**":
  In dieser Spalte werden alle von Ihnen sowohl an den Erfassungsterminals erfaßten als auch die von Ihrer Personalstelle aufgrund vorgelegter "Zeitschecks" eingegebenen oder geänderten Zeiten als "Kommen-Gehen-Buchungspaare" dargestellt. Zeitlücken zwischen den Buchungspaaren sind Pausen.
  Direkt neben den erfaßten Zeiten befinden sich ggf. die
  Buchungskennzeichen:
  k: Korrektur = Zeit wurde von der Personalstelle aufgrund eines vorgelegten Zeitschecks eingegeben oder geändert.
  s: System-Gehen = Gehen-Zeit wurde vom System wegen vergessener "Gehen-Buchung" bei Dienstende auf die letzte Kommen-Zeit gesetzt. Die zutreffende Gehen-Zeit muß der Personalstelle per Zeitscheck mitgeteilt werden (ergibt nach Korrektur Kennzeichen "k").

Rechts daneben werden Ihre "**Abwesenheitsgründe**" durch ein Kürzel dargestellt (vgl. nachfolgende Aufstellung):

U :	Erholungsurlaub	**EU**:	Erziehungsurlaub
F :	arbeitsfreier Tag (F-Tag)	**EA**:	Dienstbefreiung bei schwerer Erkrankung von Angehörigen
ZA:	Zeitausgleichstag (Gleitzeitentnahme)		
K :	Arbeitsunfähigkeit	**FK**:	Freistellung von Beschäftigten mit Anspruch auf Kindergeld gem. § 45 Abs.1 SGB V
DU:	Dienst-/Arbeitsunfall		
KU:	Kur-/Heilverfahren, Sanatoriumsaufenthalt	**DB**:	sonstige Dienstbefreiung
GU:	Genesungsurlaub	**BU**:	Bildungsurlaub
DG:	Dienstgang	**JU**:	Jugendleitersonderurlaub
DR:	Dienstreise	**ZU**:	sonstiger Zusatzurlaub
FO:	Fortbildung	**WÜ**:	Wehrübung
GV:	Gemeinschaftsveranstaltung (Betriebsausflug)	**SU**:	bezahlter Sonderurlaub
ÜA:	Überstunden-/Mehrarbeitsausgleich	**UU**:	unbezahlter Sonderurlaub
BA:	Ausgleich für Bereitschaftsdienst oder Rufbereitschaft	**PG**:	private, genehmigte Abwesenheit (ohne Zeitanrechnung)
FA:	Ausgleich von Wochenfeiertagen	**PU**:	private, ungenehmigte Abwesenheit (z.B. unentschuldigtes Fehlen)
MU:	Mutterschutz		

- Spalte "**KV**" (Kernzeitverletzung):
  Nicht aufgeklärte "**Kernzeitverletzungen**" werden durch eine "**1**" markiert. Da die Personalstellen verpflichtet sind, alle Kernzeitverletzungen aufzuklären und durch das entsprechende Kürzel eines per Zeitscheck mitgeteilten Abwesenheitsgrundes zu ersetzen, dürfte hier nur in seltenen Einzelfällen durch eine "1" eine unaufgeklärte Kernzeitverletzung gekennzeichnet sein.
- Spalte "**Tagesist**":
  Summe aller an einem Tag anrechenbaren Arbeitszeiten.
- Spalte "**Tagessoll**":
  In der Regel einheitlich von Montag bis Freitag 7 Std. und 42 Minuten. Ausnahmen bilden lediglich die Arbeitstage mit besonderen Zeitregelungen (z.B. Wäldchestag oder Heiligabend).

```
------ Monatsjournal ------                                    1.2.96    08:15   Seite 1
                                                                     vom 1.1.96 bis 14.1.96
Name                    Pers.-Nummer    Ausweisnummer    Saldoübertrag
Mustermann, Magdalena   012345          000000123              0.00
                                    K  Tages-  Tages-  Pausen-  Außer   Kappung  Abwes.  Über-    Wochen-  fortl.
Datum       Buchungen               V  ist     soll    abzug    Rahmen  > 10 h   zeit    stunden  zeit     Saldo
Mo  01.01.                                              0.00
Di  02.01.   7:20    12:20             9.25    7.42    0.00     0.00    0.00     0.00    0.00     9.25     1.43
            12:50    17:15
Mi  03.01.   7:15    12:40             8.00    7.42    0.00     0.00    0.00     0.00    0.00    17.25     2.01
            13:10    15:45
Do  04.01.   7:20    12:35            10.00    7.42    0.00     0.10    1.13     0.00    0.00    27.25     4.19
            13:32    19:40
Fr  05.01.   7:20    12:37             8.45    7.42    0.11     0.00    0.00     2.37    0.00    36.10     5.22
            12:56    13:58
            13:58 k  16:35 k  DG
Sa  06.01.                             0.00    0.00    0.00     0.00    0.00     0.00    0.00    36.10     5.22
So  07.01.                             0.00    0.00    0.00     0.00    0.00     0.00    0.00    36.10     5.22
Mo  08.01.   6:20    12:32             7.58    7.42    0.00     0.10    0.00     0.19    0.00     7.58     5.38
            13:04    14:41
            14:41 k  15:00 k  DB
Di  09.01.   7:15    13:15             7.20    7.42    0.00     0.00    0.00     0.20    0.00    15.18     5.16
            14:10    15:10
            15:10    15:30  DG
            15:30    15:30 s
Mi  10.01.  10:10    16:15          1  5.35    7.42    0.30     0.00    0.00     0.00    0.00    20.53     3.09
Do  11.01.                        K    7.42    7.42    0.00     0.00    0.00     7.42    0.00    28.35     3.09
Fr  12.01.   8:00    13:35             5.35    7.42    0.00     0.00    0.00     0.00    0.00    34.10     1.02
Sa  13.01.                             0.00    0.00    0.00     0.00    0.00     0.00    0.00    34.10     1.02
So  14.01.                             0.00    0.00    0.00     0.00    0.00     0.00    0.00    34.10     1.02
```

- Spalte **"Pausenabzug"**:
  Das AZE-System ergänzt die erfaßte Pausenzeit um den hier angegebenen Wert, um eine Mindestpause von 30 Minuten zu erreichen (Montag bis Donnerstag). Wird freitags länger als 6 Stunden gearbeitet und keine Pause gebucht, wird vom AZE-System automatisch eine Pause von 30 Minuten berücksichtigt.
- Spalte **"Außer Rahmen"**:
  Hier werden die Zeiten ausgewiesen, die vor Beginn der Vorgleitzeit bzw. nach Ende der Nachgleitzeit erfaßt wurden und bei der Berechnung des "Tagesist" nicht berücksichtigt wurden.
- Spalte **"Kappung > 10 Std."**:
  Sollten Sie länger als 10-Stunden gearbeitet haben, wird hier die 10 Stunden übersteigende Arbeitszeit ausgewiesen. Diese Zeit wird bei der Errechnung des "Tagesist" nicht berücksichtigt. Wurde an einem Tag "Außer Rahmen" und über 10 Stunden gearbeitet, bleibt zunächst die Zeit "Außer Rahmen" unberücksichtigt und danach wird die "Kappung > 10 Std." durchgeführt.
- Spalte **"Abwes.zeit"**:
  In dieser Spalte werden alle Abwesenheitszeiten pro Tag saldiert ausgewiesen, unabhängig davon, ob die Abwesenheitszeiten als Arbeitszeit angerechnet werden oder nicht.
- Spalte **"Überstunden"**:
  Hier werden Überstunden nur aufgeführt, wenn sie angeordnet sind. Diese Anordnung wird im AZE-System hinterlegt.
- Spalte **"Wochenzeit"**:
  Die Fortschreibung der Wochenarbeitszeit beginnt jeweils montags bei "0" und endet sonntags mit dem Wochensaldo.
- Spalte **"fortl. Saldo"**:
  In der letzten Spalte wird kontinuierlich die Entwicklung Ihres Zeitkontos dargestellt. Sollten am Monatsende mehr als 20 Stunden Zeitguthaben aufgelaufen sein, werden diese zwar hier ausgewiesen, es werden jedoch lediglich 20 Stunden als **Saldoübertrag** in den nächsten Monat übernommen.

Erläuterung zu einigen Beispielbuchungen
Do., 04.01.:
Dienstbeginn: 7:20 Uhr; Mittagspause: 12:35 Uhr bis 13:32 Uhr; Dienstende: 19:40.
Da der Nachgleitzeitraum um 19:30 Uhr endet, bleiben die 10 Minuten bis 19:40 Uhr bei der Berechnung der Tagesarbeitszeit ("Tagesist") unberücksichtigt und werden in der Spalte "Außer Rahmen" ausgewiesen. Da auch nach diesem Abzug die höchstzulässige Tagesarbeitszeit von 10 Stunden um 1 Stunde und 13 Minuten überschritten wurde, erfolgt ein weiterer Abzug, der in der Spalte "Kappung >10 h" ausgewiesen wird.
Fr., 05.01.:
Dienstbeginn: 7:20 Uhr; Mittagspause: 12:37 Uhr bis 12:56 Uhr; Dienstgang von 13:58 Uhr bis 16:35 Uhr.
In der Spalte "Pausenabzug" werden die 11 Minuten ausgewiesen, die vom AZE-System automatisch wegen Unterschreitens der Mindestpausenzeit (30 Minuten) ergänzt und abgezogen werden.
Der Dienstgang (Abwesenheitsgrund "DG") hat 2 Stunden und 37 Minuten gedauert (Spalte "Abwes.zeit") und wurde nicht im Büro beendet, sondern direkt vom Dienstgang nach Hause. Das Ende des Dienstgangs wurde der Personalstelle per Zeitscheck mitgeteilt und manuell eingegeben (Buchungskennzeichen "k").
Mo., 08.01.:
Für die Zeit von 14:41 Uhr bis 15:00 Uhr wurde eine Dienstbefreiung gewährt (Abwesenheitsgrund "DB"). Dies wurde der Personalstelle per Zeitscheck mitgeteilt. Die Personalstelle hat die Zeit von 14:41 Uhr bis 15.00 Uhr (Ende der Kernarbeitszeit) manuell nacherfaßt (Buchungskennzeichen "k").
Di., 09.01.:
Nach Beendigung eines Dienstgangs von 15:10 Uhr bis 15:30 Uhr wurde bei Dienstende die "Gehen-Buchung" vergessen. Das AZE-System setzt in diesem Fall automatisch die letzte "Kommen-Zeit" auch als "Gehen-Zeit" (15:30 Uhr) und markiert dies mit dem Buchungskennzeichen "s" (Korrektur per Zeitscheck erforderlich).
Mi., 10.01.:
Dienstbeginn: 10.10 Uhr; keine Mittagspause; Dienstende: 16:15 Uhr.
Da überhaupt keine Mittagspause gebucht wurde, zieht das System automatisch die Mindestpausenzeit von 30 Minuten ab und weist dies in der Spalte "Pausenabzug" aus. Da der Dienst erst in der Kernarbeitszeit aufgenommen wurde und kein zulässiges Abwesenheitskennzeichen eingegeben wurde (z.B. "PG" für "private genehmigte Abwesenheit") wird in der Spalte "KV" durch die "1" eine Kernzeitverletzung markiert, die noch (per Zeitscheck) aufgeklärt werden muß.

Neues Gleitzeitsystem
in der Hauptverwaltung

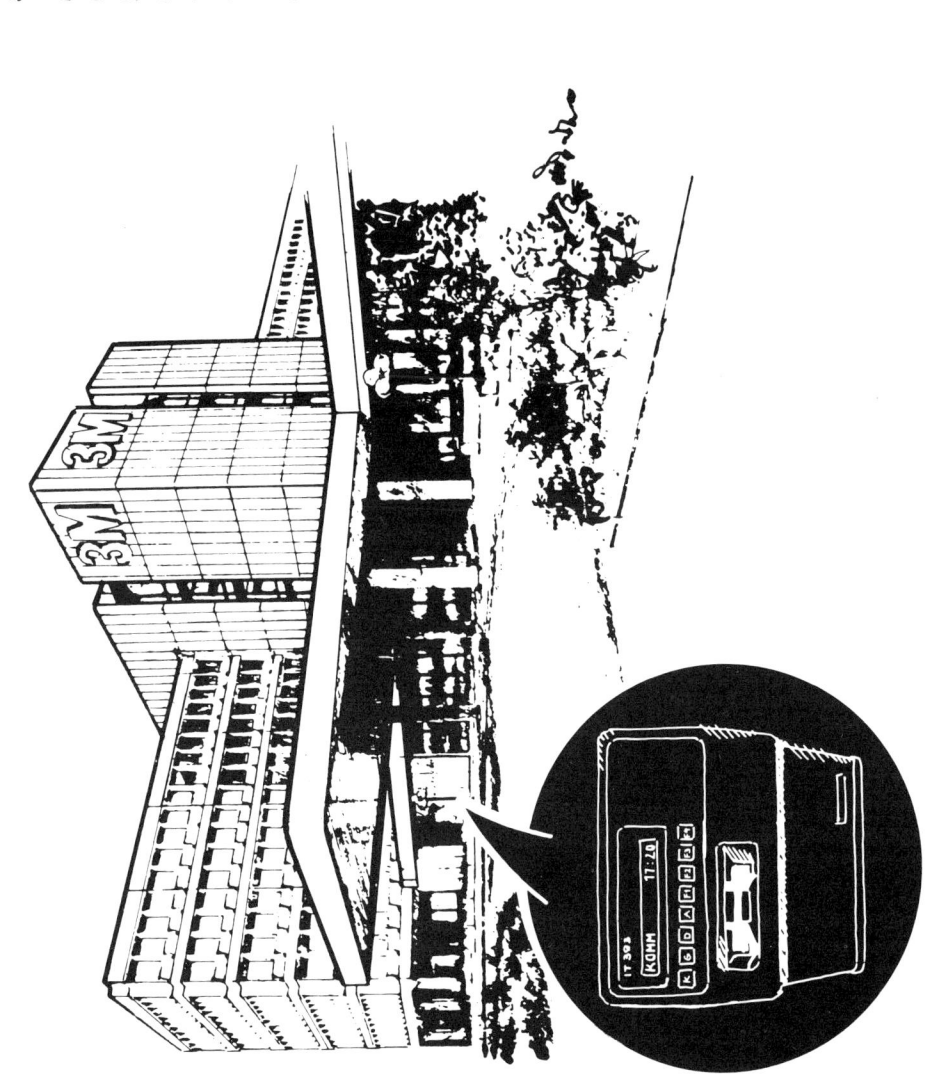

Vorwort

Liebe Mitarbeiterin, lieber Mitarbeiter,

unsere neue Gleitzeitanlage ist nunmehr startklar. Die notwendigen Vorbereitungen sind abgeschlossen und die Zeiterfassungsgeräte installiert, wobei diese im Gebäude der Carl-Schurz-Straße nicht mehr auf den einzelnen Etagen, sondern im Eingangsbereich angebracht sind.

Mit dem Betriebsrat der Hauptverwaltung ist vereinbart worden, daß die Möglichkeiten der neuen, modernen Gleitzeitanlage insoweit genutzt werden, daß auch eine Zeiterfassung für besondere Mitarbeitergruppen, wie z. B. Teilzeitbeschäftigte, Mitarbeiter im Schichtdienst, Mitarbeiter mit Altersfreizeit, erfolgen kann. Rechtzeitig bis zur Inbetriebnahme der Anlage am 1.12.1990 erhalten Sie einen neuen Firmenausweis, der auch gleichzeitig wie bisher der Zutrittskontrolle dient.

Damit Sie mit diesem Ausweis umgehen können und das Gleitzeitsystem richtig verstehen, gibt Ihnen diese Broschüre einige Erklärungen und Hilfestellungen. Zusätzlich stehen Ihnen die Mitarbeiter der Gleitzeitstelle in der Abteilung Personalwirtschaft für Fragen zur Verfügung.

H. Steinacker
Bereich Personalwirtschaft

W. Sander
Betriebsratsvorsitzender

3M

1. Der Firmenausweis

Wie bereits erwähnt dient der Ausweis

- als Nachweis der Firmenzugehörigkeit
- zum Erfassen Ihrer Arbeitszeiten
- zum Abruf Ihrer Informationen am Zeiterfassungsgerät.

Der Ausweis trägt auf der Vorderseite Ihr Bild, das 3M Logo, die Adresse der Hauptverwaltung in Neuss, Ihren Namen und die Gleitzeit-Nummer. Was Sie nicht sehen, ist Ihre codierte Gleitzeitnummer, die das Gerät über ein Infrarotleseverfahren erkennt. Die Rückseite des Ausweises ist mit einem Magnetstreifen versehen, mit dem wir eventuell zu einem späteren Zeitpunkt auch Kantinendaten erfassen bzw. abrechnen können.

Sie erhalten Ihren Firmenausweis rechtzeitig zum Start des neuen Systems.

Sollten Sie einmal Ihren Ausweis verlieren, melden Sie sich bitte sofort bei der Gleitzeitstelle. Dort erhalten Sie zunächst einen Ersatzausweis zum Erfassen Ihrer Arbeitszeiten. Bei Verlust des Ausweises wird gegen eine Gebühr von DM 5,– eine neue Karte erstellt.

2. Das Zeiterfassungsgerät (Ausweisleser)

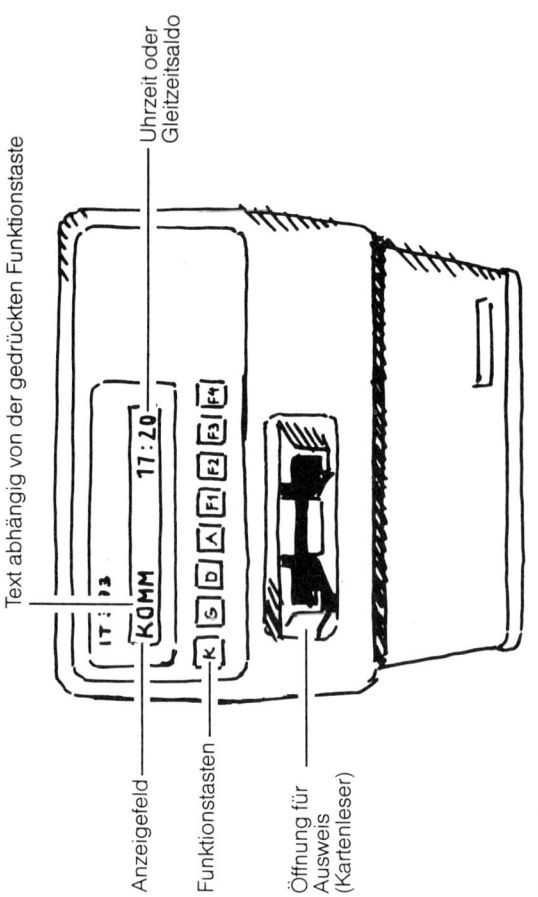

Diese Geräte dienen der Erfassung Ihrer Arbeitszeit und ersetzen die bisher benutzten Erfassungsgeräte.

So bedienen Sie die Zeiterfassungsgeräte:

– Drücken Sie die gewünschte Funktionstaste.
  Ist die gewünschte Funktionstaste gedrückt, brauchen Sie die Taste **nicht** noch einmal zu betätigen.

– Ausweis zügig in Pfeilrichtung mit dem Pfeil nach oben bis zum Anschlag in den Kartenleser einführen.

Nach der Bestätigung „Buchung läuft" wird Ihr Zeitsaldo angezeigt, **vermindert um die Sollstunden des laufenden Tages.**

Beispiel:

		Anzeige:
GEHT Buchung	Ende Arbeitstag	GEHEN +9.00
KOMM Buchung	Beginn nächster Arbeitstag	KOMMEN +1.12

3. Was müssen Sie tun?

Vor Arbeitsbeginn

müssen Sie an einem der installierten Zeiterfassungsgeräte die Funktionstaste K drücken und den Ausweis in den Kartenleser schieben. Anstelle der Uhrzeit erscheint nun der Text „KOMMEN" und Ihr aktueller Zeitsaldo des betreffenden Monats, verringert um die Sollstunden des lfd. Tages (Normalarbeitszeit).

Bei Arbeitsende

müssen Sie die Funktionstaste G drücken und den Ausweis in den Kartenleser stecken. Anstelle der Uhrzeit erscheint nun der Text „GEHEN" und der neu errechnete Zeit-Saldo.

In der Mittagspause

haben Sie private Dinge zu erledigen. Beim Verlassen der 3M ist die G-Taste, bei der Rückkehr die Taste K zu betätigen und jeweils den Ausweis in den Kartenleser zu stecken.

Bei fehlerhafter Bedienung hören Sie einen Signalton. Es erscheint ein Hinweis im Anzeigefeld über die Art der Fehlbedienung, z.B. es können pro Teilnehmer nicht mehrere Kommen-Buchungen hintereinander erfolgen. In diesem Fall ist der Buchungsvorgang zu wiederholen.

FUNKTIONSTASTEN

Mit den Funktionstasten wird der Buchungsvorgang bestimmt.

- K = KOMM (Kommen)
- G = GEHT (Gehen)
- D = DIEN (Dienstgang/-reise)
- A = INFO (Saldoanzeige)
- G + F1 = GEHT URLA (Urlaub)
- G + F2 = GEHT ARZT (Arztbesuch)
- K + F2 = KOMM ARZT (Arztbesuch)
- F3 + F4 = NICHT BENUTZEN!

NR. AUSWEISLESER:

Bei Urlaubsbeginn

ist die Taste G und **zusätzlich** die Taste F1 zu betätigen, bevor Sie den Ausweis in den Leser stecken. In diesem Fall wird das Arbeitsende des betreffenden Tages registriert und gleichzeitig ab dem nächsten Tag bis zur erneuten Komm-Buchung Urlaub angerechnet.

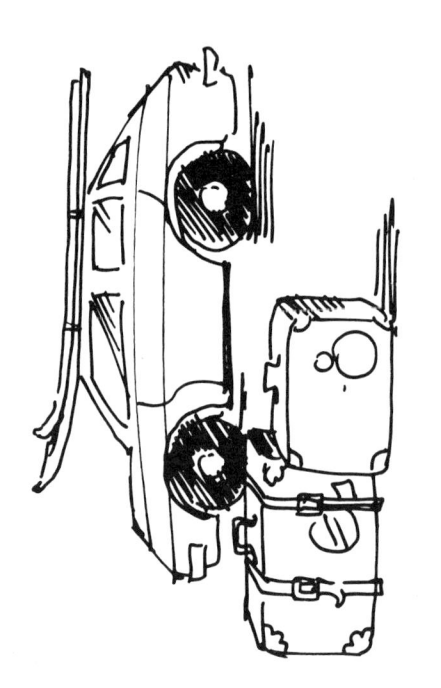

Bei Urlaubsende

ist die Taste K zu betätigen. In diesem Fall wird von diesem Tag an wieder die Arbeitszeit registriert.

Bei Dienstgang/Dienstreise

ist bei Beginn die D-Taste und bei Beendigung die K-Taste zu betätigen. In diesem Fall erhalten Sie die Abwesenheitszeit im Rahmen der Normalarbeitszeit angerechnet, so daß Ihr Zeit-Saldo nicht gemindert wird. Bei Dienstgang/-reise in Verbindung mit GLAZ-Inanspruchnahme ist **zusätzlich** ein Minuskorrekturbeleg für die genommene Freizeit zu erstellen.

Bei Altersfreizeit

ist wie üblich bei Verlassen des Hauses die Taste G zu betätigen. Die Anrechnung dieser Freizeit wird durch ein entsprechendes Programm geregelt.

Beim Arztbesuch

sind die Tasten G+F2 bzw. K+F2 zu betätigen.

Beispiel 1:

Sie kommen morgens zur Arbeit und müssen während der Arbeitszeit zum Arzt. Dann betätigen Sie beim Verlassen der 3M die Tasten G+F2 und bei der Rückkehr die Taste K. Für den Fall, daß Sie erst am nächsten Tag zurückkommen, ist ebenfalls die K-Taste zu betätigen.

Beispiel 2:

Sie haben am nächsten Tag vor Arbeitsbeginn einen Termin bei Ihrem Arzt. Am Vortag drücken Sie nach Beendigung Ihrer Arbeit die Taste G und bei Ihrer Rückkehr die Tasten K+F2.

Bei Krankheit

haben Sie zum Abschluß eines Arbeitstages normalerweise „GEHT" gebucht. Wenn Sie dann krank werden, zählt das Gleitzeitsystem pro Tag minus 7 Stunden und 48 Minuten (Normalarbeitszeit). Ihr Vorgesetzter meldet Ihre Krankheit an die zuständige Personalabteilung. Diese informiert die Gleitzeitstelle zwecks Korrektur des Saldos.

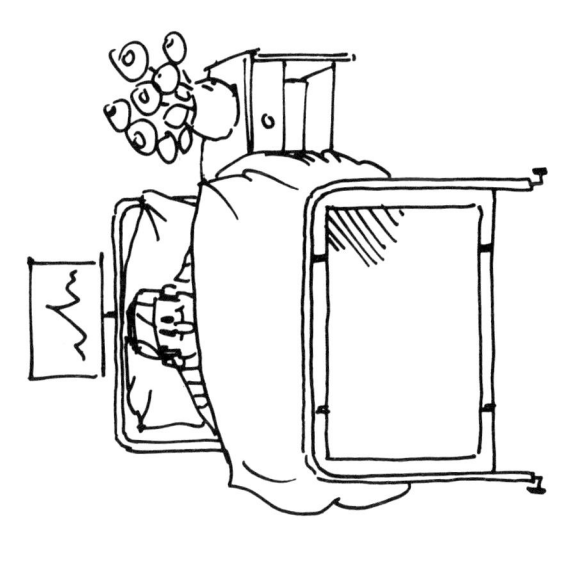

Grundsätzlich gilt:

Bei jedem Betreten oder Verlassen der Gebäude ist der Ausweisleser zu betätigen. Dies gilt auch für Samstage, Sonn- und Feiertage.

Bei Fehlermeldung

Anzeige	So reagieren Sie!
„RHYTHMUSFEHLER"	Falsche Taste gedrückt, z.B. Komm-Taste nach Komm-Taste oder Geht nach Geht. Wenn ja, Ausweis bitte entnehmen und Buchung wiederholen. Komm-Buchung vergessen? Wenn ja, Arbeitsbeginn und -ende bitte umgehend mittels Korrekturbeleg (Formular 3M AV 0054) an die Gleitzeitstelle melden.
„NUR BEI ERS"	Sie versuchen eine Buchung, die nur als erste Buchung eines Tages möglich ist. Ggf. ist ein Korrekturbeleg zu erstellen.
„NICHT LESBAR"	Ausweis falsch oder zu langsam in das Gerät gesteckt? Wenn ja, Buchungsvorgang wiederholen. Ansonsten ist der Ausweis beschädigt. Bitte umgehend bei der Gleitzeitstelle melden.
„BUCHUNG OK"	Die Verbindung zwischen Ausweisleser und Computer ist unterbrochen. Trotzdem bleibt Ihre Buchung gespeichert und wird später verarbeitet.
„KEINE ANZEIGE"	Buchungsterminal ist offensichtlich defekt. Bitte melden Sie die Störung umgehend unter der Angabe der Nummer des Ausweislesers an die Gleitzeitstelle. Benutzen Sie in diesem Fall bitte einen anderen Ausweisleser.

4. Zeitkorrektur

Ganz ohne Formulare geht es nicht.
Es kann immer einmal passieren, daß Zeitkorrekturen notwendig werden; z. B. weil Sie vergessen haben „Komm" oder „Geht" zu buchen. Oder, weil eine Krankmeldung die Gleitzeitstelle nicht erreicht hat.

Durch solche Vorkommnisse wird Ihr Zeitsaldo verändert; eine fehlende „Komm"-Buchung oder die versäumte Krankmeldung führen dazu, daß das Gleitzeitsystem Ihren Zeitsaldo pro Tag um 7 Stunden und 48 Minuten verringert. **Die fehlende „Geht"-Buchung hat zur Folge, daß das System für diesen Tag keine Anwesenheit unterstellt.**

Um solche Veränderungen korrigieren zu können, füllen Sie den Gleitzeitbeleg AV 0054 aus (diesen Beleg können Sie bei Ihrem Vorgesetzten erhalten). Ihr Vorgesetzter unterschreibt und schickt ihn an die Gleitzeitstelle, die dann die Korrekturen ins Gleitzeitsystem eingibt.

Korrekturen sind unverzüglich zu melden. Nach Ablauf von zwei Monaten ist eine Korrektur **nicht** mehr möglich.

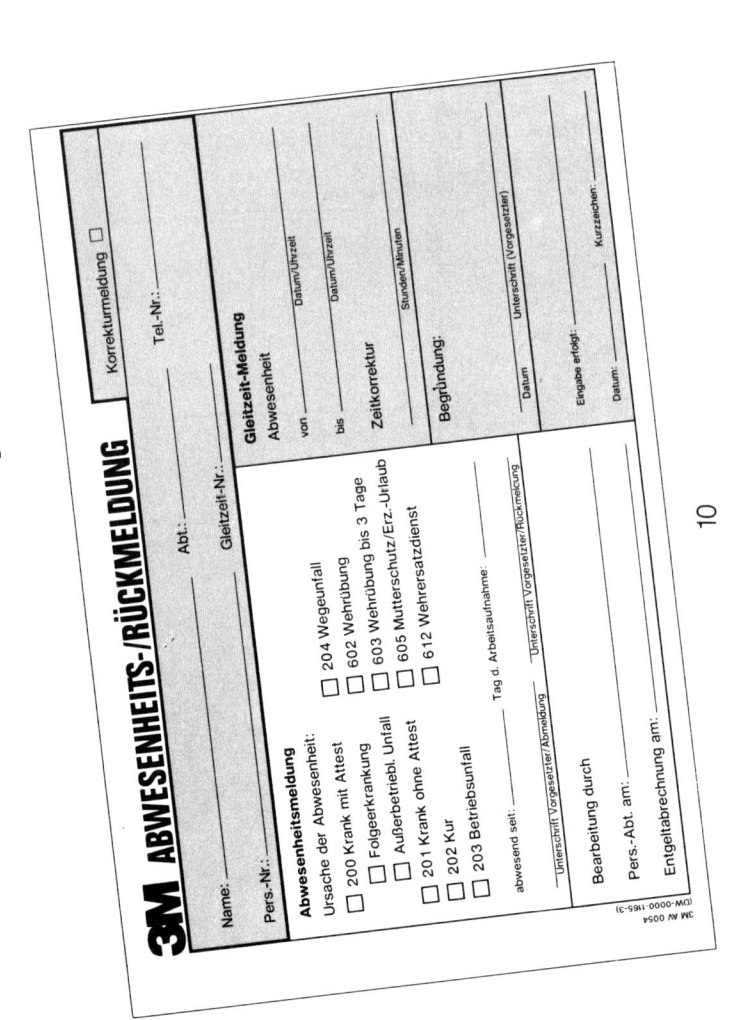

5. Arbeitszeitregelung

Für alle Mitarbeiter, die bisher an der Gleitzeit teilgenommen haben (Vollzeit-Mitarbeiter) ändert sich nichts. Es gilt nach wie vor die folgende Regelung:

Komm-Gleitzeit: 7.15 Uhr – 9.00 Uhr

Innerhalb dieses Zeitrahmens können Sie entscheiden, wann Sie mit Ihrer Arbeit beginnen.

Geht-Gleitzeit: 16.00 Uhr – 17.45 Uhr

Wann Sie Ihre Arbeit beenden, können Sie innerhalb dieses Zeitrahmens bestimmen.

Zwischen der spätestmöglichen Komm-Zeit (9.00 Uhr) und der frühestmöglichen Geht-Zeit (16.00 Uhr) liegt die Kernzeit. In dieser Zeit müssen Sie an Ihrem Arbeitsplatz sein. Abwesenheiten während der Kernzeit **müssen** von Ihrem Vorgesetzten genehmigt werden.

Der Zeitraum zwischen frühestmöglicher Komm-Zeit (7.15 Uhr) und spätestmöglicher Geht-Zeit (17.45 Uhr) heißt Bandbreite. Arbeitszeiten, die vor bzw. hinter dieser Bandbreite liegen, werden zwar von dem Gleitzeitsystem registriert, führen aber nicht zu einer Veränderung Ihres Zeitsaldos. Das Gleitzeitsystem berücksichtigt nur Arbeitszeiten zwischen 7.15 Uhr und 17.45 Uhr.

Die Normalarbeitszeit ist die im Rahmen der 39-Stunden-Woche durchschnittlich zu leistende Arbeitszeit von 7 Stunden und 48 Minuten pro Tag; aus rein rechnerischen Gründen wurde sie von 8.21 Uhr bis 16.54 Uhr festgeschrieben.

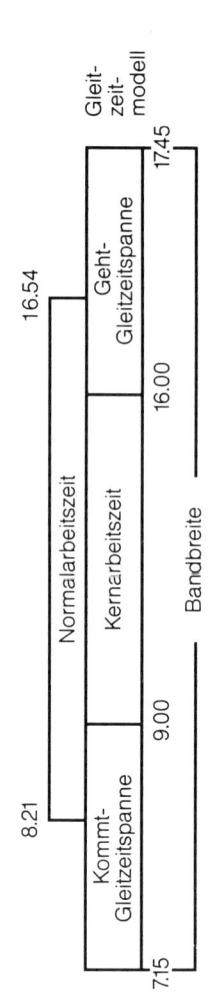

7.15	8.21	9.00	16.00	16.54 17.45
Kommt-Gleitzeitspanne		Kernarbeitszeit		Geht-Gleitzeitspanne
		Normalarbeitszeit		
		Bandbreite		

Gleitzeitmodell

Die Mittagspause von 45 Minuten ist im Gleitzeitmodell berücksichtigt. Anwesenheitszeiten vor 7.15 Uhr und nach 17.45 Uhr oder an arbeitsfreien Tagen werden nicht der Gleitzeit angerechnet, wohl aber in einem gesonderten Konto (Arbeitszeit außer Rahmen „ARA") zwecks Anwesenheitskontrolle erfaßt.

Die Ist-Arbeitszeit ist die tatsächlich erbrachte Arbeitszeit, sie liegt zwischen der Kommt- und Geht-Buchung und wird durch die Mittagspause unterbrochen. Vom Arbeitgeber veranlaßte Abwesenheiten wirken sich nicht negativ auf den Gleitzeitsaldo aus (siehe Punkt 3).

Abwesenheit aus privaten Gründen (z.B. Einkäufe, Erledigungen bei Behörden) dagegen verringern den Gleitzeitsaldo.

Je nachdem, ob Ihre Arbeitszeit größer oder kleiner als die Normalarbeitszeit (7 Stunden und 48 Minuten) ist, sammeln Sie auf Ihrem Gleitzeitkonto ein Zeitguthaben bzw. ein Zeitdefizit an.

Zeitguthaben bzw. -defizite dürfen am Ende eines Monats **maximal 12 Stunden** betragen. Darüber hinausgehende Zeitguthaben verfallen am Ende eines Monats, es sei denn, daß der Mitarbeiter infolge Krankheit oder aus dringenden betrieblichen Gründen nicht in der Lage war, sein Gleitzeitguthaben durch Freizeit ganz oder teilweise auszugleichen. In diesem Fall kann das 12 Stunden überschreitende Guthaben auf den Folgemonat durch eine entsprechende Korrekturbuchung übertragen werden. Diese Regelung ist jedoch nur für den ersten Monatswechsel erlaubt, eine Übertragung auf weitere Folgemonate entfällt. Sie sind also verpflichtet, den Ausgleich ganz oder teilweise im Folgemonat vorzunehmen.

Jeden Monat besteht **zweimal** die Möglichkeit, bei entsprechendem Zeitsaldo **einen halben Tag freizunehmen**. An einem solchen Tag ist ein halber Tag zu arbeiten. Halbe freie Tage können Sie auch **vor** bzw. **nach** arbeitsfreien Tagen nehmen (z.B. Freitagnachmittag, Montagvormittag, vor Urlaubsantritt, nach Urlaubsende). Sie müssen sich allerdings vorher immer mit Ihrem Vorgesetzten abstimmen.

Gleitzeit und Mehrarbeit

a) Gleitzeitguthaben bis zu 12 Stunden sind keine zu bezahlenden Mehrarbeitszeiten.

b) Vom Gleitzeitsystem erfaßte Zeiten über 12 Stunden können mit Genehmigung des Vorgesetzten als Mehrarbeitsstunden bezahlt werden.

c) Die Zeiten vor 7.15 Uhr und nach 17.45 Uhr (außerhalb der Bandbreite) sind nur dann zuschlagspflichtige Mehrarbeitszeiten sofern sie angeordnet und genehmigt sind.

Teilzeit-Mitarbeiter

Wenn Sie dem Personenkreis angehören, mit dem eine Teilzeitbeschäftigung vereinbart wurde, nutzen Sie nunmehr ebenfalls die Gleitzeiteinrichtungen. Wir haben abhängig von der vereinbarten Teilzeit folgendes Gleitzeitmodell eingerichtet.

```
                Normalarbeitszeit = vereinbarte Arbeitszeit
7.15                                                        17.45
     └──────────────── Bandbreite ────────────────┘
```

Das Gleitzeitmodell berücksichtigt, daß Sie in der Bandbreite (7.15 Uhr bis 17.45 Uhr) wie die Vollzeitmitarbeiter Ihre persönliche Sollzeit (vereinbarte Arbeitszeit) erarbeiten. In Absprache mit Ihrem Vorgesetzten können Sie durch Überschreitung oder Unterschreitung der Normalarbeitszeit auf Ihrem Gleitzeitkonto Zeitguthaben ansammeln bzw. abbauen.

Mitarbeiter im Schichtdienst

Mitarbeiter im Schichtdienst nehmen nicht an der „Gleitenden Arbeitszeit" teil. Für diese Mitarbeiter werden lediglich Anwesenheitszeiten durch KOMM- und GEHT-Buchungen erfaßt. Aufgrund Ihrer Komm-Buchung ordnet das System die entsprechende Schicht zu, auch wenn sich Ihr Schichtplan ändert. Somit müssen Sie nicht jedesmal bei einem Schichtwechsel die Gleitzeitstelle informieren. Im übrigen sind für alle Abwesenheiten die bereits beschriebenen Funktionstasten zu benutzen.

Sonstige Arbeitszeitregelungen

Für Mitarbeiter mit Arbeitszeiten, die von den beschriebenen Arbeitszeitregelungen abweichen, wie z.B. Mitarbeiter mit festen oder mit verschobenen Arbeitszeiten, werden ebenfalls Arbeitszeitmodelle eingerichtet. Diese Programme werden den betreffenden Mitarbeitern durch die zuständige Personalabteilung erläutert.

6. Mitarbeiter Zeitkonto

Für jeden Mitarbeiter wird mit Hilfe des Zeiterfassungssystems ein Zeitkonto geführt.

Im Zeitkonto sind alle Buchungsdaten und alle Korrekturen je Kalendertag im Verlaufe eines Monats enthalten. Ein Beispiel dieses Zeitkontos sehen Sie auf der Seite 16.

Sind Fragen bezüglich der Abrechnung der Zeiten zu klären, können Sie Ihr Zeitkonto bei der Gleitzeitstelle einsehen. Bitte beachten Sie, daß die Gleitzeitstelle täglich in der Zeit von 11.00 Uhr bis 12.00 Uhr durch eine Mitarbeiterin der Personalabteilung besetzt ist (Tel.: 2895).

Erläuterungen

① In der Kopfzeile sind die wichtigsten Zuordnungskriterien zu Ihrer Person enthalten.

SSNR = Gleitzeit-Nr./Ausweis-Nr.

P-NR = Personal-Nr.

ABT. = Abteilungskurzzeichen

ZEITGRUPPE = Nummer des Arbeitszeitmodells, nach dem Sie arbeiten, z.B. Normalarbeitszeit = „15"

② *GLAZ*
Aktuelles Gleitzeitguthaben/-defizit

③ *DATUM*
Es werden jeweils Wochentag mit Datum angegeben.

④ *TPNR*
Angabe der Tagesprogramm-Nr., nach der Ihr Zeitkonto abgerechnet wird.

⑤ *UHRZEIT KOMMT GEHT*
Uhrzeit der Buchungen am Zeiterfassungsgerät oder von der Gleitzeitstelle eingegebene, korrigierte Uhrzeiten.

⑥ *AZ HEUTE*
Arbeitszeit – Heute; Stunden und Minuten pro Arbeitszeitintervall unter Berücksichtigung der festgelegten Pausen.

⑦ *AZ HEUKUM*
Arbeitszeit – Heute kumuliert; Addition der geleisteten Arbeitszeitintervalle pro Tag.

⑧ *SOLL HEUTE*
Soll-Arbeitszeit je Tag

⑨ *SOLL KUMUL*
Soll-Arbeitszeit fortlaufend addiert.

⑩ *AZ KUMUL*
Ist-Arbeitszeit fortlaufend addiert.

⑪ *GLAZ SALDO*
Gleitzeit-Saldo; fortlaufende Addition der täglichen Differenz zwischen Soll-Arbeitszeit und geleisteter Arbeitszeit.

⑫ *ARA SALDO*
Zeit außer Rahmen; ist die Zeit der Anwesenheit, die außerhalb der festgelegten Bandbreite oder an arbeitsfreien Tagen angefallen ist. Diese Zeit wird nicht in die bewertete Anwesenheit einbezogen.

⑬ *ARA – HEUTE*
Täglich geleistete Zeit außer Rahmen.

⑭ *FEHLZT BEWER.*
Fehlzeit bewertet; Abwesenheitszeiten für Urlaub, Krankheit usw.

⑮ *GRUND*
Hinweis auf einen vorliegenden Fehlgrund.

⑯ *BEMERKUNGEN*
Selbsterklärend

⑰ *PER SUM*
Akkumulierte Werte.

Mitarbeiter Zeitkonto

Periode 0 (01-11-90 . 12-11-90)

① SSNR NAME P-NR. ABT. TEL. ② GLAZ. 11.23 ZEITGRUPPE

③ Datum	④ TPNR	⑤ Uhrzeit kommt geht	⑥ AZ heute	⑦ AZ heukum	⑧ Soll heute	⑨ Soll kumul.	⑩ AZ kumul.	⑪ GLAZ-Ido	⑫ ARA S	⑬ ARA heute	⑭ Fehlzt. Bewer.	⑮ Grund	⑯ Bemerkungen
Übertrag von letzter Periode:								12.00	0.00				
DO 01	16												
FR 02	1	08:21 16:54	7.48	7.48	7.48	7.48	7.48	12.00					
SA 03	14												
SO 04	14												
MO 05	1	08:45 16:47	7.17	7.17	7.48	15.36	15.05	11.29					
DI 06	1	08:57 18:15	8.03	8.03	7.48	23.24	23.08	11.44	0.30	0.30			
MI 07	1	07:15 14:00 14:00 15:00 15:00 17:00	6.00 2.00	8.00	7.48	31.12	31.08	12.56			1.00	Arztbesuch	
DO 08	1	08:00 09:00 09:00 16:54	1.00 7.09	8.09	7.48	39.00	39.17	13.17				D. Gang/Rei	Bis Normalzeit – Ende gewertet
FR 09	1	08:21 11:00 11:00 15:00	2.39 3.15	5.54	7.48	46.48	45.11	11.23				D. Gang/Rei	AB Normalzeit – Beginn gewertet
SA 10	14												
SO 11	14												
MO 12					7.48	54.36	45.11	11.23			7.48	Urlaub	
⑰ Per-Sum			45.11	45.11	54.36	54.36	45.11	11.23	0.30	0.30	8.48		

141

VORWORT

Liebe Mitarbeiterinnen,
liebe Mitarbeiter!

Wir haben für alle Mitarbeiter unseres Werkes mit dem Betriebsrat die Einführung der elektronischen Zeiterfassung vereinbart. Mit diesem System werden Ihre Arbeitszeiten, die zu vergütenden Abwesenheitszeiten sowie Ihre Freistellungsansprüche für die Abrechnung erfaßt und zu Ihrer Information aufgezeichnet.

Wie bei jeder Neuerung gibt es auch bei dem neuen System eine Reihe von Regeln, die beachtet werden müssen. Die wichtigsten Punkte zur Benutzung des neuen Sytems finden Sie in dieser Broschüre zusammengestellt.

Wenn Sie noch Fragen haben, wenden Sie sich bitte an Ihre Personalabteilung.

Der Mitarbeiterausweis

Sie erhalten einen Vollplastik-Ausweis, der Ihren Namen, Vornamen, Personal-Nr. sowie Lichtbild enthält.

Der Mitarbeiterausweis ist ausschließlich für den Buchungsbetrieb im Rahmen der maschinellen Zeiterfassung zu verwenden.

Die Überlassung des Ausweises an andere Werksangehörige und Betriebsfremde ist strengstens untersagt.

Der Ausweis dient:

- zum Nachweis der Firmenzugehörigkeit
- zum Erfassen Ihrer Arbeitszeiten
- zum Abruf von Informationen am Zeiterfassungsgerät

Haben Sie Ihren Ausweis vergessen und können deshalb Ihre Zeitbuchung nicht vornehmen, so wenden Sie sich bitte an die Personalabteilung bzw. an Ihren betrieblichen Vorgesetzten.

Sie erhalten für diesen Tag ggf. einen Ersatzausweis, mit dem Sie die erforderlichen Buchungen vornehmen können. Der Ersatzausweis ist vor Verlassen des Firmengeländes in der Personalabteilung oder beim Pförtner abzugeben. Spätestens jedoch soll die Abgabe des Ausweises am nächsten Tag erfolgen.

Blankenheim, im Juni 1992

Das Zeiterfassungsgerät

Geräteabbildung

Anzeigefeld

Nummerntasten für Kontenabfrage

Funktionstasten

Schlitz für Ausweis (Kartenleser)

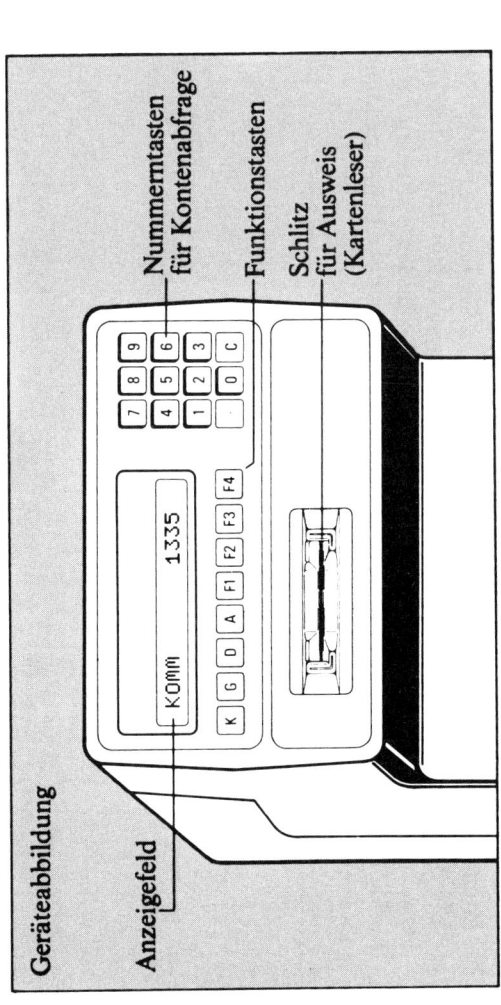

Das Zeiterfassungsgerät dient der Erfassung Ihrer Arbeitszeit sowie dem Abruf von Informationen und ersetzt die bisher benutzten Stempeluhren.

Das Zeiterfassungsgerät wird richtig bedient, indem der Ausweis zügig in Pfeilrichtung mit dem Bild nach oben bis zum Anschlag in den Kartenleser eingeführt wird.

Im Anzeigefeld wird der Text "BUCHUNG LÄUFT" und kurz darauf Ihr Zeitsaldo angezeigt. Der Zeitsaldo enthält die bisher geleistete Arbeitszeit.

Bei fehlerhafter Bedienung hören Sie einen Signalton, außerdem wird eine Fehlermeldung im Anzeigefeld angezeigt. In diesem Fall wiederholen Sie bitte den Buchungsvorgang.

So bedienen Sie das Zeiterfassungsgerät richtig

Für die Bedienung des Zeiterfassungsgerätes gilt folgendes:

Grundsatz

Sie sind verpflichtet, Ihre Kommt-Buchung unmittelbar vor Arbeitsaufnahme, die Geht-Buchung unmittelbar nach Beendigung der Arbeit vorzunehmen.

Dienstgang/Dienstreise

Bei Verlassen des Werkes muß eine Dienstgang-Buchung vorgenommen werden. Vor dem Buchungsvorgang ist zuerst die blaue Taste "D" zu drücken. Die Buchung ist auch dann erforderlich, wenn die Dienstreise bzw. der Dienstgang erst am nächsten Tag von zu Hause angetreten wird.

Abfrage Zeitkonten

Zeitsaldo: Zuerst gelbe Tast "A" drücken, dann Ausweis einstecken. Es wird der Zeitsaldo bzw. die Zeitsumme, die bis zum gestrigen Tag erreicht wurde, angezeigt.

Resturlaub: Sie können sich am Ausweisleser auch über den Stand Ihres Resturlaubs informieren. Hierzu müssen Sie zuerst die gelbe Taste "A" drücken, dann Ausweis einstecken. Nachdem der Saldo bzw. die Zeitsumme angezeigt wird, ist die Nummerntaste 1 zu betätigen. Es erscheinen die aktuellen Resturlaubstage.

Meldung von Abwesenheitszeiten

Abwesenheitszeiten bedingt durch:

- Arbeitsunfähigkeit
- Arbeitsversäumnis nach Tarifvertrag und Diehl Sozialordnung
- Freistellung
- sonst. Abwesenheitsgründe

werden von der Personalabteilung in das System eingegeben.

DIEHL Blankenheim	MELDUNG VON ABWESENHEITSZEITEN		Datum	
Personalnummer	Name, Vorname		Abt./Ko.-Stelle	

Bitte entsprechende Nummer ankreuzen und Zeitraum angeben

URLAUB
- 30 Tarifurlaub
- 32 Urlaub für Jubiläum
- 34 Unbezahlter Urlaub beantragte ganze Tage

ARBEITSUNFÄHIGKEIT (Bescheinigung folgt)
- 11 Krank
- 13 Krank infolge Betriebsunfall
- 14 Krank infolge Wegeunfall
- 15 Krank stundenweise

BEZAHLTE AUSFALLZEITEN
- 41 Eigene Eheschließung — 2 Tage
- 42 Tod der Eltern — 2 Tage
- 43 Tod des Ehegatten oder der eigenen Kinder bei Hausl. Gemeinsch. — 3 Tage
- 44 Tod von Angehörigen, z.B. Geschwister, Großeltern — 1 Tag
- 45 Eig. 25- oder 40jähriges Ehejubiläum — 1 Tag
- 46 Goldene Hochzeit der Eltern/Schwiegereltern — 1 Tag
- 47 Entbindung der Ehefrau — 2 Tage
- 48 Schwere Erkrankung des Ehegatten oder der eigenen Kinder (oder Eltern) — 2 Tage (1 Tag)
- 49 Wohnungswechsel — 1 Tag
- 50 Eheschließung der Eltern, Kinder, Geschwister — 1 Tag
- 52 Wahrnehmung öffentlicher Ehrenämter
- 56 Angeordnete ärztliche Untersuchungen

FREISTELLUNG
- 59 Freistellung ohne Entgeltzahlung (stundenweise)
- 60 Zeitausgleich ZF
- 80 Zeitausgleich GLAZ

SONSTIGE ABWESENHEITSGRÜNDE

Fehlgrund Nr.	Tagesdatum von (Tag/Monat/Jahr)	Tagesdatum bis (Tag/Monat/Jahr)	Uhrzeit von (Stunde/Minute)	Uhrzeit bis (Stunde/Minute)

Mitarbeiter / Vorgesetzter / Zeitbeauftragter/Pers.-Abt.

Buchung Urlaub

Vor Urlaubsantritt ist der Urlaub am Zeiterfassungsgerät anzumelden. Hierzu ist vor dem Einstecken des Ausweises die Taste "F4" zu drücken. Mit dieser Buchung erfolgt gleichzeitig die GEHEN-Buchung. Die Urlaubsanmeldung gilt ab dem nächstfolgenden Arbeitstag, d.h. wenn der erste Urlaubstag auf einen Montag fällt, ist am Freitag vorher mit der GEHEN-Buchung der Urlaub anzumelden.

Bitte beachten Sie, daß jeder Urlaubszeitraum, dies gilt auch für einzelne Tage, von Ihnen rechtzeitig vorher schriftlich beim zuständigen Vorgesetzten beantragt werden muß (Meldung von Abwesenheitszeiten).

Buchung Freischichttage

Die Inanspruchnahme von Freischichttagen (ZF) setzt in der Regel ein entsprechendes Zeitguthaben voraus.

Beantragen Sie bitte rechtzeitig bei Ihrem Vorgesetzten den gewünschten Freischichttag mit dem gelben Formular (Meldung von Abwesenheitszeiten).

Am letzten Arbeitstag vor dem Freischichttag melden Sie bitte bei Ihrer GEHEN-Buchung den Freischichttag am Zeiterfassungsgerät an. Hierzu drücken Sie zuerst die Taste "F2" und stecken dann den Ausweis in den Kartenleser ein. Mit dieser Buchung wird gleichzeitig die GEHEN-Buchung und die Anmeldung des Freischichttages vorgenommen.

Von Ihnen ist bei:

- Urlaub (Nr. 30 - 34)
- Arbeitsversäumnis (Nr. 41 - 56)
- Freistellung (Nr. 59 - 80)
- sonst. Abwesenheitsgründen

eine Abwesenheitsmeldung (gelbes Formular) zu erstellen.

Erstellen des Formulars:

Neben den Angaben zur Person sind die jeweiligen Abwesenheitsgründe anzukreuzen und das Datum (von/bis) einzutragen.

Bei stundenweiser Abwesenheit ist zusätzlich die Uhrzeit (von/bis) anzugeben.

Genehmigung?

Anträge auf Urlaub sowie Anträge auf Zeitgutschrift bei Arbeitsversäumnis und Freistellung sind dem Vorgesetzten zur Unterschrift vorzulegen.

Korrekturen

Sollten Sie einmal vergessen haben, am Zeiterfassungsgerät Ihre Buchung vorzunehmen, erfolgt keine Zeitgutschrift. In diesem Fall ist von Ihnen ein Korrekturbeleg (rotes Formular) zu erstellen mit den genauen Angaben über den Beginn Ihrer Arbeitsaufnahme bzw. Ihres Arbeitsendes. Diese Angaben sind von Ihrem Vorgesetzten zwecks Ordnungsmäßigkeit zu unterzeichnen. Erst dann kann die Personalabteilung die Daten vervollständigen bzw. Ihr Zeitkonto korrigieren.

DIEHL Blankenheim	NACHBUCHUNGEN/KORREKTUREN		Datum
Personalnummer	Name, Vorname		Abt./Ko.-Stelle
GRUND :	☐ KOMMT-Buchung vergessen ☐ GEHT-Buchung vergessen ☐ KOMMT- und GEHT-Buchung vergessen ☐ DIENSTGANG-Buchung vergessen		
Tagesdatum von — Tag Monat Jahr	Tagesdatum bis — Tag Monat Jahr	Uhrzeit von — Stunde Minute	Uhrzeit bis — Stunde Minute
Mitarbeiter	Vorgesetzter	Zeitbeauftragter/Pers.-Abt.	

20089 F

Feststellung von zu vergütenden Stunden bei Abwesenheit

Anfallende zu vergütende Stunden, die nicht vom Zeiterfassungssystem erfaßt sind, müssen zunächst von Ihnen auf einem Formular (weiß) aufgezeichnet werden. Das Formular ist monatlich zu führen und von Ihrem Vorgesetzten zur Bestätigung der Ordnungsmäßigkeit zu unterzeichnen. Danach werden von der Personalabteilung die Daten in Ihr persönliches Zeitkonto eingegeben.

Mitarbeiter-Zeitkonto

Für jeden Mitarbeiter wird mit Hilfe des Zeiterfassungssystems ein Zeitkonto geführt.

Im Zeitkonto sind alle Buchungsdaten und manuell eingegebene Zeitdaten je Kalendertag im Verlaufe eines Monats enthalten. Jeder Mitarbeiter erhält mit der monatlichen Lohn- und Gehaltsabrechnung sein Zeitkonto für den abgeschlossenen Monat.

Auf Wunsch erhalten Mitarbeiter zu Kontrollzwecken sowie der Abteilungsleiter zur ordnungsgemäßen Erfüllung seiner Leitungsfunktion auch Zwischenausdrucke. Ein Muster-Zeitkonto ist dieser Broschüre als Anlage beigefügt!

Haben Sie noch Fragen?

Dann wenden Sie sich bitte an Ihre Personalabteilung!

Zeiterfassungssystem

Bedienungsanleitung

Gleitzeit

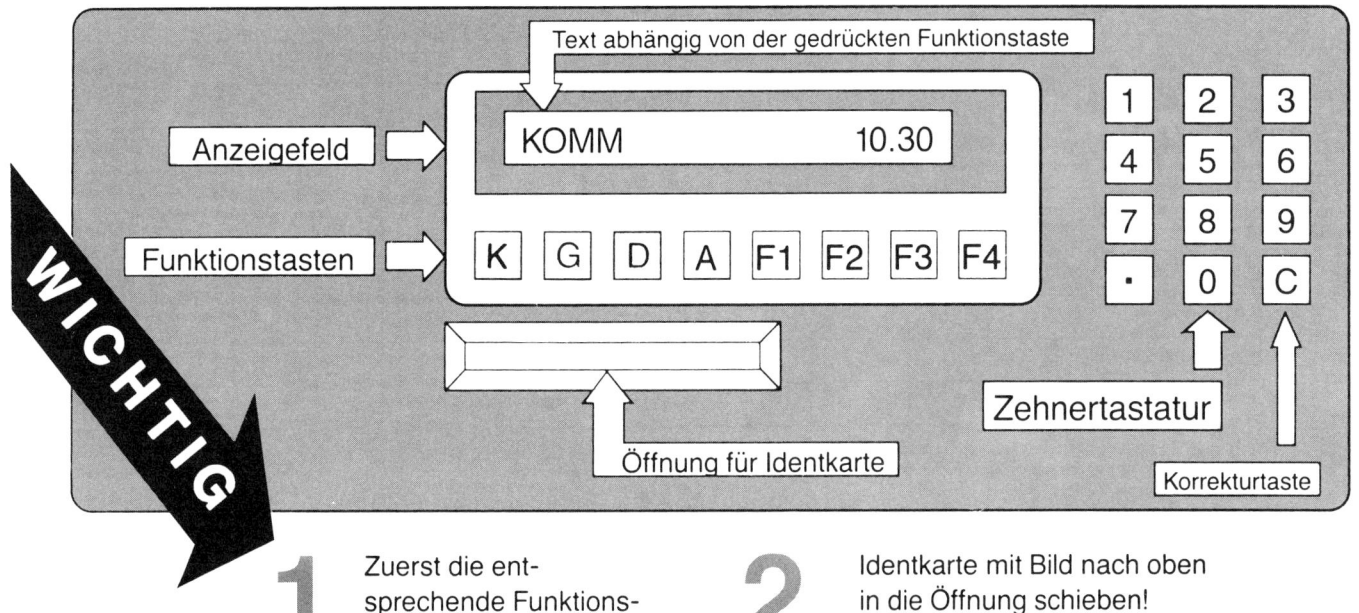

Text abhängig von der gedrückten Funktionstaste

Anzeigefeld → KOMM 10.30

Funktionstasten → K G D A F1 F2 F3 F4

Öffnung für Identkarte

Zehnertastatur: 1 2 3 / 4 5 6 / 7 8 9 / . 0 C

Korrekturtaste

WICHTIG

1. Zuerst die entsprechende Funktionstaste drücken!

2. Identkarte mit Bild nach oben in die Öffnung schieben!

Anzeige: Buchung läuft
oder : Buchung ok

Erläuterung der Funktionen

Vorgang	1. Tasten drücken Funktions- Zehner- tasten tastatur 2. Ausweis einschieben		Anzeige 1. nach Tastenwahl 2. bei eingeschobenem Ausweis	Hinweise
Kommen	K		KOMM KOMMEN + Saldo	Der Zeitsaldo wird bei jeder Kommenbuchung, verringert um die Sollzeit des lfd. Tages, angezeigt.
Gehen	G		GEHT GEHEN + Saldo	Der Zeitsaldo wird bei jeder Buchung angezeigt.
Urlaub	G	11	GEHT 11 URLAUB + Saldo	Entsprechend Wochenprogramm automatische Zeitgutschrift der Sollzeit bis zur 1. Kommenbuchung.
Gleittag Urlaub	G	12	GEHT 12 GL_URLAUB + Saldo	Gleittag vor Urlaub; entsprechend Wochenprogramm Zeitgutschrift für Gleittag und Urlaub bis zur 1. Kommenbuchung.
Gleittag Urlaub Gleittag	G	13	GEHT 13 GL_UR_GL + Saldo	Vor und nach Urlaub Gleittag; entsprechend Wochenprogramm Zeitgutschrift für Gleittag u. Urlaub bis zur 1. Kommenbuchung.
Urlaub Gleittag	G	14	GEHT 14 URLAUB_GL + Saldo	Gleittag nach Urlaub; entsprechend Wochenprogramm Zeitgutschrift für Gleittag und Urlaub bis zur 1. Kommenbuchung.
Abfeiern von Überst. Sollzeit	G	21	GEHT 21 ÜBER_SOLL + Saldo	Für einen Tag wird die Sollzeit gutgeschrieben.
Abfeiern von Überst. Kernzeit	G	22	GEHT 22 ÜBER_KERN + Saldo	Für einen Tag wird die Kernzeit gutgeschrieben.
Dienstgang/-reise Schulung/Seminar	G	31	GEHT 14 DI_SEMI + Saldo	Während der Dienstreise wird bis zur 1. Kommenbuchung die Sollzeit gutgeschrieben.
Arbeitsbefreiung	G	32	GEHT 14 ARB_BEFR + Saldo	Während der Arbeitsbefreiung wird bis zur 1. Kommenbuchung die Sollzeit gutgeschrieben.
Gleittag	G	41	GEHT 14 GLEITTAG + Saldo	Entsprechend Wochenprogramm erfolgt Zeitgutschrift für die Mittagspause.
Kommen	K/G F1	mm	WEZE mm KOMMEN/GEHEN+Saldo	Von der KOMMEN/GEHEN-Buchung an fremden Standorten kann die Wegezeit in Minuten (mm) angegeben werden.

Ganztägige Fehlgründe! Gilt nur für den/die Folgetag(e)! Eingabe in Verbindung mit der GEHEN-Buchung!

Bei Fehlermeldung				
NICHT LESBAR	Identkarte falsch oder zu langsam in das Gerät gesteckt? Wenn ja, Buchungsvorgang wiederholen. Ansonsten ist der Ausweis beschädigt. Identkarte erneuern lassen!		RHYTHMUSFEHLER	Falsche Taste gedrückt. Wenn ja, Identkarte bitte entnehmen, richtige Taste drücken und Buchung wiederholen. KOMM-Buchung vergessen? KOMM-Zeit über Formular melden.
FALSCHER FEHLGRU	Ungültige Fehlgrund-Nr. eingegeben! Identkarte entnehmen, richtige Nr. eingeben. Identkarte wieder einschieben.		KEINE ANZEIGE	Terminal ist defekt. Buchung am nächsten Terminal versuchen.

ACHTUNG: Bei kombinierten Terminals „Gleitzeit + Zugang" erfolgt Öffnung der Tür nur bei der Anzeige „KOMM"
Wurde versehentlich „GEHEN" gebucht, „KOMMEN-Buchung" wiederholen.

19. Kosten- und Nutzenermittlung

Kostenermittlung

Kostenart	MT	DM/Tag	DM ges.
I. Einmalkosten			
1. Personalkosten			
1.1 Projektteam (Istanalyse, Sollkonzept, Pflichtenheft)			
1.2 Systemauswahl (Vorführg., Org.gespräche, Reisekosten)			
1.3 externe Berater			
1.4 Schulung			
1.4.1 beim Hersteller			
1.4.2 intern			
1.4.3 Arbeitsausfall durch Schulungen			
1.5 Parametrierung			
1.5.1 Datenzusammenstellung			
1.5.2 Dateneingabe			
1.5.3 Test der Parameter incl. Fehlerbeseitigung			
1.6 Parametrierunterstützung durch Hersteller			
1.7 Testbetrieb (Betreuung der Anwender)			
1.8 Mitarbeiterinformation			
1.8.1 Erstellung der Informationsschrift			
1.8.2 Bedienungsanleitung			
1.8.3 Informationsveranstaltungen			
1.9 Sonstige Kosten			
2. Softwarekosten			
2.1 Anwendungssoftware Kauf			
2.2 erforderliche Module/Optionen Kauf			
2.3 Dokumentation/Handbücher			
2.4 Software-Installation			
2.5 Schnittstellenprogramme (LuG, PPS, Stammdatenübern.)			
2.6 Software Optionen			
3. Hardwarekosten			
3.1 Rechner/Server/Zentraleinheit			
3.2 Bildschirme/PCs/Clients/Drucker			
3.3 Netzwerkkomponenten (Terminalserver, Pegelwandler)			
3.4 Erfassungsterminals			
3.4.1 Typ			
3.4.2 Typ			
3.4.3 Typ			
3.4.4 Schnittstellenoptionen pro Stck. TokenRing, Ethernet			
Übertrag			

Kostenermittlung Fortsetzung

Kostenart	MT	DM/Tag	DM ges.
Übertrag			
3.5 DFÜ (Modems, Multiplexer, Pegelwandler)			
3.6 Installationskosten			
3.6.1 Kabelverlegung			
3.6.2 bauliche Veränderungen			
3.6.3 Installation der Erfassungsterminals			
3.6.4 Inbetriebnahme			
4. Ausweise			
4.1 Ausweiskosten Stück x DM			
4.1.1 Einmalkosten/Grundkosten			
4.2 Ausweiserstellungssystem			
4.2.1 Materialkosten der Ausweise			
4.2.2 System-Hardware			
4.2.3 System-Software			
4.2.4 Laminator, Stanze, Fotoapparat			
5. sonstige nicht aufgeführte Kosten			
Summe Einmalkosten ohne Optionen			
Summe Einmalkosten mit Optionen			
II. Laufende Kosten			
1. Hardwarewartung monatlich			
2. Softwarewartung monatlich			
3. Hardwarekosten monatlich			
3.1 Miete / Abschreibung			
3.2 Versicherungen			
3.3 DFÜ-Leitungskosten			
3.4 Materialkosten (Papier, Ausweise)			
4. Personalkosten monatlich (Systempflege, Korrekturen)			
Hochrechnung der monatlichen Kosten auf 1 Jahr			
Hochrechnung auf Jahre			
Gesamtkosten in 1 Jahr			
Gesamtkosten in Jahren			

Nutzenermittlung

Kostenart	MT	DM/Tag	DM ges.
1. Personalkosteneinsparungen			
1.1 Sachbearbeiter (Korrekturen, Karteien, Statistik, Belege)			
1.2 Mitarbeiter (manuelle Aufschreibung, Belege etc)			
1.3 Abtlg.leitung/Sekretariat (Fehlzeiten, An-/Abwesenheiten)			
1.4 Personalabteilung (Karteien, Statistiken, Mehrarbeit)			
1.5 Stempelkarten bearbeiten, ausrechnen und erfassen			
1.6 sonstige Mitarbeiter			
2. Sachkosteneinsparungen			
2.1 Druck und Verteilung von Stempelkarten			
2.2 Miete/Abschreibung des vorhandenen Systems			
2.3 Wartung des vorhandenen Systems			
2.4 sonstige Sachkosten			
3. Einsparungen durch organisatorische Änderungen			
3.1 Abbau von Überstunden durch flexible Arbeitszeiten/GLAZ			
3.2 automatische Datenübergabe an Lohnabrechnung			
3.3 Vermeidung von Rückfragen bei Personalabteilung durch permanente Mitarbeiterinformation			
3.4 aktuelle Zeitkontenstände			
3.5 jederzeitige Zeitmanagementinformationen			
3.6 .... je nach Anwendung (vergl. Kapitel 3.9)			
3.7 ....je nach Anwendung			
Summe Personalkosteneinsparungen			
Summe Sachkosteneinsparungen			
Summe Einsparungen durch organ. Änderungen			
Summe Gesamteinsparungen pro Monat			
Summe Gesamteinsparungen pro Jahr			
Summe Gesamteinsparungen pro .... Jahre			

Die Personalkosten, die als Einsparung in der vorstehenden Nutzenermittlung berücksichtigt wurden, können wie folgt zusammengestellt und ermittelt werden.

Erfassungsbogen für bestehende Personalkosten bei manueller Zeiterfassung

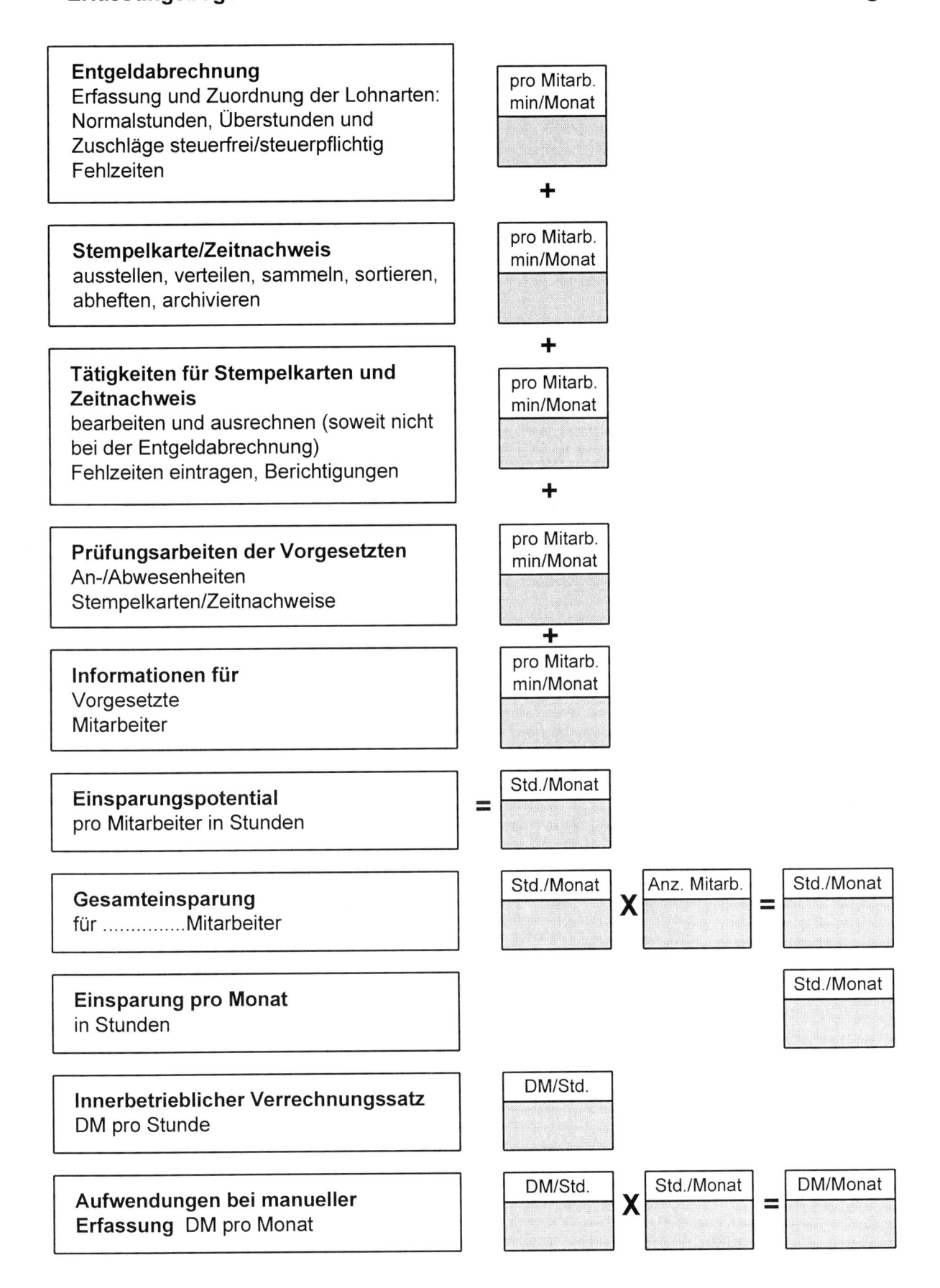

Entgeldabrechnung Erfassung und Zuordnung der Lohnarten: Normalstunden, Überstunden und Zuschläge steuerfrei/steuerpflichtig Fehlzeiten	pro Mitarb. min/Monat

\+

Stempelkarte/Zeitnachweis ausstellen, verteilen, sammeln, sortieren, abheften, archivieren	pro Mitarb. min/Monat

\+

Tätigkeiten für Stempelkarten und **Zeitnachweis** bearbeiten und ausrechnen (soweit nicht bei der Entgeldabrechnung) Fehlzeiten eintragen, Berichtigungen	pro Mitarb. min/Monat

\+

Prüfungsarbeiten der Vorgesetzten An-/Abwesenheiten Stempelkarten/Zeitnachweise	pro Mitarb. min/Monat

\+

Informationen für Vorgesetzte Mitarbeiter	pro Mitarb. min/Monat

=

Einsparungspotential pro Mitarbeiter in Stunden	Std./Monat

Gesamteinsparung für ....Mitarbeiter	Std./Monat	X Anz. Mitarb.	=	Std./Monat

Einsparung pro Monat in Stunden	Std./Monat

Innerbetrieblicher Verrechnungssatz DM pro Stunde	DM/Std.

Aufwendungen bei manueller **Erfassung** DM pro Monat	DM/Std.	X Std./Monat	=	DM/Monat

Die in den vorstehenden Formularen enthaltenen Kostenarten sind im allgemeinen vorhanden. Eine Anpassung an die jeweiligen Gegebenheiten ist selbstverständlich erforderlich.

Eine vereinfachte Kosten-/Nutzenrechnung kann durchgeführt werden, wenn der bisherigen manuellen Arbeitsweise lt. vorstehendem Erfassungsbogen die monatlichen Systemkosten gegenübergestellt werden, d.h. ohne Berücksichtigung der Personalkosten innerhalb der Einmalkosten, also

- Kosten für Hard- und Software monatlich

+

- Servicekosten monatlich

+

- Kosten für Systempflege und -bedienung monatlich

=

- Gesamtkosten Zeitwirtschaftssystem monatlich.

-

- Gesamtkosten bei manueller Arbeitsweise

=

- **Wirtschaftlichkeitsprognose**

Diese Rechenweise eignet sich gut für die Erstellung einer Wirtschaftslichkeitsprognose bei der Zieldefinition zu Anfang eines Projektes. Die Systemkosten können dabei aufgrund von Informationsangeboten oder Preisabfragen geschätzt werden, wobei ein 10 bis 15%iger Aufschlag einkalkuliert werden sollte.

Verzeichnis der Abbildungen

		Seite
1.	Bildung der Projektgruppe	4
2.	Zeitbewertung: automatisch und manuell	14
3.	Arbeitszeitflexibilisierung - Konzept des Arbeitszeitkontos	15
4.	Arbeitszeitkonten und Zeitsouveränität der Mitarbeiter	16
5.	Negativ- und Positiverfassung	17
6.	Verarbeitungsarten und ihre Auswirkungen	19
7.	Zeiterfassung als Vorrechner am Beispiel SAP	20
8.	Eigenständiges Zeitwirtschaftssystem mit Lohn- und Gehaltsschnittstelle	21
9.	Zentrale Ablauforganisation	22
10.	Dezentrale Ablauforganisation	23
11.	Komponenten der integrierten Zeitwirtschaft	24
12.	Schnittstellen zur Personalzeiterfassung (PZE)	25
13.	Nutzengrößen der Personalzeitwirtschaft	28
14.	Planung des Projektablaufs	30
15.	Projektablauf Mitbestimmung	35
16.	Paralleler Projektablauf	36
17.	Beispiel für Ablauf der Parametrierung	44
18.	Gleitzeit und Überstunden	50
19.	Pausenregelung lt. ArbZG 1994	51
20.	Angesprochene Bereiche im Korrekturablauf	57
21.	Terminalfunktionen: Fehlgrundeingabe durch Mitarbeiter	59
22.	Kontenabruf durch Mitarbeiter	61
23.	Buchungsberechtigung an Terminalgruppen (Wegezeiten) und örtliche Berechtigung bei Zutrittskontrolle	64

24. Anschlußmöglichkeiten von Erfassungsterminals — 69

25. Anschluß von Erfassungsterminals an den Terminalcontroller nach dem Ausfallsicherungsprinzip — 70

26. Lückenloses Sicherungskonzept — 72

27. Entstehung und grundsätzlicher Aufbau eines Pflichtenheftes — 75

28. Bewertung der Präsentation — 86

29. Vorgehensweise bei der Auftragsvergabe — 88

30. Muster eines Korrekturbeleges — 97

31. Personalzeitwirtschaft und Umfeldorganisation — 98

32. Systemschulung — 102

33. Genereller Ablauf für Projektteile — 104

34. Zeitfolgeplanung — 106

Verzeichnis der Tabellen

	Seite
Quantifizierbarer und qualitativer Nutzen	28
Aufnahme des Mengengerüstes	38
Checkliste Zeitwirtschaft für Abteilungsleiter	39
Beispiel einer Bewertungstabelle	85
Kostenermittlung	148
Nutzenermittlung	150
Erfassungsbogen für bestehende Personalkosten bei manueller Zeiterfassung	151
Anschriftenverzeichnis Zeitwirtschaftsanbieter	158
Marktübersicht Zeitwirtschaftssysteme	163

Literaturverzeichnis

Adamski, Bernhard
Die Organisation der computergesteuerten Zeitwirtschaft, Erforderliche Grundlagen, benötigte Leistungsmerkmale, zu erwartender Nutzen, Köln 1995

DGB Technologieberatung e.V. Berlin (Herausgeber)
Pünktlich ... im Computer! Gestaltung und Regelung von Zeiterfassungssystemen, Berlin 1990

Hans-Böckler-Stiftung (Herausgeber)
Zeiterfassung und Zugangskontrolle, Handlunghilfe für Betriebsräte und Vertrauensleute, Manuskripte 149, Düsseldorf 1994

CoPers 1/96

Personalwirtschaft, Supplement Zeitwirtschaft 95

3M Deutschland GmbH, Neuss
Neues Gleitzeitsystem in der Hauptverwaltung

Diehl GmbH & Co., Blankenheim
Zeiterfassungssystem - Informationsschrift für Mitarbeiter

Stadt Frankfurt am Main, Ein Leitfaden zur Anwendung des automatisierten Zeiterfassungssystems

Anhang: Marktübersicht Zeitwirtschaft

Die nachfolgende Tabelle soll einen groben Überblick über die am Markt befindlichen Anbieter geben. Genauere Leistungsmerkmale können leider nicht aufgenommen werden, weil die Tabelle dann zu umfangreich wird und permanent veraltet ist.

Bei der Zusammenstellung solch eines Marktspiegels ist man natürlich auf die Auswertungen von Fragebögen angewiesen, die die Anbieter selbst ausgefüllt haben. Es ist sicherlich davon auszugehen, daß einige Antworten nicht oder noch nicht den Tatsachen entsprechen. Daher sollten die Informationen genauer untersucht werden, wenn man mit dem Anbieter in ein Fachgespräch eintritt.

Grundlagen für diese Tabelle waren 2 unterschiedliche Marktanalysen, die dann in einer Tabelle zusammengefaßt wurden:

- Marktübersicht Zeitwirtschaft aus LOHN + GEHALT 5/95 und CoPers 1/96, Datakontext Verlag

- Marktübersicht Zeitwirtschaftssysteme aus Personalwirtschaft Supplement Zeitwirtschaft 95, Luchterhand Verlag

Es sind nicht alle Informationen aus diesen beiden Erhebungen übernommen worden, sondern nur die m.E. wichtigen für einen ersten Überblick und für die Vorauswahl eventuell in Frage kommender Anbieter. Für die kompletten Übersichten müßten diese Tabellen eingesehen werden.

Anschriftenverzeichnis
Zeitwirtschaft
Stand 10/95

Firma	Straße	PLZ	Ort	Telefon	Telefax
A & B Systems GmbH	Sebaldstraße 23	73525	Schwäbisch Gmünd	07171-39024	07171-38726
ABB Fertigungsleittechnik GmbH	Postfach 100351	68128	Mannheim	0621-7298-111	0621-7298-299
adata Software GmbH	Windmühlenstr.15	27283	Verden	04231-84771	04231-84786
ADICOM Informatik GmbH	Junkergarten 3	72361	Hausen am Tann	07436-474	07436-8915
ADO-SYSTEM GmbH	Max-Eyth-Str.3	73249	Wernau	07153-93800	07153-938033
AHB Elektronic GmbH	Auf den Besenäckern 19-21	69502	Hemsbach	06201-4973-0	06201-4973-30
AIDA Geschäftsführungs-Organisations-Systeme GmbH	Ringstr. 2	71106	Magstadt	07159-4801	07159-4848
Alter Software-Systeme GmbH	Bergstrasse 31	69469	Weinheim	06201-13470	06201-15898
AMANO	Helena-Rubinstein-Str. 2-4	40699	Erkrath	0211-9242725	0211-245474
AMPEC Automations + Computer GmbH	Spielbergtor 12e	99099	Erfurt	0361-6766373	0361-6766374
AP GmbH	Schoemperlenstr. 12b	76185	Karlsruhe	0721-560103	0721-5601200
AS Zeven GmbH & Co EDV Vertriebs KG	Am Bahnhof 6	27404	Zeven	04281-1097	04281-1097
Atlas-Datensysteme	Altendorfer Straße 120	45143	Essen	0201-1883810	0201-1883614
ATOSS Software GmbH	Wamslerstr.4	81829	München	089-427710	089-42771100
AUCOTEC Bremen GmbH	Fahrenheitstr.1	28359	Bremen	0421-2208-183	0421-2208-150
AZS Vertriebs GmbH	Schmeienstraße 50	72510	Stetten a.k.M.	07573-952-51	07573-92034
BDE Zeitdaten GmbH	Ludwigsfelder Str.5	14165	Berlin	030-8012935	030-8014467
becos GmbH	Markgröninger Str.4	70435	Stuttgart	0711-8702818	0711-8702709
Berg EDV GmbH	Universitätsstr.142	44799	Bochum	0234-702331	0234-705607
BFD Personalmanagementsysteme GmbH	Erich-Nörrenberg-Str.1	58636	Iserlohn	02371-790946	02371-790999
Bieber Computer-Systeme GmbH	Öhder Straße 4A	42289	Wuppertal	0202-60905-28	0202-60905-33
BLS Datentechnik GmbH	Kölner Str.51	48529	Nordhorn	05921-6001+6002	05921-79918
BOG Systemhaus Peter Schmidt GmbH	Suchskrug 7	24107	Kiel	0431-5406-125	0431-544505
Bosch Telecom	Kleyerstr. 94	60326	Frankfurt	069-75058297	069-75058282
Breitenbach Software Engineering GmbH	Hauptstr. 44	84184	Tiefenbach	08709-918-0	08709-918-97
BRESAT GmbH	Pastorenweg 147	28237	Bremen	0421-613021	0421-613168
BULL AG	Max-Planck-Str. 17	40699	Erkrath	0211-2505-642	0211-2505-300
CAI Systemhaus GmbH	Kettelerstr. 3-11	97222	Rimpar b. Würzburg	09365-803-0	09365-803-111
CAT GmbH	Kaiserstr. 100	52134	Herzogenrath	02407-6691	02407-18721
CGI INFORMATIK GmbH	Olympiastr. 1, Geb.12, Eing.19	26419	Schortens	04421-990-0	04421-990-200
CIMSOFT GmbH	Mühlberger Strasse 13	99869	Wandersleben	036202-823 84	036202-82386
CMS Sudhaus & Partner	Niedernetter Str. 62	44359	Dortmund	0231-35973	0231-35989
COMPU-ORGA Vertriebs GmbH	Karl-Marx-Str. 56	44141	Dortmund	0231-521026	0231-553419
Computer Identics GmbH	Otto Hahn Str. 40	61381	Friedrichsdorf	06175-3023	06175-3619
COSCOM	Anzinger Str. 5	85560	Ebersberg	08092-2098-0	08092-24432
CRONOS Vertriebsgesellschaft für Datensysteme mbH	Donauring 71b	76344	Egg.-Leopoldshafen	07247-9602-0	07247-9602-10
CRT software & systems	Sonnenhang 57	A9071	Költmannsdorf	0043 4220 2598	0043 4220 259
custo-zeit GmbH	Hinter dem Schloß 16	74906	Bad Rappenau	07264-801-0	07264-801-88
dahm, herbert Datensysteme GmbH	Wolfsbankstr. 55	45355	Essen	0201-685000	0201-676685

Firma	Straße	PLZ	Ort	Telefon	Telefax
DAKY ZEITMANAGEMENT GMBH	Am Weichselgarten 19	91058	Erlangen	09131-771441	09131-771442
Data Service GmbH & Co.KG	Pettenkoferstr. 19	58097	Hagen	02331-800701	02331-800711
DATACOMP Computer Systeme GmbH	Schertlinstraße 12a	86159	Augsburg	0821/59 70 10	
Datalogic GmbH	Uracher Str. 22	73268	Erkenbrechtsweiler	07026-608-0	07026-5746
DELCO-Datentechnik GmbH	Westenholzerstr. 104	33129	Delbrück	02944-2089	02944-7510
Delphin Prozesstechnik GmbH	Offermannsheider Str. 184	51515	Kürten	02207-6096	02207-6098
DICONSULT GmbH	Grubmühlerfeldstr. 14c	82131	Gauting	089-893250-0	089-893250-50
DLoG GmbH	Werner-von-Siemens-Str. 13	82140	Olching	08142-2860-0	08142-2860-10
DORIAS GmbH	Warendorfer Strasse 13	48145	Münster	0251-518385	0251-58815
Dr.Städtler GmbH Unternehmensberatung	Pillenreuther Strasse 165	90459	Nürnberg	0911-45009-55	0911-45009-59
Dr. Wolfgang Erdel, EDV-Beratung	Gumppenbergstr.32	93053	Regensburg	0941-71681	0941-71491
DTM DatenTechnik Mertens GmbH	Altenaer Strasse 38	58507	Lüdenscheid	02351-3113	02351-3148
DVS Datentechnik GmbH	Fliederstr. 69	82110	Germering b. München	089-8419064-66	089-8411169
edps Eurosystems GmbH DP Services	Höchsterstr. 98	65835	Bad Soden	069-33000426	069-33000450
EDV-Studio ALINA GmbH	Oberbecksener Str. 76	32547	Bad Oeynhausen	05731-9883-0	05731-9883-33
effeff Fritz Fuss GmbH & Co, KGaA	Johannes-Mauthe-Str. 14	72458	Albstadt	07431-123-355	07431-123-457
Eichenauer Computer-Beratungs-GmbH	Georg-Todt-Straße 1	76870	Kandel	07275-708111	07275-708200
ELDICON GmbH Systemhaus	Lohhofer Str. 27	90453	Nürnberg	0911-639085	0911-6324958
Eurex-Software Corp	Postfach 110632	60041	Frankfurt am Main	069-235169	069-251511
FEEDBACK DATA GmbH	Bahnhofstr. 88	64823	Groß-Umstadt	06078-911135	06078-911136
Fritsch & Rothe GbR	Erich-Correns-Ring 2	7407	Rudolfstadt	03672-343003	03672-342003
GFC Gesellschaft für Computertechnik mbH	Vogelsanger Weg 39	40470	Düsseldorf	0211-61895-0	0211-61895-74
gbo- Gerätebau Odenwald AG,	Rimbacher Str. 34	64689	Grasellenbach	06253-203-01	06253-203-53
GDV Kuhn mbH	Bahnhofstr. 15	21376	Salzhausen	04172-7990	04172-7191
Gelma Industrieelektronik GmbH	Mainzer Str. 36-52	53179	Bonn	0228-85540	0228-8554237
Geo Vision GmbH	Landstr. 2	85235	Odelzhausen	08134-6013	08134-1355
GESCO Software GmbH	Sachsenring 69	50677	Köln	0221-314084	0221-3319400
GFOS mbH	Cathostr. 5	45356	Essen	0201-660001	0201-619317
GMCK Betriebsdatenerfassungs-System GmbH	Koloniestr. 94	13359	Berlin	030-4925095	030-4924383
Grüber Text- und Datensysteme GmbH	Höltenweg 75	48155	Münster	0251-961030	0251-9610322
GSE Gräbert Software + Engineering GmbH	Nestorstr. 36a	10709	Berlin	030-896903-33	030-896903-39
GSI PAISY Datensysteme GmbH	Im Hollergrund 3	28357	Bremen	0421-2071-120	0421-2071-123
Habdank, Günter, Unternehmensberatung GmbH	Feldstetter-Str. 51	89150	Laichingen	07333-9698-0	07333-9698-33
Haen & Schäfer	Sommerbergstr. 37	66346	Püttlingen	06806-44449	06806-44456
HENGSTLER GmbH Abt.VM	Postfach 1151	78550	Aldingen	07424-89543	07424-89530
HKS Systems	Fasanenweg 2	92637	Weiden	0961-48120-0	0961-48120-50
Hoffmann Datentechnik GmbH	Berliner Straße 2	27721	Ritterhude	04292-3943	04292-559
HORA Software GmbH	Flammersfelderstr. 11	53567	Asbach	02683-9155-2	02683-9155-1
Horray GmbH & Co.KG	Goethestr. 14	78120	Furtwangen	07723-9326-43	07723-9326-26
hsh-Systeme GmbH	Salzstr. 112	74076	Heilbronn	07131-9526-0	07131-952695

Firma	Straße	PLZ	Ort	Telefon	Telefax
Hübener und Partner GmbH - Personalzeiterfassung	Ruhrallee 311	45136	Essen	0201-8957-310	0201-8957-377
Huber CIMsysteme GmbH	Am Espach 3	87727	Babenhausen	08333-9205-14	08333-4050
IBM Deutschland Informationssysteme GmbH	Pascalstr. 100	70569	Stuttgart	0711-785-4968	0711-785-4991
IKOSS GmbH	Pascalstr. 19	52076	Aachen	02408-148-0	02408-148-204
INCA Industrielle Computer Anwendungen GmbH	Marsstr. 7	85609	Aschheim	089-909996-53	089-909996-60
INEL-DATA - Schöne Software	Zeppelinstr. 4	73105	Dürnau	07164-5046	07164-12382
infor GmbH	Flotowstr. 3	66538	Neunkirchen	06821-2400-40	06821-2400-24
INFORM GmbH	Pascalstr. 23	52076	Aachen	02408-9456-140	02408-6090
Informatik Gesellschaft Kerckhoff & Partner	Moosstr. 6	82279	Eching/Ammersee	08143-1014	08143-1016
Ing.-Büro Deussen	Schenk-Konrad Str. 4	88213	Ravensburg	0751-79200	0751-91180
INTERAUTOMATION Deutschland GmbH	Ollenhauerstr. 98	13403	Berlin	030-4122087	030-4139494
Interflex Datensysteme GmbH	Zettachring 16	70567	Stuttgart	0711-1322-0	0711-1322-222
Interflex Datensysteme GmbH	Großwiesenstr.24	78591	Durchhausen	07464-382-0	07464-382-111
IPS Informations-und Prozeßsysteme GmbH	Mehlbeerenstr. 4	82024	Taufkirchen	089-61294-175	089-61294-131
ISGUS J. Schlenker-Grusen GmbH	Oberdorfstrasse 18-22	78054	Villingen-Schwenningen	07720-393-142	07720-393-184
Kaba Benzing GmbH	Albertistrasse 3	78056	VS-Schwenningen	07720-603176	07720-603273
Kaba Systems GmbH	Im Weiherle 1	73312	Geislingen/Steige	07331-9577-25	07331-9577-50
KIEVEN GmbH, BDE-Systeme	Frankfurter Weg 72	33106	Paderborn	05251-17292-0	05251-17292-3
KIRNBAUER Systementwicklung u. EDV-Beratung GmbH	Hejemannstr. 8	41460	Neuss	02131-920815	02131-920814
Klages & Partner GmbH	Weiße Breite 5	49084	Osnabrück	0541-75555	0541-75575
KURTH-Software	Diekweg 18	26188	Edewecht	04486-92890	04486-928989
K-Systems	Neue Ramtelstr. 48	71229	Leonberg	07152-975901	07152-975951
Lecking, Gruber &Partner GmbH	Im Gewerbepark 31-33	64823	Groß-Umstadt	06078-4087-88	06078-4043
LIAS GmbH	J.-B.-Kapferstr. 9	83308	Trostberg	08621-80090	08621-800949
LifeStyle Software Hamburg	Mansteinstr. 56	20253	Hamburg	040-4911016	040-4916393
Lunzer + Partner GmbH	Carl-Zeiss-Str. 1	63755	Alzenau	06023-951-134	06023-951-111
MEDATA Gesellschaft f. Datenverarbeitung mbH	am breiten Bäumchen 1	74889	Sinsheim	07261-159-120	07261-159-199
Meier EDV-Organisations GmbH	Siemensstr. 5	32312	Lübbecke	05741-12084	05741-90721
MicroDatec GmbH	Zeulenrodaer Strasse 17	99091	Erfurt	0361-7450508	0361-713341
MIDITEC Autom. GmbH	Bürgermeister Smidt Str. 24-26	28195	Bremen	0421-1758122	0421-1758125
Mind Products	Rodenbacher Str. 26	56567	Neuwied	02631-979003	02631-979005
Moses-Software	Bahnhofstr. 4	66386	St. Ingbert	06894-51081	06894-570393
MPDV Mikrolab GmbH	Alte Neckarelzerstr. 22	74821	Masbach	06261-92090	06261-18139
Nonnenmann, Ingenieurbüro	Keplerstr. 41	75175	Pforzheim	07231-9621-0	07231-9621-25
o-b-s GmbH	Lütticher Str. 155	52074	Aachen	0241-71018	0241-78539
Oberhollenzer Peter S.- Ing.-Büro	Im Mattenberg 20	79592	Fischingen	07628-910830	07628-910890
ORDAT GmbH & Co.KG	Rathenaustr. 1	35394	Gießen	0641-79410	0641-7941132
Organisation Reiger + Boos	Konstanzerstr. 15-19	60386	Frankfurt	069-410208	069-410200
Orgaplan GmbH	Borsigstr. 8	37154	Northeim	05551-64514	05551-2642
OrgaTime ag	Schürmattstr. 6	3073	Gümligen	0041-31-9515313	0041-31-9515317
OS Datensysteme GmbH	Am Erlengraben 5	76275	Ettlingen	07243-5090	07243-509200
OZ GmbH Unternehmensberatung und Informatik	Werastr. 48	88045	Friedrichshafen	07541-9223-0	07541-9223-88
P.A.P. Computer GmbH	Friedensstr. 51	68542	Heddesheim	06203-492026	06203-44029
PCS Systemtechnik GmbH	Pfälzer-Waldstr. 36	81839	München	089-68004-550	089-68004-555

Firma	Straße	PLZ	Ort	Telefon	Telefax
Pegasys Informatik GmbH	Adenauer Str. 20	52146	Würselen	02405-94169	02405-18475
PENFLEX Elektronik Vertriebs-GmbH	Am Siepenbach 10	49152	Bad Essen	05472-3845	05472-3236
Piringer Ing.-Büro	Weningstr. 1	94405	Landau	09951-8601	09951-8602
PRO CLIENT GmbH	Am Weichselgarten 7	91058	Erlangen	09131-691251	09131-691253
PSI AG f. Prozeßsteuerungs- u. Informationssysteme	Kurfürstendamm 67	10707	Berlin	030-88423-0	030-88242 56
Quantum Gesellschaft für Software mbH	Emil-Figge-Str. 83	44227	Dortmund	0231-9749-173	0231-9749-3
RATIOPLAN Unternehmensberatung Datenverarbeitung GmbH	Max-Planck-Str. 11	78052	Villingen-Schwenningen	07721-941-0	07721-941-189
RDV Informationssysteme GmbH	Longericher Str. 2	50739	Köln	0221-917406-0	0221-917406-2
Rembold + Holzer, EDV-Beratung GmbH	Gerberstr. 11	79206	Breisach	07667-8309-0	07667-8309-41
RETECH electronic GmbH	Ludwigstr. 21	97070	Würzburg	0931-572555	0931-572560
Rexroth, B. Elektronik GmbH	Rexrothstraße 2	97816	Lohr am Main	09352-9081-84	09352-9044
Rodekamp + Putze	Echendorfer Str. 80	33609	Bielefeld	0521-7805-29	0521-7805-30
SAE Systemtechnik Schöbach & Strohm oHG	Hauptstr. 315	51143	Köln (Porz)	02203-9539-0	02203-591175
SAP AG	Neurottstr. 16	69190	Walldorf	06227-34-0	06227-341282
Scheuer Industrie Electronic GmbH	Benzstr. 15	41515	Grevenbroich	02181-62829	02181-62796
SDS Sigma GmbH	Hansestr. 97	51149	Köln	02203-307077	02203-307070
Seitz GmbH	Im Ludlein 6	75181	Pforzheim	07231-584187	07231-584185
SHH Software und Hardware Handelsgesellschaft mbH	Brauneggerstr. 60-62	78462	Konstanz	07531-2001	07531-21714
SHR Computersysteme GmbH	Hansaring 131 a	48268	Greven	02571-55091	02571-52630
SIB GmbH	Am Spinnrädel 8	67346	Speyer	06232-6450-10	06232-6450-11
SIC Software Industrie Consult GmbH	Königswall 21	44137	Dortmund	0231-91595-24	0231-91595-17
Siemens AG Anlagentechnik	Siemensallee 84	76187	Karlsruhe	0721-595-0	0721-595-6055
Siemens Nixdorf AG					
Siemens Nixdorf Informationssysteme AG					
SLIGOS Industrie IKOSS	Pascalstr. 19	52076	Aachen	02408-148224	02408-148204
Software Engineering H. Schwehr GmbH	Büfangweg 1	88074	Meckenbeuren	07542-2776	07542-3775
SPACE TIME-SYSTEM GmbH	Scharnhorststr. 15	30175	Hannover	0511-8504-125	0511-8504-299
S + S Software Partner	Sandkamp 3	23843	Bad Oldesloe	04531-804-0	04531-804-243
strässle Informationssysteme GmbH	Vor dem Lauch 14	70567	Stuttgart	0711-7256-319	0711-7256-302
Syncline GmbH	Am Markt 16	32312	Lübbecke	05741-3412-0	05741-3412-34
TEAM GmbH	Hermann-Löns-Str. 88	33104	Paderborn-Schloß Neuhaus	05254-8008-62	05254-8008-19
team Organisationsberatung GmbH	Rothenbaumchaussee 79	20148	Hamburg	040-448049-0	040-448049-24
TEKOM GmbH	Kreuzweg 34	82131	Stockdorf	089-8990951	089-8990953
THEDE Zeit und Leistung GmbH & Co.KG	Kirchweg 214	28199	Bremen	0421-5370912	0421-5370928
tisoware Gesellschaft für Zeitwirtschaft mbH	Ludwig-Erhard-Str. 52	72760	Reutlingen	07121-9665-15	07121-9665-10
Titze Datentechnik GmbH	Dieselstr. 10	71272	Renningen	07159-9236-0	07159-9236-60
Trinity GmbH	Teckstr. 63	71696	Möglingen	07141-91000	07141-484827
UBS Consulting GmbH	Wilhelmstr. 4	77654	Offenburg	0781-9389-0	0781-938970
UCI System-Software und Waibel & Partner GmbH	Badstr. 62	73087	Bad Boll	07164-931-220	07164-931-222

Firma	Straße	PLZ	Ort	Telefon	Telefax
Unirez GmbH - Software-Haus	Heidenoldendorfer Strasse 51	32758	Detmold	05231-66471	
Unternehmensberatung Gommel GmbH	Weißenburg-Str. 3	93055	Regensburg	0941-798284	0941-794298
VD Datentechnik	Dürrstr. 72	72760	Reutlingen	07121-951230	07121-54120
VEDA Datenverarbeitung GmbH	Carl-Zeiss-Str. 14	52477	Alsdorf	02404-5507-140	02404-5507-13
Vogel Informatik GmbH	Dreisamweg 4	76275	Ettlingen	07243-98701	07243-98204
Weber Datentechnik GmbH	Karlsruher Str. 91	75179	Pforzheim	07231-3573 77	07231-3591 37
Wechselberger GmbH	Rudolfstr. 64	42285	Wuppertal	0202-83708	0202-80216
Werum GmbH	Erbstorfer Landstr. 14	21337	Lüneburg	04131-8900-49	04131-890020
Wille System GmbH	Friedrich-Ebert-Str. 59	59425	Unna	02303-96111-0	02303-60249
WILKEN GmbH	Hörvelsinger Weg 25-27	89081	Ulm	0731-9650-0	0731-9650-222
ZHS Zeitmanagementsysteme Hard- und Software	Kreuzberger Ring 56	65205	Wiesbaden	0611-74221-55	0611-723381
ZeitControl cadsystems GmbH	Hauptstr. 16	32457	Porta Westfalica	0571-70058	0571-710702
ZI Gesellschaft für Zeit- u.Informationserfassung mbH	Heimstr. 10-12	82131	Stockdorf	089-85694-0	089-85694-66
3CPLUS-INSO	Tullastr. 25-29	76131	Karlsruhe	0721-96202-01	0721-96202-22
3RS Systementwicklung D. Finkbeiner, J. Gramespacher & Partner	Kriegsstr. 105	76135	Karlsruhe	0721-857900	0721-857734

Anbieter	Produktname
A & B Systems GmbH	FIT
ABB Fertigungsleittechnik GmbH	ProduCAM (R)
adata Software GmbH	PZE - Personalzeiterfassung
ADICOM Informatik GmbH	LOWIS (R) / TEMPUS, LOWIS (R) / BDE
ADO-SYSTEM GmbH	PZADO
AHB Elektronic GmbH	TIMEGUARD
AIDA Geschäftsführungs-Organisations-Systeme GmbH	AIDA
Alter Software-Systeme GmbH	AS-BDE
AMANO Deutschland GmbH	Time Pack, Mic Link, Atmos
AMPEC Automations + Computer GmbH	ZZB
AP GmbH	ADIJOB-BDE
AS Zeven GmbH & Co EDV Vertriebs KG	AS Stechuhr, AS PEP
Atlas-Datensysteme	ZINA Zeitinterpretation und Abrechnung
ATOSS Software GmbH	TARIS (R) Arbeitszeit- Management
AUCOTEC Bremen GmbH	AUCOPROVIS
AZS Vertriebs GmbH	Visual access, Visual time
BDE Zeitdaten GmbH	AMANO
becos GmbH	becos-Personaleinsatzplanung
Berg EDV GmbH	Personal-Zeit-Verwaltung
BFD Personalmanagementsysteme GmbH	Pers-Time
Bieber Computer-Systeme GmbH	Bieber-Zeitwirtschaft
BLS Datentechnik GmbH	datatime
BODET SA	BT 50/100/180/200
BOG Systemhaus Peter Schmidt GmbH	HYDRA (Fa.MPDV)
BOG Systemhaus Peter Schmidt GmbH	IF5000 Interflex
Bosch Telecom	Tenodat 8xxx
Bosch Telecom	Tenobit Alpha
Bosch Telecom	Tenodat 9000
Bosch Telecom	Zeiterfassungssystem , System 3010
Breitenbach Software Engineering GmbH	ZMS, BMS, ZKS, SQS, WPS, LMS, PMS, KMS, FDS, DITO,
BRESAT GmbH	TimeDesk
BULL AG	THUIA Release 2.1
CAI Systemhaus GmbH	CAI-NT
CAT GmbH	BEKOS - Das Betriebskommunikationssystem
CGI INFORMATIK GmbH	IPAS-II mit ZESIPAS
CIMSOFT GmbH	PRODAT 95
CMS Sudhaus & Partner	CMS-Zeit, CMS OBJ
COMPU-ORGA Vertriebs GmbH	COMSOFT PZE
Computer Identics GmbH	Betriebsdaten Erfassungsnetzwerk Starnode
COSCOM	REPORTER
CRONOS Vertriebsgesellschaft für Datensysteme mbH	CRONOS CC 1004
CRT software & systems	A:Z:E Arbeits- u. Projektzeiterfassung am PC
custo-zeit GmbH	custo-zeiterfassung SQL-Windows
dahm, herbert Datensysteme GmbH	BMZeit
DAKY ZEITMANAGEMENT GMBH	DAKY ZEIT-UND AUFTRAGSDATENERFASSUNG
Data Service GmbH & Co.KG	TMS - Time Management System
DATACOMP Computer Systeme GmbH	PZE-75/100
Datalogic GmbH	TSGO
DELCO-Datentechnik GmbH	DEL-Zeit PDE Version 3.10
Delphin Prozesstechnik GmbH	BDE-System
DICONSULT GmbH	Diconsult - Werkstatt-Informations u. Steuerungs-System
DLoG GmbH	DLoG PZE/MDE/BDE
DORIAS GmbH	Zeiterfassung TimeCollect

vorhandene Module						Betriebssysteme und Installationszahlen								
ZE	ZK	BDE	TD	KD	PEP	DOS	Wind.	AIX	HP-UX	SINIX	Solaris	OSF/1	OS400	sonstige
ja	ja	ja	nein	nein	nein				200	2				50 SCO-UNIX
ja	ja	ja	nein	nein	nein									40 UNIX
ja	ja	ja	nein	nein	nein	109		5	12	12				SCO, Unisys
ja	ja	ja	nein	nein	ja		ja	ja	ja	ja	ja	ja		SCO, ODT
ja	ja	ja	nein	ja	ja								120	
ja	ja	ja	nein	nein	ja	550								Unix
ja	ja	ja	ja	ja	ja	4550	55						16	
ja	ja	ja	ja	ja	ja		ja						600	
ja	ja	nein	nein	nein	nein	ja	ja							
ja	ja	ja	nein	nein	nein	100	ja							
ja	ja	ja	nein	nein	nein		150							
ja	nein	nein	nein	nein	ja	ja								
ja	ja		ja	ja	ja									140 MVS, BS2000
ja	ja	ja	ja	ja	ja								400	
ja	ja	ja	ja	nein	nein		600							
ja	ja	ja	nein	ja	ja	250	10	2	2	21				OS/2
ja	ja	ja	nein	nein	nein	200								
nein	nein	nein	nein	nein	ja	ja	ja							OS/2
ja	ja	nein	ja	nein	ja	500	ja							
ja	ja	nein	nein	nein	nein									40 UNIX
ja	ja	ja	ja	ja	nein	380	2	3	2			2	60	
ja	nein	ja	nein	nein	nein	50								
ja	ja					6450								
ja	ja	ja	nein	nein	nein									130 UNIX
ja	ja	ja	ja	ja	ja	10000								
ja	ja	ja	nein	nein	nein	2000								
ja	ja	nein	nein	nein	nein									4000 System-SV
ja	ja	nein	nein	nein	nein					1	4			120 SCO-UNIX
ja	ja	ja	ja	ja	ja	1500	ja							
ja	ja	ja	ja	ja	ja	25	25	2	40	50	5	130		580 CMTOS
ja	nein	nein	nein	nein	nein	ja								
ja	ja	ja	nein	nein	nein									28 UNIX
ja	ja	ja	nein	nein	nein		40							Windows NT
ja	ja	ja	nein	nein	ja	10	ja							
ja	ja	ja	ja	ja	ja									28 MVS
ja	nein	ja	nein	nein	nein	250	ja							
ja	nein	ja	nein	nein	nein		3							
ja	ja	nein	nein	nein	nein				ja	ja				SCO
ja	ja	ja	nein	nein	nein	200	ja							
nein	nein	ja	nein	nein	nein	ja	ja							
ja	ja	ja		ja		1650	60							
ja	nein	ja	nein	nein	nein	30	ja							OS2
ja	ja	ja	nein	nein	ja	360	80							Novell, Wind. NT
ja	ja	ja	nein	nein	nein	40								
ja	ja	ja	nein	nein	nein	20							50	350 SCO, SSP
ja	ja	ja	nein	nein	nein									TANDEM
ja	ja	ja		ja		300								Novell
ja	ja	ja	nein	nein	nein									
ja	ja	ja	nein	nein	nein	15	ja							
ja	ja	ja	nein	nein	nein	5	ja							
ja	ja	ja	nein	nein	nein	ja								
ja	nein	ja	nein	nein	nein	ja	ja							
ja	ja	ja	nein	nein	nein									

Client/Server ?	SAP	SAP Zert.	PAISY	Terminal-Hersteller	Anschluß von Fremdterminals	MA PZE	Umsatz 95/Mio
ja	ja	ja	ja	ja		10	
	ja	ja	ja				
	nein	nein	nein	nein	Benzing	3	
ja	ja	ja	ja	nein	Benzing, eff-eff, PCS, Interflex, INCA	14	
ja	nein	nein	ja	nein	Benzing, PCS, Siemens	35	
	ja		ja				
	ja	nein	ja	ja	Axon, Benzing	130	16
	nein	nein	ja				
				ja		8	
	nein	nein	nein				
	nein	nein	ja				
	nein	nein	nein				
	ja	nein	ja	nein	alle	20	5
ja	ja	nein	ja	nein	alle gängigen, IBM, PCS, Benzing usw.	50	20,5
	ja	nein	nein				
ja	nein	nein	ja	nein	Benzing, eff-eff, Siemens	50	10
	nein		nein	ja		14	
	ja	nein	nein				
	nein	nein	ja				
	ja	nein	ja				
	nein	nein	ja	ja	IBM, PCS, SAE-Elektronik	8	2
	nein	nein	nein				
				ja		35	12
	ja	ja	ja				
	ja	ja	ja				
	ja	nein	ja				
	nein	nein	nein				
	ja	nein	ja				
	ja	ja	ja				
ja	ja	nein	ja	nein	Benzing, PCS, Siemens, Feedback	23	
	nein	nein	nein				
	ja	ja	ja				
		nein					
	ja	nein	ja				
	nein	ja	nein	nein	Benzing, INCA, PCS, Siemens		
	nein	ja	nein				
	nein	ja	nein				
	nein	ja	nein	nein	PCS		
	ja	nein	nein				
	nein	ja	nein				
			ja	ja	Cotag, eff-eff, Deister, Omron, Seikosha	8	
	nein	ja	nein				
ja	nein	nein	ja	nein	Benzing		2,6
	nein	ja	nein				
	nein	ja	ja				
	ja	nein	ja				
	ja						
	nein	ja	nein				
	nein	ja	nein				
	nein	ja	nein				
	ja	nein	nein				
	ja	nein	nein				
	nein	nein	nein				

Anbieter	Produktname
Dr. Städtler, GmbH Unternehmensberatung	ZESPAISY / ZESSAP
Dr. Wolfgang Erdel, EDV-Beratung	PC-Cost, PC-Zeit
DTM DatenTechnik Mertens GmbH	IKIAS - AZE
DVS Datentechnik GmbH	D V S Zeit/Zutritt/Auftrag
edps Eurosystems GmbH DP Services	iris - Zeiterfassung und Zugangskontrolle
EDV-Studio ALINA GmbH	ALINA:AZM=Arbeitszeitmanagement, BDE=Betriebsdaten
effeff Fritz Fuss GmbH & Co, Kommanditgesellschaft au	ZEPEM, ZUPEM, effeff-Time, ASC, ACCESS
Eichenauer Computer-Beratungs-GmbH	EBO - Eichenauer Betriebs Organisation
ELDICON GmbH Systemhaus	WEST System
Eurex-Software Corp	ZPE 9/Windows-Zeiterfassung
FEEDBACK DATA GmbH	KESTREL
Fritsch & Rothe Zeitsysteme GbR	Planzeit, BZeit
GFC Gesellschaft für Computertechnik mbH	BDE-System 7251,/400 Zeit, Zutritt, MDE
gbo- Gerätebau Odenwald AG,	bisoft 5.0,bisoft PZE
GDV Kuhn mbH	PROBAS
Gelma Industrieelektronik GmbH	BESSY (R), ZUKOS NT, ZEKOS NT, TIMAC NT
Geo BüroVision GmbH	IDC 2000
GESCO Software GmbH	IDS-Integriertes Datenbank-System, Modul: TIME 5,0 PZE
GFOS mbH	X/TIME
GMCK Betriebsdatenerfassungs-System GmbH	ORIS, Win Shark
Grüber Text- und Datensysteme GmbH	ZEIT + PERSON
GSE Gräbert Software + Engineering GmbH	Time Pro/400
GSI PAISY Datensysteme GmbH	Personal-Abrechnungs- u.Informations-System PAISY
Habdank, Günter, Unternehmensberatung GmbH	GHU - Zeiterfassung
Haen & Schäfer	Time Control
HENGSTLER GmbH Abt.VM	PIAS
HENGSTLER GmbH-Abt.VM	HS 200 Z
HENGSTLER GmbH-Abt.VM	VARIDAT
HENGSTLER GmbH Abt.VM	IPEV
HKS-Systems GmbH	ZMS-Plus, BDE-Plus
Hoffmann Datentechnik GmbH	MZS Modulares Zeitsystem
HORA Software GmbH (IBM)	IBM INTARAP/N
Horray GmbH & Co.KG	Info - Time
hsh-Systeme GmbH	Collect
H + P GmbH	Procon I und II
Hübener und Partner GmbH - Personalzeiterfassung	PZM - Personalzeitmanagement
Huber CIMsysteme GmbH	HC Personalzeit , HC Zeitwirtschaft
IBM Deutschland Informationssysteme GmbH	DASSCO
IKOSS GmbH	DROPS/2
INCA Industrielle Computer Anwendungen GmbH	INCA - Z
INEL-DATA - Schöne Software	Ptime/400
infor GmbH	Custo-Soft
INFORM GmbH	RampAssist
Informatik Gesellschaft Kerckhoff & Partner	ZEP Version 4.2
Ing.-Büro Deussen	Timekey
INTERAUTOMATION Deutschland GmbH	CASA
Interflex Datensysteme GmbH	IF 5000
Interflex Datensysteme GmbH	IF 5060
Interflex Datensysteme GmbH	Systemfamilie IF 6XXX
IPS Informations-und Prozeßsysteme GmbH	GEZUSY
ISGUS J. Schlenker-Grusen GmbH	Zeus Zeitwirtschaftssystem
Kaba Benzing GmbH	Terminalserie Bedas 90 00
Kaba Systems GmbH	ACCESS/Z/K/B

vorhandene Module						Betriebssysteme und Installationszahlen								
PZE	ZK	BDE	TD	KD	PEP	DOS	Wind.	AIX	HP-UX	SINIX	Solaris	OSF/1	OS400	sonstige
ja	ja	ja	ja	ja	ja	11	6	5	3	6			4	76
ja	nein	ja	nein	nein	nein	25	ja							
ja	ja	ja	nein	nein	nein	1		19						1
ja	ja	ja	nein	nein	nein	400	ja							Novell
ja	ja	ja	ja	ja	ja									30 UNIX
ja	ja	ja	ja	ja	nein		100						ja	
ja	ja	ja	nein	nein	nein	1950		40		20				
ja	ja	ja	ja		ja			4	3	42				24 SCO
ja	ja	ja	ja	ja	ja		200							
ja	nein	ja	nein	nein	nein		500							
ja	ja	ja	ja	ja	ja	ja	ja							
ja		ja				127	7							3 UNIX
ja	ja	ja	ja	ja	nein								2500	
ja	ja	ja	nein	nein	ja	50	ja							
ja	ja	ja	nein	nein	ja	12	ja							VOS
ja	ja	ja	ja	ja		ja	ja							Windows NT
ja						35	25							
ja	ja	ja	nein	nein	ja								220	
ja	ja	ja	ja	ja	ja			6	25	400	3	1		205 SCO, ULTRIX
ja	nein	ja	nein	nein	nein		ja							20 UNIX
ja	ja	nein	nein	nein	ja			ja	ja	ja				insges. 200
ja	ja	ja	ja	ja	nein								1000	
ja	ja	nein	nein	nein	ja		8	16	33	46	2	4	280	860 MVS, VSE
ja	ja	ja	nein	nein	nein	ja								
ja	ja					110								
ja	nein	nein	nein	nein	nein	1200								
ja	ja	nein	nein	nein	nein		6							
ja	ja	nein	nein	ja	nein			13	14	1				12
ja	ja	ja		ja	ja	1570								
ja		ja				140								
ja	ja	nein	nein	nein	ja	500	35							Novell
ja	ja	ja	ja	ja	ja									120 MVS, VSE
ja	nein	ja	nein	nein	nein	75								
ja	ja	ja	ja	nein	nein	3	ja							
ja	ja					150	110							
ja	ja	nein	nein	nein	nein									50 UNIX
ja	ja	ja	ja	ja	ja	400	70							WIN 95
ja	ja	ja	ja	ja	nein									120 MVS, VSE
ja	ja	ja	nein	nein	nein									120 OS/2
ja	ja	ja	ja	nein	nein	60	8							OS/2
ja	ja	ja	nein	ja	ja								40	
ja	ja	ja	ja	ja	ja	300	ja							
nein	ja	nein	nein	nein	ja		2							
ja	ja	ja	nein	ja	ja	100								
ja	ja	ja	nein	nein	nein	100	ja							
ja	ja	ja	nein	nein	nein	450	ja							
ja	ja	ja	ja	ja	ja	1500	ja	100	100	100				500 Novell
ja	ja	ja	ja	ja	ja									500 VMS
ja	ja	ja	ja	ja	ja		ja	ja	ja	ja	ja	ja		SCO, Wind. NT
ja	ja	ja	ja	ja	nein				4		6			45
ja	ja	ja	nein	nein	ja	4000	150							SCO, Novell
ja	ja	ja		ja		ja	ja							Diverse
ja	ja	ja	nein	nein	nein	350								OS/2

Client/Server ?	SAP	SAP Zert.	PAISY	Terminal-Hersteller	Anschluß von Fremdterminals	MA PZE	Umsatz 95/Mio
ja	ja	ja	ja	nein	Benzing, INCA, PCS, Siemens		
	nein	nein	ja				
ja	nein	nein	ja	nein	PCS		
	nein	nein	ja				
	ja	nein	ja	nein	alle gängigen		
	ja	nein	ja				
	ja	nein	ja	ja	Benzing, Interflex	30	
			ja	nein	Benzing, Siemens, sonstige		
	ja	nein	ja				
	nein	nein	nein				
	ja	ja	ja				
				ja	Benzing	8	1,5
	nein	nein	ja	ja		100	
	ja	nein	ja				
	ja	nein	nein				
	ja	ja	ja				
ja				ja	Benzing	8	
ja	nein	nein	ja	nein	Benzing, GFC, Miditec, PCS, Titze	15	
ja	ja	ja	ja		Benzing, PCS, Feedback, Siemens		
	nein	nein	nein				
ja	nein	nein	nein		Bildschirm mit Spezialtastatur, Leser		
	nein	nein	ja	nein	Benzing	3	
	nein	nein	ja	nein	alle gängigen	10	
	nein	nein	nein				
				ja		12	1,2
	nein	nein	nein	ja	alle marktüblichen Leser	80	29
	nein	nein	nein		alle marktüblichen Leser		
	ja	ja	ja		alle marktüblichen Leser		
	ja	ja	ja		alle marktüblichen Leser		
				nein	Benzing	3	0,16
ja	ja	nein	ja	nein	Benzing, PCS	18	
	ja	nein	ja	nein	Benzing, IBM, PCS, Titze	8	
	nein	nein	nein				
	nein	nein	nein				
				ja	Benzing, eff-eff, PCS	5	1,1
	nein	nein	nein				
	ja	nein	ja				
	ja	ja	ja	ja	ein Großteil der marktüblichen	6	
	ja	ja	ja				
	ja	ja	ja				
	nein	nein	ja	nein	Benzing, GFC, IBM, DICON, Datanet	7	0,6
	ja	nein	ja				
	ja	nein	nein				
	ja	nein	ja				
	nein	nein	ja				
	ja	nein	ja	ja		12	
	ja	ja	ja	ja	Benzing, PCS, Siemens, Stark	320	65
	ja	ja	ja		Benzing, PCS, Siemens, Stark		
ja	ja	ja	ja		Benzing, PCS, Siemens, Stark		
	ja	ja	ja	nein	Benzing, PCS	14	2,8
	ja	ja	ja	ja		200	
	ja	ja	ja				
	ja	nein	ja				

Client/ Server ?	SAP	SAP Zert.	PAISY	Terminal-Hersteller	Anschluß von Fremdterminals	MA PZE	Umsatz 95/Mio
	ja	ja	ja				
	nein	nein	ja	nein	Benzing, GFC, IBM, Feedback	10	
	ja	nein	ja				
	ja	nein	ja				
	nein	nein	nein				
ja				nein	Benzing		
				nein	Benzing	8	
	ja	nein	ja	nein	Benzing, Burr Brown, Minilog, Siemens	6	
	nein	ja	ja	nein	Benzing, IBM, PCS	10	1,5
	ja	ja	ja				
	nein	nein	nein				
	nein	nein	nein				
	ja	ja	ja	ja		34	10
	nein	nein	nein				
				nein	Burr Brown, Timepoint, diverse	3	
ja	ja	ja	ja	ja	Benzing, Industrie-PCs	2	10
	nein	nein	nein				
ja	ja	nein	ja	ja	Benzing, HP, PCS	3	0,5
ja	ja	nein	ja		Benzing, HP, PCS		
	nein	nein	nein				
ja	nein	nein	nein	nein	Captor, BKS	4	
	nein	nein	nein				
				ja	Benzing	5	1
	ja	ja	nein				
	nein	nein	nein				
ja	nein	nein	ja	nein	Benzing, Siemens	7	0,2
	nein	nein	nein				
	ja	ja	nein				
	ja	nein	nein				
	ja	nein	ja				
	nein	nein	nein				
	ja	nein	ja				
ja	ja	nein	ja	nein	Benzing, Feedback	30	1
ja	ja	nein	ja		Benzing, Feedback		
ja	nein	nein	nein	nein	Benzing, Interflex, Intus	6	0,45
	nein	nein	nein				
	nein	nein	nein				
	nein	nein	ja				
	nein	nein	nein				
	nein	nein	ja				
	ja	ja	ja				
	nein	nein	ja				
ja				nein	nahezu alle gängigen Fabrikate	30	
	nein	nein	nein				
				ja			
	nein	ja	nein				
	nein	nein	nein				
	nein	nein	ja	nein		5	
	nein	nein	nein				
	ja	nein	nein				
				ja	Autec, Benzing		
				nein	Benzing	45	
ja				ja	Benzing, Feedback, PCS, Siemens		

vorhandene Module						Betriebssysteme und Installationszahlen								
PZE	ZK	BDE	TD	KD	PEP	DOS	Wind.	AIX	HP-UX	SINIX	Solaris	OSF/1	OS400	sonstige
ja	ja	nein	nein	nein	ja		600							
ja	ja	ja	ja	ja	ja								150	
ja	ja	ja	ja	nein	nein	38	ja							BS 2000
nein	nein	nein	nein	nein	ja		5							
ja	ja	ja	nein	nein	nein								5	
ja							ja						10	
ja						75								
ja	nein	nein	nein	nein	nein		40							
ja	ja	ja	nein	nein	ja								300	OS/400
ja	ja	ja	ja	ja	nein									10 UNIX
ja	ja	ja	nein	nein	ja									UNIX
ja	ja	ja	nein	nein	nein	100	ja							
ja	ja	ja	ja	ja	ja	1900	5							
ja	ja	nein	nein	nein	nein	800	ja							
ja						ja	ja							15 Netware
ja	ja	ja	nein	nein	ja			90	6	6	3			32 SCO-UNIX
nein	nein	ja	nein	nein	nein	60	ja							Windows NT
ja	ja	nein	nein	nein	ja			ja	ja	ja	ja			SCO, ULTRIX
ja	ja	ja	nein	ja	ja			ja	ja	jaj	ja			SCO, ULTRIX
ja	nein	nein	nein	nein	nein	ja								
ja	ja	ja	nein	nein	nein				1					20 MPE/ix
ja	nein	ja	nein	nein	nein	ja								
ja		ja				3		10		8				25 UNIX
ja	ja	ja	nein	ja	ja	ja	ja							
ja	nein	ja	nein	nein	nein	650								
ja	ja	ja	nein	nein	ja		10						25	Windows NT
ja	ja	ja	nein	nein	nein	ja	ja							
ja	ja	ja	nein	nein	nein									10 UNIX
ja	ja	ja	nein	nein	ja	100								
ja	ja	ja	ja	ja	nein	15	ja							
ja	nein	nein	nein	nein	nein	ja								
ja	nein	nein	nein	nein	ja	20	ja							NT, Novell
ja	ja	ja	nein	nein	nein									180 Windows NT
ja	nein	ja	nein	nein	nein				2			2		4 Client
ja	ja	ja	ja	ja	ja			8	10	6	5	1		29 SCO, DYNIX
ja	ja	ja	nein	nein	nein									40 OS/400
ja	ja	nein	nein	nein	nein									15 OS/400
ja	nein	nein	nein	nein	nein		400							OS/400
ja	ja	ja	nein	nein	nein	450	ja							OS/2
ja	ja	ja	ja	ja	nein	150	ja							
ja	ja	ja	nein	ja	ja	2500	ja							SIWIX
ja	ja	ja	nein	nein	nein		30							
ja	nein	nein	nein	nein	ja			ja	ja	ja	ja	ja		insg. 800 Inst.
ja	nein	ja	nein	nein	ja		5							
ja													50	
ja	ja	ja	nein	nein	ja		100							MPE-IX
ja	ja	ja	nein	nein	nein	120								ITOS
ja	ja	ja	nein	nein	nein	70								35
ja	ja	ja	nein	nein	nein									10 UNIX
ja	nein	ja	nein	nein	nein	8	ja							OS/2
ja	ja					ja	ja							
ja	ja	ja				ja	ja		ja		500			900
ja	ja	ja	ja	ja	ja			6	25	400	3	1		205 SCO, ULTRIX

Anbieter	Produktname
Kaba Systems GmbH	EXOS
KIEVEN GmbH, BDE-Systeme	TIMEKEY/400
KIRNBAUER Systementwicklung u. EDV-Beratung GmbH	KI-BDE, Betriebs-u.Maschinendatenerfassung
Klages & Partner GmbH	Clinic Planer / Dienstplanprogramm
KURTH-Software	ZEMAG, Zeit-Management
K-Systems GmbH	IPS, IPS für Win
Lecking, Gruber & Partner	Zeitpunkt PZE
LIAS GmbH	ZEISY Zeiterfassungssystem
Lunzer + Partner GmbH	L+P Personalzeit, L+P BDE/MDE
MEDATA Gesellschaft f. Datenverarbeitung mbH	iNSiDE
Meier EDV-Organisations GmbH	Nexus-Time
MicroDatec GmbH	ZZB
MIDITEC Autom. GmbH	MTZ
Mind Products	Time Zeiterfassung für DOS o. Win
Moses Software	Moses PZH
MPDV Mikrolab GmbH	HYDRA - PZE, HYDRA - BDE
Nonnenmann, Ingenieurbüro	IBN - BDE -System
o-b-s GmbH	ARGUS 2.0
o-b-s GmbH	OBSERVER (R) -PM
Oberhollenzer Peter S.- Ing.-Büro	EVA - Erfassen, Verwalten, Auswerten von auftragsbez. AZ
ORDAT GmbH & Co.KG	FOSS-BDE/PZE
Organisation Reiger + Boos	BDE-Dialog; PZE-Dialog
Orgaplan GmbH	BD-Dialog
OrgaTime ag	ORGATIME AC, TC, JC, PEP, CC, Parking
OS Datensysteme GmbH	OSD-Zeitwirtschaft, OSD-BDE
OZ GmbH Unternehmensberatung und Informatik	LISA
P.A.P. Computer GmbH	AKL-PASTIME
PCS Systemtechnik GmbH	Dexicon, Terminal-Subsystem f. SAP
Pegasys Informatik GmbH	Somapl
PENFLEX Elektronik Vertriebs- GmbH	UNIPEN, RF/iD
Piringer Ing.-Büro	Zeiterfassung
PRO CLIENT GmbH	SP-EXPERT
PSI Aktiengesellschaft f. Prozeßsteuerungs- u. Informatic	PLUSS penta
PSI Aktiengesellschaft f. Prozeßsteuerungs- u. Informatic	PLUSS penta BDE/PZ
Quantum Gesellschaft für Software mbH	Mega/PZE und Mega/PVI
RATIOPLAN Unternehmensberatung Datenverarbeitung	DIA-PZ
RDV Informationssysteme GmbH	RDV-Zeitwirtschaft
Rembold + Holzer, EDV-Beratung GmbH	AS - PZW (Lizenzprodukt der Fa. ALTER Software Systeme)
RETECH electronic GmbH	RETECH Betriebsdaten- u. Informationssysteme
Rexroth, B. Elektronik GmbH	RIS - Zeit/WIN
Rodekamp + Putze	MTZ 2400
SAE Systemtechnik Schöbach & Strohm oHG	PRODIS
SAP AG	PA/Personaladministration
Scheuer Industrie Electronic GmbH	Comul Win
SDS Sigma GmbH	AMS/4U
Seitz GmbH	DIAPROD - bde
SHH Software und Hardware Handelsgesellschaft mbH	CD-Zeitsystem
SHR Computersysteme GmbH	HD-Zeit, ITS 90
SIB GmbH	Planos - X
SIC Software Industrie Consult GmbH	FELIX Produktions/Logistik-Management-System
Siemens AG Anlagentechnik	SIPORT OS-W/OS-M
Siemens Nixdorf AG	ALX-COMET, -Flexzeit, -BDE
Siemens Nixdorf Informationssysteme AG	X/Time

Client/Server ?	SAP	SAP Zert.	PAISY	Terminal-Hersteller	Anschluß von Fremdterminals	MA PZE	Umsatz 95/Mio
	ja	ja	ja				
	nein	nein	nein				
	ja	nein	ja	ja	PCS, Siemens	12	4
ja				nein	Benzing, Nordat, Alina	4	0,5
ja	ja	ja	ja	ja	IBM	65	20
	nein	nein	nein				
ja	ja	nein	ja	nein	Benzing, INCA, PCS		
	nein	nein	nein		Benzing, PCS		
	nein	nein	nein				
	ja	ja	ja				
ja	ja	nein	ja	nein	Benzing	25	3,5
	ja	ja	ja	ja		55	10
				ja		5	
	ja	nein	ja	nein	Benzing, IBM, PCS, GFC, Solari	15	
	ja	ja	ja	nein	Benzing, Titze	2	1,3
	nein	nein	ja				
	nein	nein	nein				
	nein	nein	nein				
	nein	nein	ja				
	nein	nein	nein				
	nein	nein	nein				
	nein	nein	nein				
	ja	nein	nein				
	ja	nein	nein				
ja	nein	nein	ja	nein	Benzing, PCS	3	
ja	ja	nein	ja	nein	Benzing	20	
	nein	nein	ja				
	nein	nein	nein	ja		25	5
	ja	ja	ja	ja	PCS, Siemens		
	ja	nein	ja	ja	Benzing, gbo, Interflex, SSV	10	2

vorhandene Module						Betriebssysteme und Installationszahlen							
PZE	ZK	BDE	TD	KD	PEP	DOS	Wind.	AIX	HP-UX	SINIX	Solaris	OSF/1	OS400	sonstige
ja	ja	ja	nein	nein	nein									150 OS/2
ja	ja	ja	nein	nein	nein		32							
ja	ja	nein	nein	ja	nein				5	25				95 BS 2000
ja													1	12 MVS, BS2000
ja	ja	ja	ja	ja	ja	45		35	25				250	55 OS/2
ja	nein	ja	nein	nein	nein	ja	ja							
ja	ja	nein	nein	nein	nein			4	4	4				2
ja	ja	nein	nein	nein	nein								30	
ja	ja	ja	nein	nein	nein		200							
ja	ja	ja	ja	ja	ja	300	ja							
ja	ja	nein	nein	nein	nein	ja	ja	ja	ja	ja	ja			insg. 400 Inst.
ja	ja	ja	nein	ja	nein	40								100 OS/2
ja						15								4 Novell
ja	ja	ja	ja	ja	ja								400	
ja	ja	ja	nein	ja	ja			ja	ja	ja	ja	ja		insg. 120 Inst.
ja	ja	ja	nein	ja	ja									500 OS/400
ja	nein	ja	nein	nein	nein	40								
ja	nein	nein	nein	nein	nein	130	ja							
ja	ja	ja	ja	ja	ja								600	
ja	nein	ja	nein	nein	nein	10								
ja	ja	ja	nein	nein	ja	40	ja							
ja	nein	ja	nein	nein	nein									10 OS/400
ja	nein	ja	nein	nein	nein		25							
nein	nein	ja	nein	nein	nein	100	ja							OS/2
ja	ja	nein	nein	ja	nein		ja	ja	ja	ja				insg. 28 Install.
ja	ja	ja	ja	ja	nein	ja	ja		ja	ja				
ja	ja	ja	nein	nein	nein	225	ja							Novell Netware
ja	ja	ja	nein	nein	nein	9600								Novell 3.11/3.12
ja	ja	ja	ja	ja	ja	ja	ja	ja	ja		ja	ja		insg. 500 Inst.
ja	ja	ja	nein	nein	nein	260	20							

Anbieter	Produktname
SLIGOS Industrie IKOSS	DROPS/2
Software Engineering H. Schwehr GmbH	diverse Produkte
SPACE TIME-SYSTEM GmbH	PZE Personalzeitwirtschaft
S +S Software Partner GmbH	ZEWIS
strässle Informationssysteme GmbH	IBIX 2/400/2000
Syncline GmbH	SYNC (TM) - PPS
TEAM GmbH	ProTime
team Organisationsberatung GmbH	TOPAS-ZEIT
TEKOM GmbH	ADIJOB
THEDE Zeit und Leistung GmbH & Co.KG	Zeit und Zutritt verschiedener namhafter Hersteller
tisoware Gesellschaft für Zeitwirtschaft mbH	tisoware. ZEIT/ZUTRITT/BDE/KANT/PEP
Titze Datentechnik GmbH	PIDS/2 ; TIME-WORK
Trinity Datensysteme GmbH	Kompakt PZE
UBS Consulting GmbH	TIMESTAR
UCI System-Software und Waibel & Partner GmbH	IDOL, Integrierte Datenbankorientierte Lösungen
Unirez GmbH - Software-Haus	AS-BDE/-PZW/-ZKT/-KTA/-AZW
Unternehmensberatung Gommel GmbH	IMOS-AZ und IMOS-BDE
VD Datentechnik	PZ Personal-Zeitwirtschaft
VEDA Datenverarbeitung GmbH	asring Personalzeitwirtschaft/400
Vogel Informatik GmbH	OMNI BDE
Weber Datentechnik GmbH	
Wechselberger GmbH	TIME CLERK
Werum GmbH	PAS - X
Wille System GmbH	BDE/MDE/Fertigungsleitsystem
WILKEN GmbH	CSP Personalzeiterfassung
ZHS Zeitmanagementsysteme Hard- und Software	DOSLIB. (R) AZEA
ZeitControl cadsystems GmbH	PC / ZeitControl
ZI Gesellschaft für Zeit- u.Informationserfassung mbH	ZI TIME/PLUSTIME/ZICOM/ZEPEM/ZUPEM
3CPLUS-INSO	CIPDIALOG und KALIPSO
3RS Systementwicklung Finkbeiner, Gramespacher & P.	PEZE: SYS